東坡

彭文良 著

魅力

图书在版编目(CIP)数据

东坡魅力 / 彭文良著. —上海：上海古籍出版社，
2023.11
ISBN 978-7-5732-0957-3

Ⅰ.①东… Ⅱ.①彭… Ⅲ.①苏轼(1036-1101)—
人物研究 Ⅳ.①K825.6

中国国家版本馆 CIP 数据核字(2023)第 214686 号

东坡魅力

彭文良　著
上海古籍出版社出版发行
(上海市闵行区号景路 159 弄 1-5 号 A 座 5F　邮政编码 201101)
(1) 网址：www. guji. com. cn
(2) E-mail：guji1@guji. com. cn
(3) 易文网网址：www. ewen. co
浙江临安曙光印务有限公司印刷
开本 890×1240　1/32　印张 9.875　插页 2　字数 213,000
2023 年 11 月第 1 版　2023 年 11 月第 1 次印刷
印数：1—2,100
ISBN 978-7-5732-0957-3
Ⅰ·3773　定价：52.00 元
如有质量问题,请与承印公司联系

前　言

　　苏轼(1037—1101)，北宋著名的文学家、思想家、政治家。他学问赅博，是文艺领域里难得的多面手，诗歌清雄豪放，信手挥洒，为宋诗的最高代表，与北宋的开派作家、同时也是自己弟子的黄庭坚双峰并峙，合称苏黄；其歌词新天下耳目，为词家指出向上一路，向来为词学重镇，其雄深雅健的风格，与豪放沉郁的辛词相近，并称苏辛；其文如万斛泉源，不择地而出，常行于所当行，而止于不可不止，纵横开阖，汪洋恣肆，极具气势，亦自成一格，其成就与父亲苏洵、弟弟苏辙合称三苏，同列唐宋八大家之中；其书法不拘常格，常乘兴而作，自觉有拂拂酒气，从十指间出，观之每有天风海雨之势，与蔡襄、米芾、黄庭坚并称北宋四大家；绘画方面，与文同并开湖州画派，不仅在宋代，在整个中国历史上也是臻于极诣的著名画家。一人而兼众长，绝无仅有。

　　苏轼极具才情，也不失深邃之思想，其史评、策论、奏议、易传，无不闪烁着思想的火花。他立足儒家思想，少年即奋厉有当世志，但同时也兼容佛老庄禅，其中受庄学思想的沾溉尤深。儒释道精神在其身上浑融一体，故顺势可以进取，逆势可以养性，达不张扬，穷不颓放，各家思想在他不同时期为其提供不同的滋养。苏轼进取时，不汲汲于功名利禄；安时处顺、委任运化时，又不消极颓废。他积极而又恬然的处世方式为不同取向的文人提供了丰富的智慧借鉴,这也许就是千百年士人痴迷于他的原因所在。

苏轼富才情、广学问,然在仕途方面却是坎坎坷坷,并非一帆风顺。他早年高中科第,得志较早,观其嘉祐年间的策论、史评,亦主张变革时政,改革时弊,然熙宁初回朝,值王安石变法时,他反对最力。认为国家之存亡,在道德之浅深,不在乎强弱、历数之长短,在风俗之厚薄,不在乎富贫,带有强烈的儒家理想主义色彩,与王安石主张生财求利的法家思想水火不容。随后先是被排挤出京,被迫外任近十年,后来发生更为严重的乌台诗案,贬谪四年多,几乎淡出政坛。元祐还朝,本来是旧党的天下,可苏轼先与司马光在存废王安石新法方面激烈冲突,司马光主张全面废除新法,多少有些意气用事,苏轼主张根据实际利弊论存废,这次苏轼倒是理性很多;随后与程颐、朱光庭、贾易、刘挚、王岩叟等结怨,深受洛党、朔党的背腹攻击,被迫再次外任。至绍圣、元符年间,新党执政,曾遭苏辙猛烈攻击的李清臣、章惇等还朝,苏轼因此而受报复自是意料中事,一贬再贬,至其病卒,几乎被排挤出朝政之外。综观其一生,刚毅正直,始终坚持自己看法与判断,不随波逐流,不趋炎附势,是其宦海沉浮的主要原因。就此而论,苏轼只是一个有良知的文士而已,很难算是老练的政治人物。

王国维曾经说过:“三代以下之诗人,无过于屈子、渊明、子美、子瞻者。此四子者苟无文学之天才,其人格亦自足千古。”苏轼逝世已千余年了,但他的人格与精神仍熠熠生辉。如何与时俱进地发掘出苏轼的当代价值,应该是苏学研究者的重要任务之一。自宋以来苏轼的喜爱者代不乏人,研究著述可谓汗牛充栋。清代以前的材料以零散的述论、点评为主;近代以来,结合新的学术方法与要求,日趋系统、深入,硕果累累,成就斐然。但过往研究中,线性的述论比较多,比如关于苏轼生平、交游、思想、个性方面,几乎都是按时间顺序,逐一展开,缺点就是某些主题,往往埋没在这种直线式叙述中,没法得到应有的突出和展开。故本书力图突破此弊,除首章外,其余各章皆以专题形式,集中论述某一主题。近年来一些新著,考据则难免流于繁琐,读之卷终,让人昏然欲睡;阐述则片面追求可读性,常常过度演绎,不免穿凿附会,有违事实。本著不重考据,但力图言之有据、持之有故。所有述论,或取自苏轼自身材料,或取自宋人笔记史料,皆有出处和依据;希望有可读性,但力避虚构和想象。当然由于笔者才疏学浅,更兼仓促成书,有违初衷之处,在所难免,敬请广大读者批评指正。

2023 年夏作者于重庆大学

目 录

第一章

传奇人生：身行万里半天下

苏轼祖籍河北栾城，所以《苏轼文集》中如《亡妻王氏墓志铭》、《乳母任氏墓志铭》、《书鲜于子骏楚词后》皆称自己为"赵郡苏轼"，《苏廷评行状》称其祖父苏序"其先盖赵郡栾城人也"。据苏洵《族谱后录上篇》可知其先祖为唐初著名诗人苏味道，味道因过被贬四川眉山，自此苏轼祖上始定居于此："唐武后之世，有味道者。味道，圣历初为凤阁侍郎，以贬为眉州刺史，迁为益州长史，未行而卒。有子一人不能归，遂家焉。自是眉始有苏氏。"①苏轼太祖名釿，娶黄氏；高祖名祜，娶李氏；曾祖名杲，娶宋氏；祖父名序②，取史氏，以上各代皆不仕。苏轼的祖父"疏达不羁"，"谦而好施，急人患难，甚于为己。衣食稍有余，辄费用，或以予人，立尽"③，这种豪爽善良的个性对苏轼很有影响。苏

①　（宋）苏洵著，曾枣庄、金成礼笺注：《嘉祐集笺注》，上海：上海古籍出版社，1993 年 3 月版，第 378 页。
②　因为避讳的缘故，苏轼文集中但凡提及"序"字即以他字代替，宋人早有论及，如陆游《老学庵笔记》卷六："王荆公父名益，故其所著字说无'益'字。苏东坡祖名序，故为人作序皆用'叙'字；又以为未安，遂改作'引'，而谓'字序'曰'字说'。张芸叟父名盖，故表中云：'此乃伏遇皇帝陛下。'今人或效之，非也。"（李剑雄、刘德权点校：《老学庵笔记》，北京：中华书局，1979 年 11 月版，第 74 页。）周密《齐东野语》卷四："杜甫父名闲，故杜诗无'闲'字。苏子瞻祖名序，故以序为叙，或改作引。曾鲁公父名会，故避之者，以勘会为勘当。蔡京父名准，改平准务为平货务。此皆士大夫自避家讳也。"（张茂鹏点校：《齐东野语》，北京：中华书局，1983 年 11 月版，第 60 页。）
③　（宋）苏轼撰，孔凡礼点校：《苏轼文集》，北京：中华书局，1999 年 7 月版，第 496 页。

轼父亲兄弟三人，长曰澹，终生未仕，且先苏序而卒；次曰涣，进士及第，终于都官郎中，利州路提点刑狱。苏洵最少，幼时游荡不学，壮年始发愤读书，然屡试不中，后闭门苦读，穷究六经、遍览百家，终以文章知名，后携二子举进士，因苏轼兄弟同中高第，名动京师，声震天下，后世目为三苏①。

一、少 年 野 性

　　苏轼于景祐三年（1036）十二月十九日②（公历为 1037 年 1 月 8 日）出生于眉山县沙縠行。据传苏轼出生吸尽了天地精华，眉山草木为之尽枯③。八岁入小学④，老师为眉山天庆观道士张易简⑤。苏轼的天赋和颖悟在孩提时候即崭露无遗，深获老师

---

① （宋）王辟之《渑水燕谈录》："眉山苏洵，少不喜学，壮岁犹不知书。年二十七，始发愤读书。举进士，又举茂才，皆不中。曰：'此未足为吾学也。'焚其文，闭户读书，五六年，乃大究《六经》、百家书说。嘉祐初，与二子轼、辙至京师。欧阳文忠公献其书于朝，士大夫争持其文，二子举进士亦皆在高等。于是，父子名动京师。而苏氏文章擅天下，目其文曰三苏，盖洵为老苏、轼为大苏、辙为小苏也。"（王辟之著，吕友仁点校：《渑水燕谈录》，北京：中华书局，1981 年 3 月版，第 42 页。）

② 苏诗《李委吹笛》题序云："元丰五年十二月十九日，东坡生日也。置酒赤壁矶下，踞高峰，俯鹊巢。酒酣，笛声起于江上。客有郭、石二生，颇知音。"见（宋）苏轼撰，孔凡礼校点，《苏轼诗集》，北京：中华书局，1999 年 10 月版，第 1136 页。案：以下苏轼诗作皆引自《苏轼诗集》，为避繁琐，但云诗集第××页。

③ （金）刘祁《归潜志》："昔东坡生，一夕眉山草木尽死。"（见崔文印点校：《归潜志》，北京：中华书局，1983 年 6 月版，第 97 页。）

④ 苏轼《范文正公文集叙》："庆历三年，轼始总角入乡校。"（孔凡礼点校：《苏轼文集》，第 311 页。）《上梅直讲书》："轼七八岁时，始知读书。"（《苏轼文集》，第 1385 页）

⑤ 《众妙堂记》："眉山道士张易简，教小学，常百人，予幼时亦与焉。居天庆观北极院，予盖从之三年。"（《苏轼文集》，第 361 页）《题李伯祥诗》："余幼时学于道士张易简观中。"（《苏轼文集》，第 2136 页）

喜爱①。张易简虽为道士，但教授内容仍是以儒家的经典为主，四书五经是其传习的主要知识，这些为苏轼的学问打下了坚实的基础，也在苏轼脑海中留下了不可磨灭的印象，所以晚年回想起来仍记忆犹新："我梦入小学，自谓总角时。不谓有白发，犹诵论语辞。"②在天庆观学习三年后，苏轼回到家中，课业主要由母亲讲授。母亲程氏对苏轼的影响，于学业之外，主要有两点：第一，以道义相期许、以名节相砥砺。据《宋史·苏轼本传》："（苏轼）生十年，父洵游学四方，母程氏亲授以书，闻古今成败，辄能语其要。程氏读东汉《范滂传》，慨然太息，轼请曰：'轼若为滂，母许之否乎？'程氏曰：'汝能为滂，吾顾不能为滂母邪？'"③那么，范滂到底是个什么样的人呢，以至于程氏为之"慨然太息"？《后汉书·范滂传》云：

　　范滂，字孟博，汝南征羌人也。少厉清节，为州里所服。……建宁二年，遂大诛党人，诏下急捕滂等。督邮吴导至县，抱诏书，闭传舍，伏床而泣。滂闻之，曰："必为我也。"即自诣狱。县令郭揖大惊，出解印绶，引与俱亡。曰："天下大矣，子何为在此？"滂曰："滂死则祸塞，何敢以罪累君，又令老母流离乎！"其母就与之诀。滂白母曰："仲博孝敬，足以供养，滂从龙舒君归黄泉，存亡各得其所。惟大人割不可忍之恩，勿增感戚。"母曰：

---

①　《道士张易简》："吾八岁入小学，以道士张易简为师。童子几百人，师独称吾与陈太初者。"（见（宋）苏轼撰，赵学志校注：《东坡志林》，西安：三秦出版社，2003年1月版，第124页。）

②　《和饮酒二十首（并引）》，见《苏轼诗集》，第1881页。

③　（元）脱脱等撰：《宋史·苏轼传》，北京：中华书局，1977年11月版，第10801页。

"汝今得与李、杜齐名,死亦何恨!既有令名,复求寿考,可兼得乎?"滂跪受教,再拜而辞。顾谓其子曰:"吾欲使汝为恶,则恶不可为;使汝为善,则我不为恶。"行路闻之,莫不流涕。时年三十三。①

　　东汉后期宦官专权,以李膺为代表的清流士人奋起反抗,也招来了宦官的疯狂反扑,反诬士人结党对抗朝廷,大肆抓捕和杀戮士人,范滂即为其中之一。宦官虽然靠控制皇帝,暂时占据上风,但朝中官员对这些清流士人的正义行为还是很同情。所以负责督察和抓捕的吴导抱诏书,伏床而泣;本该配合朝廷的地方官员郭揖主动弃官,带着范滂逃亡天涯。面对生命与正义之间的单一选择,滂母"死亦何恨"的决断也是足够坚决,诚如范滂本传传论所言"子伏其死而母欢其义"。年轻的母亲程氏受其鼓舞,激励年幼的苏轼像范滂一样为了道义不惜舍身成仁。很显然,后来苏轼正直刚毅的个性、终身坚持忠言谠论、正道直行、勇于为义正是受此影响。

　　第二,程氏引导少年苏轼要有仁爱善良之心。苏轼在《记先夫人不残鸟雀》中回忆云:

　　少时所居书堂前,有竹柏杂花,丛生满庭,众鸟巢其上。武阳君恶杀生,儿童婢仆,皆不得捕取鸟雀。数年间,皆巢于低枝,其觳可俯而窥。又有桐花凤,四五日翔集其间,此鸟羽毛,至为珍异难见,而能驯扰,殊不畏人。闾里间见之,以为异事。此无

① (宋)范晔撰,(唐)李贤等注:《后汉书》,北京:中华书局,1965 年 5 月版,第 2207 页。

他，不忮之诚，信于异类也。有野老言："鸟雀巢去人太远，则其子有蛇、鼠、狐狸、鸱鸢之忧，人既不杀，则自近人者，欲免此患。"由是观之，异时乌雀不敢近人者，以人为甚于蛇鼠之类也。①

文中的"武阳君"即程氏，乃卒后的封号。由于程氏教育儿童婢仆不得捕取鸟雀，以至于鸟雀敢于就近巢于低枝，可俯而窥，人与鸟相处得异常和谐。这种场景在苏诗中也有记载，如《异鹊》云："昔我先君子，仁孝行于家。家有五亩园，幺凤集桐花。是时乌与鹊，巢鷇可俯拏。忆我与诸儿，饲食观群呀。里人惊瑞异，野老笑而嗟。"②诗中"昔我先君子，仁孝行于家"即"性仁行廉"③的程夫人。程夫人精心呵护的桐花凤成为苏轼关于家园、故乡、母亲最深刻的记忆，中年游宦在外，跟朋友追忆："故山亦何有，桐花集幺凤。"④程夫人用自己行动践行了"物皆我与"的理念，即视草木鸟兽皆为人的同类，当以悯人之心爱惜万物，用以引导少年苏轼要爱物仁民。纵观苏轼一生，其"民胞物与"的博大情怀无疑也是受到母亲的深远影响。

庆历七年（1047），苏轼十二岁。这一年祖父苏序在家离世，第三次参加京师考试的苏洵再次失利，在南游途中接到噩耗，赶回眉山。此后十年间，苏洵一直不曾出蜀，除了闭门苦读之外，也开始着手培养苏轼兄弟，把仕宦的希望寄托在两个年幼的儿子身上。望子成龙的苏洵虽对苏轼兄弟要求极严，但可贵的是

---

① 《苏轼文集》，第 2374 页。
② 《苏轼诗集》，第 1659 页。
③ 《真相院释迦舍利塔铭（并叙）》，《苏轼文集》，第 578 页。
④ 《次韵李公择梅花》，《苏轼诗集》，第 978 页。

并没有压制其个性的发展，相反苏轼的少年生活充满了乐趣，并表现出十足的"野性"。

与多数孩童一样，少年苏轼也贪玩好耍、顽皮可爱，他自叙"年十二时，于所居纱縠行宅隙地中，与群儿凿地为戏"①。少年苏轼也坐不住，趁苏洵不在家时候，常常溜出去游走玩耍，至成年以后，与苏辙饶有兴致地回想起那段快乐时光说："忆昔与子皆童卯，年年废书走市观。市人争夸斗巧智，野人喑哑遭欺谩。诗来使我感旧事，不悲去国悲流年。"②正是这种无忧无虑的野蛮生长，使得少年苏轼体格健壮、天性完满，他跟表弟程德孺多年后回忆起少年时光，不无自得地写道："我时与子皆儿童，狂走从人觅梨栗。健如黄犊不可恃，隙过白驹那暇惜。"③

从出身情况论，苏轼家属于中小地主，薄有资产，祖上虽世代不仕，但至父辈起看重仕途，重视教育，这在苏轼兄弟的论述中多有提及，如苏辙曾云："先君平居不治生产，有田一廛，无衣食之忧，有书数千卷，手辑而校之，以遗子孙。"④苏轼亦云："我非田农家，安能事粗穛。又非将帅种，不惯挥戈矛"⑤；"先君昔未仕，杜门皇祐初……门前万竿竹，堂上四库书"⑥；"家世事酌古，百史手自斟"⑦。可看出，从苏洵一辈起，读书成为家族的主业。既"非田农家"，"又非将帅种"，说明苏轼家比农家富有，但

---

① 《天石砚铭(并叙)》，《苏轼文集》，第556页。
② 《和子由蚕市》，《苏轼诗集》，第162页。
③ 《送表弟程六知楚州》，《苏轼诗集》，第1253页。
④ 《藏书室记》见，(宋)苏辙著，曾枣庄、马德富点校：《栾城集》，第31页。
⑤ 《送宋君用游辇下》，《苏轼诗集》，第2603页。
⑥ 《答任师中家汉公》，《苏轼诗集》，第754页。
⑦ 《和陶郭主簿》，《苏轼诗集》，第2350页。

与世家望族相比，无疑又贫寒得多。苏轼在一些公文和写给官方人员的相关文字中，多处提及自己身世的卑微贫贱，如《密州谢上表》中说"伏念臣家世至寒，性资甚下"①，《谢除兵部尚书赐对衣金带马状》中说"臣少贱而鄙"②，《英州谢上表》中说"臣草芥贱儒，岷峨冷族"③；有时甚至以农人自许，如《徐州谢上表》云"臣奋身农亩，托迹书林"④，《跋李伯时卜居图》中说"余本田家，少有志丘壑，虽为缙绅，奉养犹农夫"⑤。对于这些看似矛盾的材料，我们需要辨证看待。很明显，给友人、同乡的材料更为可靠；公文中，特别是那些写于被排挤或者贬黜时期的文字，一方面需要装可怜，以引起皇帝同情，另一方面意欲向朝廷表明自己出身寒微，在朝关系简单，所以动辄说"家世至寒"、"奋身农亩"。综合起来看，苏轼家虽非显宦大户，但也绝不是农民家庭。他没有从事过耕种，但年少时期生长在农村，可能更多出于一种好奇，确曾体验过一些农人的生活，在他的作品中有过诗意的描述：

　　我昔在田间，但知羊与牛。川平牛背稳，如驾百斛舟。舟行无人岸自移，我卧读书牛不知。前有百尾羊，听我鞭声如鼓鼙。我鞭不妄发，视其后者而鞭之。泽中草木长，草长病牛羊。寻山跨坑谷，腾趠筋骨强。烟蓑雨笠长林下，老去而今空见画。世间

① 《苏轼文集》，第 651 页。
② 《苏轼文集》，第 698 页。
③ 《苏轼文集》，第 714 页。
④ 《苏轼文集》，第 652 页。
⑤ 《苏轼文集》，第 2216 页。

马耳射东风,悔不长作多牛翁。①

　　这是一首题画诗,从其中的"川平牛背稳,如驾百斛舟。舟行无人岸自移,我卧读书牛不知"等语看,没有亲身经历自难道出。这首诗写于元祐中,彼时苏轼深陷党争,腹背受敌,对仕宦生涯极为厌倦,睹晁说之的《考牧图》,自然流露出对远离官场的农人生活的一番向往。

　　此外,少年苏轼还尝试过一些嫁接植物、培育作物的活动:

　　蜀中人接花果,皆用芋胶合其罅。予少时颇能之。尝与子由戏用苦楝木接李,既实,不可向口,无复李味。②

　　苏轼用苦楝与李树相嫁接,虽然最终"不可向口,无复李味",却展现了他不循常规、不拘格套、敢于探索的个性,这种个性即"野性",苏洵《上张侍郎第一书》说:

　　洵有二子轼、辙,龆龀授经,不知他习,进趋拜跪,仪状甚野,而独于文字中有可观者。始学声律,既成,以为不足尽力于其间,读孟、韩文,一见以为可作。引笔书纸,日数千言,坌然溢出,若有所相。年少狂勇,未尝更变,以为天子之爵禄可以攫取。③

　　张侍郎即张方平,至和元年(1054)十一月,知成都府任。苏

---

①　《书晁说之考牧图后》,《苏轼诗集》,第 1966 页。
②　《接果说》,《苏轼文集》,第 2363 页。
③　(宋)苏洵著,曾枣庄、金成礼笺注:《嘉祐集笺注》,第 345 页。

洵父子嘉祐元年(1056)春离眉山赴京，此书应作于此段时间之内。苏洵上书张方平的目的是请求张向朝廷公卿引荐苏轼兄弟，而不使之"复为湮沦弃置之人"，自然在书信中介绍其个性、学问情况，可在父亲眼中，苏轼"仪状甚野"、"年少狂勇"。这封书信可以解读出的信息至少有二：其一，少年苏轼确实有狂野的一面；其二，苏洵对此，并不讳言，似乎还颇有些得意。苏洵对苏轼的"野性"评价一以贯之，如《名二子说》云：

轮辐盖轸，皆有职乎车，而轼独若无所为者。虽然，去轼则吾未见其为完车也。轼乎，吾惧汝之不外饰也。天下之车莫不由辙，而言车之功者，辙不与焉。虽然，车仆马毙而患亦不及辙。是辙者，善处乎祸福之间也。辙乎，吾知免矣。[①]

苏洵眼里二子个性有别，苏轼以"不外饰"，明显区别于苏辙的"善处祸福之间"，"不外饰"即任由其"甚野"之性自然表露。与其父的评价近似，苏轼在其诗文中多处承认自己确实有朴野之性：

尘容已似服辕驹，野性犹同纵壑鱼。出入岩峦千仞表，较量筋力十年初。[②]

某近领腊下教墨，感服眷厚，兼审起居佳胜。某此与贱累如常……但块然独处，无与为乐。所居厅前有小花圃，课童种菜，

---

① 《嘉祐集笺注》，第 414 页。
② 《游庐山次韵章传道》，《苏轼诗集》，第 619 页。

亦少有佳趣。傍宜秋门,皆高槐古柳,一似山居,颇便野性也。①

生而赋朴野之性,愚不识祸福之机。但知任己以直前,不复周防而虑后。动触时忌,言为身灾。挤而去之,则为有功;引而进之,亦或招悔。自非不以利禄为意,而以仁厚为心。②

二、名 动 京 师

嘉祐元年(1056)三月间苏洵携苏轼兄弟,北经成都、剑阁出川,由陆路赴京师③,约五六月间抵达,寄食于一寺庙里④。八月顺利通过开封的秋试,取得次年春天礼部考试的资格。嘉祐二年正月六日,朝廷以翰林学士欧阳修知贡举,翰林学士王珪、龙图阁学士梅挚、知制诰韩绛、集贤殿修撰范镇,并权同知贡举,主持礼部考试。苏轼所撰《刑赏忠厚之至论》一文,简洁流畅,无所藻饰,一反宋初以来的险怪奇涩之"太学体",梅尧臣得之以为荐,欧阳修阅毕赞赏不已,初以为是门生曾巩所作,为避嫌疑,乃置第二⑤。我们不妨看一下这篇满分作文:

---

① 《与杨济甫》其四,《苏轼文集》,第1808页。
② 《谢监司荐举启》,《苏轼文集》,第1335页。
③ 《凤鸣驿记》云:"始余丙申岁举进士,过扶风。"(《苏轼文集》,第375页)丙申即嘉祐元年,扶风镇凤鸣驿在陕西境内。
④ 《兴国寺浴室院六祖画赞(并叙)》:"予嘉祐初举进士,馆于兴国浴室老僧德香之院。"(《苏轼文集》,第622页)
⑤ 《宋史·苏轼传》云:"嘉祐二年,试礼部,方时文磔裂诡异之弊胜,主司欧阳修思有以救之,得轼《刑赏忠厚论》,惊喜,欲擢冠多士,犹疑其客曾巩所为,但置第二。"(第10801页)按:宋代科举制度较唐代更加完备,实行糊名和誊录制,最大限度地保障了公平。

尧、舜、禹、汤、文、武、成、康之际，何其爱民之深，忧民之切，而待天下之以君子长者之道也。有一善，从而赏之，又从而咏歌嗟叹之，所以乐其始而勉其终。有一不善，从而罚之，又从而哀矜惩创之，所以弃其旧而开其新。故其吁俞之声，欢休惨戚，见于虞、夏、商、周之书。成、康既没，穆王立，而周道始衰。然犹命其臣吕侯，而告之以祥刑。其言忧而不伤，威而不怒，慈爱而能断，恻然有哀怜无辜之心，故孔子犹取焉。

《传》曰："赏疑从与，所以广恩也。罚疑从去，所以慎刑也。"当尧之时，皋陶为士，将杀人，皋陶曰"杀之三"，尧曰"宥之三"，故天下畏皋陶执法之坚，而乐尧用刑之宽。四岳曰"鲧可用"，尧曰"不可，鲧方命圮族"，既而曰"试之"。何尧之不听皋陶之杀人，而从四岳之用鲧也？然则圣人之意，盖亦可见矣。

《书》曰："罪疑惟轻，功疑惟重，与其杀不辜，宁失不经。"呜呼，尽之矣。可以赏，可以无赏，赏之过乎仁。可以罚，可以无罚，罚之过乎义。过乎仁，不失为君子；过乎义，则流而入于忍人。故仁可过也，义不可过也。古者赏不以爵禄，刑不以刀锯。赏以爵禄，是赏之道，行于爵禄之所加，而不行于爵禄之所不加也。刑之以刀锯，是刑之威，施于刀锯之所及，而不施于刀锯之所不及也。先王知天下之善不胜赏，而爵禄不足以劝也，知天下之恶不胜刑，而刀锯不足以裁也，是故疑则举而归之于仁，以君子长者之道待天下，使天下相率而归于君子长者之道，故曰忠厚之至也。

《诗》曰："君子如祉，乱庶遄已。君子如怒，乱庶遄沮。"夫君子之已乱，岂有异术哉？时其喜怒，而无失乎仁而已矣。《春秋》之义，立法贵严，而责人贵宽。因其褒贬之义以制赏罚，亦忠厚之至也。①

　　该文通篇立足于儒家的仁政思想,阐发了苏轼的赏罚观,认为赏宜从宽,可赏可不赏则赏,罚宜从轻,可罚可不罚则不罚;从论证技巧上看,开篇梳理上古至商周的赏罚情况,以明确自己的观点,接下来分引经典加以阐述,不失为议论文方面的典范之作。传为佳话的是文中第二段为论证上古罚宜从轻,编撰了尧帝与执法官皋陶之间的对话,当时以博学著称的梅尧臣、欧阳修皆不知道出处,事后询问才知出自苏轼的杜撰,这种胆识确实令人叹服:

　　东坡先生《省试刑赏忠厚之至论》有云:"皋陶为士,将杀人,皋陶曰杀之三,尧曰宥之三。"梅圣俞为小试官,得之以示欧阳公。公曰:"此出何书?"圣俞曰:"何须出处!"公以为皆偶忘之,然亦大称叹。初欲以为魁,终以此不果。及揭榜,见东坡姓名,始谓圣俞曰:"此郎必有所据,更恨吾辈不能记耳。"及谒谢,首问之,东坡亦对曰:"何须出处。"乃与圣俞语合。公赏其豪迈,太息不已。②

---

① 《苏轼文集》,第33—34页。
② (宋)陆游著,李剑雄、刘德权点校:《老学庵笔记》,北京:中华书局,1979年11月版,第102页。另外宋人的相近记录尚有赵令畤《侯鲭录》:"东坡先生召试直言极谏科时,答《刑赏忠厚之至论》,有云'皋陶曰杀之三,尧曰宥之三',诸主文皆不知其出处。及入谢日,引过诣两制幕次,欧公问其出处,东坡笑曰:'想当然尔。'数公大笑。"(孔凡礼点校:《侯鲭录》,北京:中华书局,2002年9月版,第178页。)另有叶梦得《石林燕语》载:"苏子瞻自在场屋,笔力豪骋,不能屈折于作赋。省试时,欧阳文忠公锐意欲革文弊,初未之识。梅圣俞作考官,得其《刑赏忠厚之至论》,以为似《孟子》。然中引'皋陶曰杀之三,尧曰宥之三',事不见所据,亟以示文忠,大喜。往取其赋,则已为他考官所落矣,即擢第二。及放榜,圣俞终以前所引为疑,遂以问之。子瞻徐曰:'想当然耳,何必须要有出处?'圣俞大骇,然人已无不服其雄俊。"(侯忠义点校:《石林燕语》,北京:中华书局,1984年5月版,第115页。)

苏轼敢在事关命运的考试中杜撰典故，勇气过人，座主欧阳修在"士以剽裂为文"①的大环境下不拘一格，擢置苏轼，实际上所承受的压力也是空前的。文风平易的苏轼中礼部试后，引起了其他因坚持艰涩诡怪文风而落第的举子的强烈不满，他们"聚而见讪"，"群嘲聚骂，动满千百"②。当然欧阳修并没有因为这些阻力而动摇，仍鼓励苏轼"不为世俗之文"，并决定"放他出一头地"，有意将苏轼栽培为未来的文坛盟主③。此年三月初五，仁宗皇帝御崇政殿，亲试礼部奏名进士，十一日公布名单，至此苏轼兄弟正式考中进士。

正当苏轼父子沉浸在喜悦之中时，四月七日眉山传来程氏去世的噩耗，父子三人匆匆收拾行囊赶回家乡。同年十一月二十八日，程氏葬于眉州彭山县安镇乡可龙里。按照礼制，至嘉祐四年（1059）七月苏轼兄弟结束丧期，父子三人在家收拾了数月，将祖宗坟茔和家产交给了乡人杨济甫照管，于本年十月再次踏上赴京的征程。在宋代，对于大多数读书人而言，考取进士是博取功名的主要途径，而苏轼兄弟嘉祐二年及第后，未来得及封官

---

① 《太息一章送秦少章秀才》，《苏轼文集》，第 1979 页。
② 《谢欧阳内翰书》，《苏轼文集》，第 1423 页。
③ 如：朱弁《曲洧旧闻》载："东坡诗文，落笔辄为人所传诵。每一篇到，欧阳公为终日喜，前后类如此。一日，与（欧阳）棐论文及坡公，叹曰：'汝记吾言，三十年后世上人更不道着我也。'"（孔凡礼校点：《曲洧旧闻》，北京：中华书局，2002 年 8 月版，第 204 页。）另外邵博《邵氏闻见后录》亦载："欧阳公谓曾子固云：'王介甫之文，更令开廓，勿造语，及模拟前人。'又云：'孟、韩文虽高，不必似之也。'谓梅圣俞云：'读苏轼之书，不觉汗出，快哉！老夫当避路，放他出一头地也。'又曰：'轼所言乐，乃修所得深者尔，不意后生达斯理也。'"（刘德权、李剑雄点校：《邵氏闻见后录》，北京：中华书局，1983 年版，第 108 页。）另欧阳修《与梅圣俞书》自云："读苏轼书，不觉汗出，快哉，快哉！老夫当避路，放他出一头地也。可喜！可喜！"（见宋李之亮笺注：《欧阳修集编年笺注》，成都：巴蜀书社，2007 年 12 月版，第 8 册，第 195 页。）

即开始守丧,两年多时间有很多官职空缺可能被新科进士捷足先登,所以苏洵必须尽快带领苏轼兄弟回到京师。

这次出川,选择的水路,十月四日离开眉州,发嘉州,经泸州、渝州等地沿着长江出川。同行的除父子三人外,还有苏轼的首任妻子王弗,以及刚出生的长子苏迈。此次出行,带着对未来的无限憧憬,父子心情皆很轻松,沿途流连风景,诗酒唱和不断,十二月八日抵达湖北江陵,父子唱和诗文达到百篇之多,遂汇为一集,曰《南行集》①,苏轼并为之作序,提出了“为文者,非能为之为工,乃不能不为之为工”的著名论断。与晚清词论家况周颐关于词心的看法如出一辙:“吾听风雨,吾觉江山,常觉风雨江山外有万不得已者在,此万不得已者即词心也。”②都强调创作必须是强烈感情的真实流露,不能无病呻吟。

嘉祐五年(1060)正月从江陵改陆路赴京,途径洄阳、襄阳、叶县、许州等地,二月中旬抵达汴京。这段时间内父子三人又有唱和诗文七十余篇,是为《南行后集》。南行前后集中以苏轼的作品最多,足见苏轼创作激情之高、能量之大。南行前后集是苏轼早期的作品,就创作成就而言,此时还处于练笔阶段,但亦不乏佳作,如《江上看山》:

　　船上看山如走马,倏忽过去数百群。前山槎牙忽变态,后岭杂沓如惊奔。仰看微径斜缭绕,上有行人高缥渺。舟中举手欲

---

① 《南行集》又称《江行唱和集》,东坡《南行前集叙》云:“昔之为文者,非能为之为工,乃不能不为之为工也。山川之有云雾,草木之有华实,充满勃郁,而见于外,夫虽欲无有,其可得邪?……故轼与弟辙为文至多,而未尝敢有作文之意。”
② (清)况周颐撰:《蕙风词话》,北京:人民文学出版社,1960年4月版,第30页。

与言，孤帆南去如飞鸟。①

以形象的比喻把船上看山那种转瞬即逝的感觉描绘得活灵活现，以具体描述抽象，做到诗中有象、有境，接近唐诗的表现手法，这与苏轼其他以文字、才学、议论所作之诗明显韵味不同。

另如《过巴东县不泊闻颇有莱公遗迹》：

莱公昔未遇，寂寞在巴东。闻道山中树，犹余手种松。江山养豪俊，礼数困英雄。执版迎官长，趋尘拜下风。当年谁刺史，应未识三公。②

全诗短小精悍，虽有议论，但精炼警策，绝不枝蔓。纪昀评其"一往骏爽"③，犹如唐人律诗；赵克宜认为"颇似右丞，'江山'一联尤沉著"④，皆为中肯之论。

三月份朝廷以杨畋（乐道）主持官员选调，苏轼责授河南福昌县主簿，苏辙授河南渑池县主簿，兄弟皆不赴任，原因是他们决定备战下一年的制科考试。制科是唐宋时期的一种重要人才选拔方式，在进士考试以外的非常规性考试，考试时间没有定制，完全凭皇帝下诏决定，故又称特科、恩科。制科规格高，选拔对象为已经考中进士的人，类似今天的公务员选调考试。此科

---

① 《苏轼诗集》，第 16 页。
② 《苏轼诗集》，第 40 页。
③ （清）纪昀评：《苏文忠公诗集》，台北：宏业书局，1969 年 6 月版，卷一，第 113 页。
④ （清）赵克宜辑：《角山楼苏诗评注汇钞》，台北：新兴书局，1967 年 9 月版，卷一，第 127 页。

虽分五等,实际上前二等从不取人,以示庄重,即使三等取人亦极为少见①。按照惯例宋初制科通常在八月初举行,而苏辙在考前却患了疾病,当时宰相韩琦爱才心切,特加爱护,一再申请,遂将考试展延二十余日②。二十五日仁宗亲御崇政殿主持考试,叹服苏轼兄弟的才华,暗喜又为子孙觅得两大宰辅人才,遂置苏轼为三等,苏辙为四等。制科考入三等,是极为少见的佳绩,整个北宋一百六十余年间仅四人,苏轼之前只有吴育一人而已③;苏轼兄弟同时考中制科亦为一时盛事④,无疑让青年苏轼

① 《石林燕语》"故事,制科分五等,上二等皆虚,惟以下三等取人。然中选者亦皆第四等,独吴正肃公(育)尝入第三等,后未有继者。至嘉祐中,苏子瞻、子由乃始皆入第三等。已而子由以言太直,为考官胡武平所驳,欲黜落,复降为第四等。设科以来,止吴正肃与子瞻入第三等,故子瞻谢启云:误占久虚之等。"(侯忠义点校:《石林燕语》,第 26 页。)

② 《宋稗类钞》载:"国朝引试率在八月中,韩魏公当国日,二苏将就试,黄门忽卧病,魏公知而奏曰:今岁制科之士,惟苏轼、苏辙最有声望,今闻偶病未可试,如此人兄弟中一人不得就试,甚非众望,须展限以待之。上许之。黄门病中,魏公数使人问讯,既闻安全方引试,比常例展二十日。自后试科并在九月。吕微仲不知其故,因问制科何以至秋末?东坡乃为吕言之,吕曰:韩忠献之贤如此哉!"(清潘永因辑:《宋稗类钞》,1911 年上海蔡光社刊行,第 77 页。)

③ 《建炎以来朝野杂记》卷一三"制策入三等"条:"本朝制策入三等者四人:吴正肃、苏文忠、范之功、孔经甫;再举制科者一人,张文定,景祐元年茂才,五年贤良方正也。此亦前所未有。"(宋李心传撰,徐规点校:《建炎以来朝野杂记》,北京:中华书局,2000 年 7 月版,第 272 页。)另据《石林燕语》载:"仁宗初复制科,立等甚严,首得富公,次得吴春卿、张安道、苏仪甫,惟吴春卿入三等,富公而下皆第四等。自是讫苏子瞻,方再入第三等。设科以来,两人而已。故子瞻《谢启》云:误占久虚之等。"(第 65 页)

④ 欧阳修《与焦殿丞千之》:"苏氏昆仲,连名并中,自前未有,盛事、盛事!"(《欧阳修集编年笺注》,第 8 册,第 227 页。)另王辟之《渑水燕谈录》卷六"贡举"条:"真宗朝,钱希白贤良方正擢第;庆历中,子明逸名飞、彦远子高相继制举登科。嘉祐末,苏轼子瞻、弟辙子由同年制策入等。衣冠以为盛事。故子高谢启云:两朝之间,相继者父子;十年之内,并进者弟兄。子瞻《汝州谢表》云:兄弟并窃于贤科,衣冠或以为盛事。而子瞻入等尤高,故其谢启曰:误玷久虚之等。希白从孙藻,皇祐五年登进士第。是年说书中选。后十年复登制科,其谢启曰:十年二第,屡玷于主司;一门四人,无替于祖烈。"(吕友仁点校:《渑水燕谈录》,北京:中华书局,1981 年 3 月版,第 68 页。)

自嘉祐二年中进士以来，再次扬名朝野。

三、初 入 仕 途

　　嘉祐六年(1061)闰八月苏轼除大理评事、签书凤翔判官，苏辙授商州军事推官，可以看出，由于苏轼制科等级高于苏辙，故所授官衔也高出苏辙很多。因为苏洵年事已高，兄弟二人决定由苏辙留在京师照顾父亲。十一月中旬苏轼动身履职，正式踏上仕途，对于苏辙来说很是不舍，这是兄弟间平生第一次离别。苏辙从汴京向西，一直送至郑州西门，十九日不得已在此别过。返回时候途经渑池，苏辙回想起嘉祐元年第一次出川，父子三人经行此地，因为马匹累死，不得已稍作停留，曾题诗于寺壁，去年自己又被授为此县主簿，而此时只剩自己独自回京，往事千端，当即作诗一首寄苏轼：

　　相携话别郑原上，共道长途怕雪泥。归骑还寻大梁陌，行人已渡古崤西。曾为县吏民知否，旧宿僧房壁共题。遥想独游佳味少，无言骓马但鸣嘶。①

　　苏轼亦和之：

　　人生到处知何似，应似飞鸿踏雪泥。泥上偶然留指爪，鸿飞

---

① 《怀渑池寄子瞻兄》，《栾城集》，第 15 页。

那复计东西。老僧已死成新塔，坏壁无由见旧题。往日崎岖还记否，路长人困蹇驴嘶。①

　　当然，这两首诗高下还是很明显的，苏辙诗以写实为主，前六句句句皆实，仅后两句以"遥想"带过，虚处着笔，真实有余，而灵动不足。苏轼的和作不拘泥于形迹，以发问开端，以鸿泥指爪为喻，与来诗主题若即若离，又不失深刻、空灵，是其生平的第一首好诗。化用王国维的话说，苏轼此诗虽为和作，实胜原韵②。此后三年兄弟二人一直以诗为书，互通音讯，其间苏轼共作诗六十余首，平均每月一首，正如其诗所言"诗成十日到，谁谓千里隔。一月寄一篇，忧愁何足掷"③。这些作品真实展现了兄弟之间的深切感情。

　　十二月十四日抵达凤翔任所，长官宋选待苏轼甚厚，相处甚欢，对苏轼的才华也很欣赏，苏轼到任不久便被派往宝鸡、虢、郿、蟹屋四县减决囚禁。次年春，大旱，宋选又派苏轼前往太白山祷雨；祈雨成功，又让苏轼向朝廷上《乞封太白山神状》，这些都让初入仕途的苏轼得到了很好的锻炼。

　　嘉祐八年（1063）宋选任满，陈希亮（字公弼）来代。苏轼与陈希亮初遇，相处不欢。陈本眉州青神人，算是同乡，但陈希亮为人冷峻，向以威严著称，据苏轼《陈公弼传》云："为人清劲寡

----

① 《和子由渑池怀旧》，《苏轼诗集》，第 96 页。
② 王国维评价苏轼《水龙吟·和章质夫杨花词》"东坡杨花词和韵而似原唱，章质夫词原唱而似和韵。才之不可强也如此。"（王国维撰，滕咸惠校注：《人间词话新注》，济南：齐鲁书社，1994 年 1 月版，第 30 页。）其实，苏辙原唱与苏轼的这首和诗，亦可作如是观。
③ 《和子由除日见寄》，《苏轼诗集》，第 119 页。

欲，长不逾中人，面瘦黑，目光如冰，平生不假人以色，自王公贵人，皆严惮之。"陈希亮刚到即给苏轼一个下马威：凤翔僚属因敬重苏轼才华皆呼为"贤良"，陈希亮不仅禁止这么称呼，而且将相关僚属施以杖刑①，这自然让制科出身、刚入仕途而不免有些意气风发的苏轼不快。苏轼嘉祐二年礼部考试名列第二，以文学才华声名远扬，然陈希亮似乎并不看重这一点，所有经苏轼撰写的公文，或者被退回要求重写，或者被擅自涂改。如郎晔称"苏轼签书凤翔，每作斋醮等文，公弼必涂改数往返"②，邵博亦云"苏轼作府斋醮、祷祈诸小文，希亮必涂墨改定，数往返"③，陈希亮的这些做法也令苏轼极为不满。更有甚者是，有事需禀报时，陈希亮故意拖延，让苏轼欲见不能、欲退不敢，只能在官府大厅外枯坐久等，诗集中一首自注为"因谒凤翔府守陈公弼"的《客位假寐》即记此事：

> 谒入不得去，兀坐如枯株。岂惟主忘客，今我亦忘吾。同僚不解事，愠色见髯须。虽无性命忧，且复忍须臾。④

诗中自我调侃，不止是陈希亮忘了门外久等待见的苏轼，即使苏轼本人也因为等候太久把自己给忘了。末云"虽无性命忧，

---

① （宋）邵博《邵氏闻见后录》："陈希亮字公弼，天资刚正人也，嘉祐中，知凤翔府。东坡初擢制科，签书判官事，吏呼'苏贤良'。公弼怒曰：'府判官，何贤良也？'杖其吏不顾。"（第121页）
② （宋）苏轼撰，（宋）郎晔注：《经进东坡文集事略》，台北：世界书局，1992年3月版，第807页。
③ （宋）邵博撰，刘德权、李剑雄点校：《邵氏闻见后录》，第121页。
④ 《苏轼诗集》，第163页。

且复忍须臾",对陈希亮之抱怨已经溢于言表。至本年七月,二
人龃龉已经发展至公开化、白热化程度:按照当时官家规定,中
元节那天僚属应礼貌性地拜访长官,陈希亮一大早即端坐在府
厅,一一见过下属,唯独不见苏轼身影,直到夜幕降临,才愤愤离
开。陈希亮本想次日苏轼肯定会来赔罪,借机教训一番这个不
懂事的年轻人,没想到赌气的苏轼仍避而不见,这让陈希亮恼羞
成怒,不假思索便上奏了朝廷。苏轼为此被通报批评,并被罚铜
八斤[①]。铜在宋代是很重要的金属,罚铜是官方常有的惩处形
式。后来受苏轼乌台诗案牵连而受处最严重的官员如张方平、
李清臣被罚铜三十斤,这么算来,苏轼初仕凤翔府被罚八斤,也
是不轻的。

　　本年年底陈希亮利用闲暇在府厅后面的小山上筑了一个可
供登高远望的土台,命名为凌虚台。为了显示自己风雅,自然需
要人来撰文播扬,以才华论,苏轼当然是不二人选,希亮命为之,
苏轼并不拒绝,一口答应了下来。他终于得到了一次宣泄的绝
好机会,《凌虚台记》开篇简单交代了陈希亮筑台的动因,随即便
大发议论:

　　　　物之废兴成毁,不可得而知也。昔者荒草野田,霜露之所蒙
　　翳,狐虺之所窜伏,方是时,岂知有凌虚台耶?废兴成毁相寻于
　　无穷,则台之复为荒草野田,皆不可知也。尝试与公登台而望,
　　其东则秦穆之祈年、橐泉也,其南则汉武之长杨、五柞,而其北则

---

① 　(宋)朋九万:《东坡乌台诗案》:"苏轼任凤翔签判日,为中元节假,不过知府厅,罚
　　铜八斤。"(长沙:商务印书馆,1939年版,第5页。)

隋之仁寿、唐之九成也。计其一时之盛，宏杰诡丽，坚固而不可动者，岂特百倍于台而已哉！然而数世之后，欲求其仿佛，而破瓦颓垣无复存者，既已化为禾黍荆棘丘墟陇亩矣，而况于此台欤？夫台犹不足恃以长久，而况于人事之得丧，忽往而忽来者欤？而或者欲以夸世而自足，则过矣。盖世有足恃者，而不在乎台之存亡也。

文中抚今追昔，先追述了历史上秦穆公、汉武帝、隋炀帝等人，以九五之尊、穷天下之力修建的亭阁楼台转眼皆化为荆棘丘墟，随后话锋一转，直逼当下：一个小小知州修个小台而已，何足以"夸世而自足"？明眼人一看即知，文中充满了讽刺①，以陈希亮的鉴别能力，读懂文中微言大义自不在话下，然而这一次却出乎苏轼意料，陈希亮不仅没有生气，反而览之大笑，且"不易一字，亟命刻之石"：

公弼览之，笑曰："吾视苏明允犹子也，某犹孙子也。平日故不以辞色假之者，以其年少爆得大名，惧乎满而不胜也，乃不吾乐耶？"不易一字，亟命刻之石。②

关键时刻展现了官场老吏的风度与胸襟，以及对年轻士子的关心与锤炼。苏轼领会到陈希亮的善意后，当然也为自己的任性使气颇感愧疚，便主动示好，于是二人冰释前嫌。所以后来

---

① 李贽评该文"太难为太守矣，一篇骂太守文字耳，文亦好，亦可感"。（四川大学中文系唐宋文学研究室编《苏轼资料汇编》，北京：中华书局，1994年版，第1018页。）

② （宋）邵博撰，刘德权、李剑雄点校：《邵氏闻见后录》，第121页。

苏轼离任前,陈希亮仍在凌虚台置酒款待,苏轼即席赋诗以表达感激之情:

　　才高多感激,道直无往还。不如此台上,举酒邀青山。青山虽云远,似亦识公颜。崩腾赴幽赏,披豁露天悭。落日衔翠壁,暮云点烟鬟。浩歌清兴发,放意末礼删。是时岁云暮,微雪洒袍斑。吏退迹如扫,宾来勇跻攀。台前飞雁过,台上雕弓弯。联翩向空坠,一笑惊尘寰。[①]

　　苏轼在凌虚台《记》与《诗》中流露的感情截然不同,《记》中云"世有足恃者,而不在乎台之存亡也",摆出义正词严的架势,否定凌虚台,自然也否认主人陈希亮;而《诗》云于此台上,"举酒邀青山。青山虽云远,似亦识公颜",仿佛凌虚台上,万物可亲,可见前后对陈希亮态度之转变[②]。从中我们也可以感受到苏轼在仕宦初期的逐步成长。

　　苏轼在凤翔任前后三年,虽然中间有一段时间跟陈希亮相处不协,但并不影响他积极进取的风发意气。由于刚入仕,对未来保持着高度热情,以身许国之志甚坚,这在此期的作品中流露甚明,如《和子由苦寒见寄》:

　　人生不满百,一别费三年……丈夫重出处,不退要当前。西羌解仇隙,猛士忧塞墙。庙谟虽不战,虏意久欺天。山西良家

<hr>

①　《凌虚台》,《苏轼诗集》,第 214 页。
②　以上关于苏轼与陈希亮的交往参刘昭明先生撰《苏轼〈陈公弼传〉考论》,载《文与哲》第 3 期,2003 年 12 月。

子,锦缘貂裘鲜。千金买战马,百宝妆刀环。何时逐汝去,与虏试周旋。①

《九月二十日微雪怀子由弟二首》:

岐阳九月天微雪,已作萧条岁暮心……近买貂裘堪出塞,忽思乘传问西琛。(其一)
江上同舟诗满箧,郑西分马涕垂膺。未成报国惭书剑,岂不怀归畏友朋。(其二)②

几首苏诗中流露出杀敌报国激情,即苏辙所谓的"奋厉有当世志"。苏轼的报国激情并非是书生意气而已,此时正值西边边陲有事,苏轼在当时已经投身于支援边境、抗击西夏的活动中,我们从他的《凤翔到任谢执政启》即可知:"伏自到任已来,日夜厉精……所任金署一局,兼掌五曹文书。内有衙司,最为要事。编木筏竹,东下河渭;飞刍挽粟,西赴边陲。"③

按照宋代官制,地方州守一任两年,僚属一任三年,至英宗治平元年(1064)年底苏轼凤翔签判任满,本年十二月十七日离任赴京。次年正月抵京,等候新的差遣。英宗未即位前即闻苏轼大名,欲授之知制诰,或与修起居注,宰相韩琦以为不可骤用,乃授直史馆:

---

① 《苏轼诗集》,第 215 页。
② 《苏轼诗集》,第 154 页。
③ 《苏轼文集》,第 1327 页。

　　东坡云：顷试制举，中程后，英宗皇帝即欲便授知制诰。相
国韩公曰："苏轼之才，远大之器也。他日自当为天下用，要在朝
廷培养之，使天下之士，莫不畏慕降伏，皆欲朝廷进用之，然后取
而用之，则人人无复异词矣。今骤用之，则天下之士，未必以为
然，适足以累之也。"英宗曰："知制诰既未可，且与修起居注，可
乎？"魏公曰："记注与制诰为邻，未可遽授，不若且于馆阁中择近
上贴职与之，他日擢用，亦未为晚。"乃授直史馆。欧阳文忠时为
参政，虑执政官中有不憙魏公者喋于东坡，坡曰："公所以于某之
意，乃古之所谓君子爱人以德者欤！"①

　　"爱人以德"的宰相韩琦阻挠英宗骤用苏轼，一方面希望循
序渐进地起用苏轼，给年轻人平稳成长的空间，而不至于拔苗助
长；另一方面，也是希望借助循序擢用苏轼，来取信天下士人，可
谓用心良苦。此后一年多，苏轼一直就职直史馆。家庭却连遭
不幸，先是治平二年（1065）五月二十八日结发妻子王弗卒于京
师，之后治平三年四月二十五日苏洵又病卒，兄弟二人六月沿长
江归蜀，王弗灵柩随行，至治平四年四月才抵达眉州。十月二十

---

① （宋）李廌撰，孔凡礼点校：《师友谈记》，北京：中华书局，2002 年 8 月版，第 23 页。
另《宋史·苏轼本传》亦有相类记载："治平二年，入判登闻鼓院。英宗自藩邸闻其
名，欲以唐故事召入翰林，知制诰。宰相韩琦曰：'轼之才，远大器也，他日自当为天
下用。要在朝廷培养之，使天下之士，莫不畏慕降伏，皆欲朝廷进用，然后取而用
之，则人人无复异词矣。今骤用之，则天下之士未必以为然，适足以累之也。'英宗
曰：'且与修注如何？'琦曰：'记注与制诰为邻，未可遽授。不若于馆阁中近上帖职
与之，且请召试。'英宗曰：'试之未知其能否，如轼有不能邪？'琦犹不可，及试二论，
复入三等，得直史馆。轼闻琦语，曰：'公可谓爱人以德矣。'"（第 10802 页。）苏轼
《杭州召还乞郡伏》亦云："臣昔于治平中，自凤翔职官得替入朝，首被英宗皇帝知
遇，欲骤用臣。当时宰相韩琦以臣年少资浅，未经试用，故且与馆职。"（《苏轼文
集》，第 911 页）

七日葬苏洵于眉州彭山县安镇乡可龙里老翁泉旁[1]，实现了苏老泉与程夫人合葬的愿望[2]。

四、变法风云

苏轼熙宁元年(1068)七月除丧，十一月离开眉山，此后直至终老常州，三十三年间再也没有回去过。此行经凤翔、长安等地，于次年二月初抵达京师。这次回朝，政局氛围已经大变，就在苏轼抵达京师前夕，神宗刚刚任命王安石为参知政事，全面主持变法，大部分主张与苏轼不合。四月，诏议更改学校贡举法，令两制、两省、待制以上、御史台、三司、三馆臣僚各限一月内具议状闻奏。五月，苏轼上《议学校贡举状》，认为贡举法不当轻改："臣谓今之学校，特可因仍旧制，使先王之旧物，不废于吾世足矣。至于贡举之法，行之百年，治乱盛衰，初不由此。"[3]奏上，神宗即日召见："议上，神宗悟曰：'吾固疑此，得轼议，意释然矣。'即日召见，问：'方今政令得失安在？虽朕过失，指陈可也。'对曰：'陛下生知之性，天纵文武，不患不明，不患不勤，不患不断，但患求治太急，听言太广，进人太锐。愿镇以安静，待物之来，然后应之。'神宗悚然曰：'卿三言，朕当熟思之。凡在馆阁，皆当为朕深思治乱，无有所隐。'"[4]苏轼文集中亦屡次提及神宗

---

① 　孔凡礼撰：《三苏年谱》，北京：北京古籍出版社，2004 年 10 月版，第 492 页。
② 　苏洵《祭亡妻程氏文》曾云"凿为二室，期与子同"(见《嘉祐集笺注》，第 429 页)。
③ 　《苏轼文集》，第 723 页。
④ 　《苏轼本传》，见《宋史》，第 10804 页。

的召对,如《乞郡札子》:"昔先帝召臣上殿,访问古今,敕臣今后遇事即言。"①《杭州召还乞郡伏》亦载:"及服阕入觐,便蒙神宗皇帝召对,面赐奖激,许臣职外言事。"②本年年底苏轼再上《谏买浙灯状》,再获神宗采纳:

> 是月(熙宁二年十二月),有中旨下开封府减价买浙灯四千余枝,权开封府推官、殿中丞、直史馆苏轼言:"陛下游心经术,动法尧、舜。穷天下之嗜欲,不足以易其乐;尽天下之玩好,不足以解其忧,而岂以灯为悦者哉? 此不过以二宫之欢而极天下之养耳! 且卖灯皆细民,安可贱售其值? 故臣愿急罢之。"上纳其言。③

> 上元有旨买灯四千碗,有司无状,亏减市价,臣即上书论奏,先帝大喜,即时施行。臣以此卜知先帝圣明,能受尽言。④

这两次上书,或被召见,或被采纳,极大地鼓舞了苏轼的参政热情,苏轼可能觉得神宗于他有知遇之恩,也让苏轼有一种为神宗尽忠的使命感。当然也正是这种错觉把苏轼推向了党争的漩涡,致使他后来身陷囹圄。随后半月便上了一道万余言的奏书,其中认为"国家之所以存亡者,在道德之浅深,不在乎强与弱;历数之所以长短者,在风俗之厚薄,不在乎富与贫",主张"陛

---

① 《苏轼文集》,第 827 页。
② 《苏轼文集》,第 911 页。
③ (清)黄以周辑注,顾吉辰点校:《续资治通鉴长编拾补》,北京:中华书局,2004 年 1 月版,第 276 页。
④ 《杭州召还乞郡伏》,《苏轼文集》,第 911 页。

下结人心、厚风俗、存纪纲"①。这些论调明显带有儒家理想主义色彩，与王安石生财、言利主张背道而驰，此时王安石变法以汹涌之势向全国展开，苏轼上书没有收到想要的效果，但他并不死心，两个月后又上一书，痛陈新法之弊："自古存亡之所寄者，四人而已，一曰民，二曰军，三曰吏，四曰士，此四人者一失其心，则足以生变。今陛下一举而兼犯之。""所行新政，皆不与治同道。立条例司，遣青苗使，敛助役钱，行均输法，四海骚动，行路怨咨。自宰相以下，皆知其非而不敢争。"②这一次神宗仍不为所动，坚定地站在王安石一边。苏轼反对新法之执着在当时朝官中可谓独一无二，论资历他并不是最老的，上书之多、立场之坚定却非他莫属，就连当时跟他立场一致的重臣司马光都自愧不如：

（司马光）上章曰："臣之不才，最出群臣之下。先见不如吕诲公，直不如范纯仁、程颢，敢言不如苏轼、孔文仲，勇决不如范镇……轼与文仲皆疏远小臣，乃敢不避陛下雷霆之威，安石虎狼之怒，上书对策，指陈其失，黜官获谴，无所顾虑，此臣不如轼与文仲远矣。"③

苏轼的举动引起了新法派人物的注意，先是熙宁二年八月苏轼为国子监举人考试官，发策讽刺王安石的专断独权，公开挑衅变法派领袖，王安石为此大为恼怒；策文同时影射了神宗与王

---

① 《上神宗皇帝书》，《苏轼文集》，第 729 页。
② 《再上皇帝书》，《苏轼文集》，第 748 页。
③ （宋）邵伯温撰，李剑雄、刘德权点校：《邵氏闻见录》，第 113 页。

安石的关系，变相触怒了神宗，只是神宗此时还比较隐忍，但实际上已经为后来乌台诗案的发生埋下了伏笔。后于熙宁三年八月五日侍御史知杂事谢景温在王安石授意下诬奏苏轼丁父忧归蜀，往还多乘舟载物货、卖私盐："（轼）具论安石所为不可施行状，以裨万一……而安石大怒，其党无不切齿，争欲倾臣。御史知杂谢景温，首出死力，弹奏臣丁忧归乡日，舟中曾贩私盐。遂下诸路体量追捕当时梢工篙手等，考掠取证，但以实无其事，故锻炼不成而止。臣缘此惧祸乞出。"①兴师动众，四处取证，最后一无所得。但谢景温等人并不善罢甘休，本年十一月改命轼为开封府推官，希望以此分散苏轼关注新法之注意力："介甫之党皆不悦，命摄开封推官，意以多事困之。"不过他们的意图并未得逞，因为苏轼"决断精敏，声闻益远"。苏轼与变法派的矛盾更加尖锐："自是论事愈力，介甫愈恨。"②随着一大批反对变法者的外任，苏轼越来越感觉在朝压力与日俱增，于是请求赴外避之，这正合谢景温等人之意，王安石遂顺势应之。熙宁四年（1071）六月，除杭倅，七月离开京师，十一月二十八日到杭州。此次离京，一去八年，直到元丰二年（1079）乌台诗案发生，苏轼才以他并不喜欢的方式回来。倅杭任满后的几年间又先后任密州、徐州、湖州知州。

　　苏轼外任期间对神宗的态度也有些微妙变化，熙宁初还朝，积极上书言事，或被召见，或被采纳，都让苏轼感觉与神宗有一种知遇之恩，总想积极报答；而外任数年，久无召还之意，且自己

---

① 《杭州召还乞郡伏》,《苏轼文集》,第 911 页。
② 《亡兄子瞻端明墓志铭》,见(宋) 苏辙著,曾枣庄、马德富点校:《栾城集》,第 1410 页。

的意见亦很难上达天庭，难免有些怨怼之意，这从外任期间给皇帝的谢表中看得很清楚，比如《密州谢上表》云："伏念臣家世至寒，性资甚下。学虽笃志，本先朝进士篆刻之文；论不适时，皆老生常谈陈腐之说。分于圣世，处以散材。一自离去阙庭，屡更岁龠。尘埃笔砚，渐忘旧学之渊源；奔走簿书，粗识小人之情伪。"①虽然"分于圣世"，却被"处以散材"，不满之意甚明。《徐州谢上表》中云："伏念臣奋身农亩，托迹书林。信道直前，曾无坎井之避；立朝寡助，谁为先后之容。向者屡献瞽言，仰尘圣鉴。岂有意于为异，盖笃信其所闻。顾惭迂阔之言，虽多而无益；惟有朴忠之素，既久而犹坚。远不忘君，未忍改其常度；言之无罪，实深恃于至仁。知臣者谓臣爱君，不知臣者谓臣多事。空怀此意，谁复见明。"②苏轼认为自己"信道直前，曾无坎井之避"，积极为朝廷献言献策，结果却是"迂阔之言，虽多而无益"，其中流露出对朝廷不采信自己意见之无奈。

　　从熙宁二年至元丰二年，即从苏轼还朝到乌台诗案发生前，这是新法推进得最激烈的十年，也是苏轼反对新法最激烈的十年，其中以熙宁四年离京外任为界点，这之前，侧重反对当时的人事变动，之后则反对新法扰民。王安石暴风骤雨式的改革，一方面需要任用一批支持并能执行新法的人士，而另一方面必然会打压和排挤反对新法的人，这就必然会引起大量的人事变动。《宋史》载当时的变动有："翰林学士范镇……以言不行致仕。台谏官吕公著、孙觉、李常、张戬、程颢等皆以论青苗罢黜。知亳州

① 　《苏轼文集》，第 651 页。
② 　《苏轼文集》，第 652 页。

富弼、知青州欧阳修继韩琦论青苗之害，且持之不行，亦坐移镇。知陈留县姜潜之官才数月，青苗令下……即移疾去。"①熙宁四年六月离京前，苏轼目睹了大批反对新法的师长、朋友，或被迫外任，或主动请出，纷纷离开京城这个是非之地，苏轼在此期的送别、唱和的作品里，借对友朋的同情，表达了对当时人事变动以及新法的不满，如《送刘道原归觐南康》一诗：

　　晏婴不满六尺长，高节万仞陵首阳。青衫白发不自叹，富贵在天那得忙。十年闭户乐幽独，百金购书收散亡。竭来东观弄丹墨，聊借旧史诛奸强。孔融不肯下曹操，汲黯本自轻张汤。虽无尺箠与寸刃，口吻排击含风霜。自言静中阅世俗，有似不饮观酒狂。衣巾狼藉又屡舞，旁人大笑供千场。交朋翩翩去略尽，惟吾与子犹彷徨。世人共弃君独厚，岂敢自爱恐子伤。朝来告别惊何速，归意已逐征鸿翔。匡庐先生古君子，挂冠两纪鬓未苍。定将文度置膝上，喜动邻里烹猪羊。君归为我道名姓，幅巾他日容登堂。②

　　《宋史》刘恕本传载："(司马)光出知永兴军，恕亦以亲老，求监南康军酒以就养，许即官修书。"③又《宋史·神宗本纪》载："(熙宁三年九月)司马光罢知永兴军。"④故知此诗当作于熙宁三年(1070)九月后。"晏婴不满六尺长"至"聊借旧史诛奸强"等

---

① （元）脱脱等撰：《宋史》，第 4286 页。
② 《苏轼诗集》，第 257 页。
③ 《宋史》，第 13119 页。
④ 《宋史》，第 277 页。

八句，高度赞扬刘恕勤学爱书、潜心著述而甘于澹泊的品质。《宋史》载刘恕为学："自历数、地里、官职、族姓至前代公府案牍，皆取以审证。求书不远数百里，身就之读且抄，殆忘寝食。""笃好史学，自太史公所记，下至周显德末，纪传之外至私记杂说，无所不览，上下数千载间，钜微之事，如指诸掌。司马光编次《资治通鉴》……即召为局僚，遇史事纷错难治者，辄以诿恕。恕于魏、晋以后事，考证差缪，最为精详。"①可见其治学之勤，学问之深。

　　"孔融不肯下曹操"以下四句肯定刘恕与王安石面折廷争之勇。《宋史》刘恕本传载："王安石与之有旧，欲引置三司条例。恕以不习金谷为辞，因言天子方属公大政，宜恢张尧、舜之道以佐明主，不应以利为先。又条陈所更法令不合众心者，劝使复旧，至面刺其过。安石怒，变色如铁，恕不少屈。或稠人广坐，抗言其失无所避，遂与之绝。"②苏轼用孔融、汲黯相关典故正指此。《后汉书》载："（孔融）既见操雄诈渐著，数不能堪，故发辞偏宕，多致乖忤。又尝奏宜准古王畿之制，千里寰内，不以封建诸侯。操疑其所论建渐广，益惮之。然以融名重天下，外相容忍，而潜忌正议，虑鲠大业。"③又《汉书》载："张汤以更定律令为廷尉，（汲）黯质责汤于上前，曰：'公为正卿，上不能襃先帝之功业，

---

① 《宋史》，第 13118 页。
② 《宋史》，第 13119 页。另外《东都事略》也有相近记载："王安石与恕有旧，欲引恕修三司条例。恕以不习金谷为辞，因言天子方属公政事，宜恢张尧、舜之道以佐明主，不应以财利为先。安石不能用，亦未之怒也。及吕诲得罪知登州，恕往见安石曰：公所以致人言，盖亦有所未思。因为条陈所更法令不合众心者，宜复其旧，则议论自息。安石怒，遂与之绝。安石用事，呼吸成祸福，高论之士，始异而终附之，面誉而背毁之，口顺而心非之者，皆是也。恕奋厉不顾，直指其事，或面刺安石至变色，公议其得失，无所隐。"（宋·王称著，孙言诚、崔国光点校：《东都事略》，齐鲁书社，2000 年 5 月版，第 743 页。）
③ （宋）范晔撰，（唐）李贤等注：《后汉书》，北京：中华书局，1965 年 5 月版，第 2272 页。

下不能化天下之邪心,安国富民,使图圄空虚,何空取高皇帝约束纷更之为? 而公以此无种矣!'黯时与汤论议,汤辩常在文深小苛,黯愤发,骂曰:'天下谓刀笔吏不可为公卿,果然。必汤也,令天下重足而立,仄目而视矣!'"①毫无疑问,苏轼在诗中正是以孔融、汲黯之正直刚烈比刘恕,以曹操、张汤之凶残奸诈况王安石。

"交朋翩翩去略尽"以下四句则直指当时的人事变动。熙宁初因为反对王安石变法,大批重臣遭贬,其中很多是苏轼的前辈、知交。其中熙宁二年遭贬外任的有:"六月丁巳,右谏议大夫、御史中丞吕诲以论王安石,罢知邓州";"八月癸卯,侍御史刘琦贬监处州盐酒务,御史里行钱颛贬监衢州盐税,亦以论安石故。乙巳,殿中侍御史孙昌龄以论新法,贬通判蕲州。丙午,同修起居注范纯仁以言事多忤安石,罢同知谏院";熙宁三年"(正月)戊午,判尚书省张方平罢知陈州","三月丙申,孙觉、吕公著、张戬、程颢、李常上疏极言新法,不听。右正言孙觉以奉诏反覆,贬知广德军。戊申,李常言青苗敛散不实,有旨具析,翰林学士兼知通进、银台司范镇封还诏书,以为不当,坐罢职,守本官","(四月)戊辰,御史中丞吕公著贬知颍州。己卯,赵抃罢知杭州,以韩绛参知政事。监察御史里行程颢罢为京西路同提点刑狱。壬午,右正言李常贬通判滑州,监察御史里行张戬贬知公安县,王子韶贬知上元县。癸未,侍御史知杂事陈襄罢为同修起居注","秋七月辛卯,欧阳修徙知蔡州。壬辰,吕公弼罢枢密使","(九月)乙未,韩绛罢为陕西宣抚使。己亥,始试法官。庚子,曾

---

① (汉)班固撰,(唐)颜师古注:《汉书》,北京:中华书局,1962 年 6 月版,第 2318 页。

公亮罢为司空兼侍中、河阳三城节度使。司马光罢知永兴军"（以上皆见《宋史·神宗本纪》）。至熙宁三年九月，刘恕与苏轼算是最后被迫离开汴京的反对者，正即诗中所谓"惟我与子犹彷徨"。这种彷徨矛盾的心情又见于此期《送吕希道知和州》一诗中："年年送人作太守，坐受尘土堆胸肠。""我生本自便江海，忍耻未去犹彷徨。"①

离京以后的一些酬唱之作中，借对别人境遇之不平也暗寓自己之不满。如《送范景仁游洛中》：

> 小人真闇事，闲退岂公难。道大吾何病，言深听者寒。忧时虽早白，住世有还丹。得酒相逢乐，无心所遇安。②

关于此诗，施顾注云："介甫得政，改常平为青苗，景仁极言其不可……最后指陈介甫用喜怒为赏罚，曰：'陛下有纳谏之资，大臣进拒谏之计；陛下有爱民之性，大臣用残民之术。'介甫大怒，持其疏至手颤，自草制极诋之，使以本官致仕，恩典悉不与。公表谢曰：'愿陛下集群议为耳目，以除壅蔽之奸；任老成为腹心，以养和平之福。'天下闻而壮之。时年六十三尔。"③可以说范景仁是守旧派中忠而见疏的典型。范景仁又是因为触怒王安石而自愿引退，在苏轼看来，这位"乡里世旧"的出处行为是正人君子的典范，为之鸣不平，亦正好可以有力讥讽一下趋炎附势的

---

① 《苏轼诗集》，第 248 页。
② 《苏轼诗集》，第 717 页。
③ （宋）施元之、顾禧、施宿注，彭文良辑校：《施顾注苏轼诗集》，北京：人民出版社，2021 年 12 月版，第 466—467 页。

新进之辈。故苏轼自云："'小人真阘事,闲退岂公难',意以讥讽今时小人以小才而享大位,暗于事理,以进为荣,以退为辱。范镇为前侍郎,难进易退,小人不知也。"①

熙宁四年以后,苏轼一直外任,目睹时艰,亲身感受新法对社会的扰动,故此期有大量的作品反映新法不便,其中最集中、最全面的当属诗作《寄刘孝叔》:

君王有意诛骄虏,椎破铜山铸铜虎。联翩三十七将军,走马西来各开府。南山伐木作车轴,东海取鼍漫战鼓。汗流奔走谁敢后,恐乏军兴污资斧。保甲连村团未遍,方田讼牒纷如雨。尔来手实降新书,抉剔根株穷脉缕。诏书恻怛信深厚,吏能浅薄空劳苦。平生学问只流俗,众里笙竽谁比数。忽令独奏凤将雏,仓卒欲吹那得谱。况复连年苦饥馑,剥啮草木啖泥土。今年雨雪颇应时,又报蝗虫生翅股。忧来洗盏欲强醉,寂寞虚斋卧空甒。公厨十日不生烟,更望红裙踏筵舞。故人屡寄山中信,只有当归无别语。方将雀鼠偷太仓,未肯衣冠挂神武。吴兴丈人真得道,平日立朝非小补。自从四方冠盖闹,归作二浙湖山主。高踪已自杂渔钓,大隐何曾弃簪组。去年相从殊未足,问道已许谈其粗。逝将弃官往卒业,俗缘未尽那得睹。公家只在雪溪上,上有白云如白羽。应怜进退苦皇皇,更把安心教初祖。②

此诗对时政进行全方位的指斥,施顾注及《乌台诗案》有详

---

① （宋）朋九万：《东坡乌台诗案》,第 29 页。
② 《苏轼诗集》,第 633 页。

细分析，我们结合其他史籍试作解析。首八句直指朝廷轻开边衅的对外政策。《乌台诗案》载："熙宁八年四月十一日，轼作诗寄刘述……是时朝廷遣使诸路检点军器，及置三十七将官。轼将谓今上有意征讨西夏，以讥讽朝廷诸路遣使及置将官，张皇不便。"①施顾注云："神宗即位，起安石于金陵，付以大政。而是时帝已有诛灭西夏意，遂用种谔以开边隙。安石逢迎帝意，且谓：'鞭笞四夷，必财用丰裕，然后可以行其志。'于是终帝之世，以理财为急，兵连祸结，南征北伐，几至于乱。帝虽欲改为，而诸臣系其用舍，执之愈坚。晚岁始大悔悟，然无及矣。故此诗首言征伐之意。"②

在封建时代，少数帝王或是好大喜功，或是为了转移视线，往往喜欢开疆拓土，轻启边衅。有宋一代由于自身积弱积贫，倾向于自保，多不敢扩张，唯神宗一朝，独有此志。《宋史·地理志》云："大抵宋有天下三百余年，繇建隆初讫治平末，一百四年，州郡沿革无大增损，熙宁始务辟土，而种谔先取绥州，韩绛继取银州，王韶取熙河，章惇取懿、洽，谢景温取徽、诚，熊本取南平，郭逵取广源，最后李宪取兰州，沈括取葭芦、米脂、浮图、安疆等砦。"③又《宋史·列传第九十三》论曰："宋太宗既厌兵，一意安边息民，海内大治。真宗、仁宗深仁厚泽，涵煦生民，然仁文有余，义武不足，盖是时中国之人，不见兵革之日久矣。于是契丹、西夏起为边患，乃不吝缯帛以成和好。神宗抚承平之运，锐焉有为，积财练兵，志在刷耻，故一时材智之士，各得暴其所长，以兴

① （宋）朋九万：《东坡乌台诗案》，第 12 页。
② （宋）施元之、顾禧、施宿注，彭文良辑校：《施顾注苏轼诗集》，第 403 页。
③ （元）脱脱等撰：《宋史》，第 2095 页。

立事功。"①而"熙宁始务辟土",战事最早即从征伐西夏开始,据
《宋史·司马光传》载:"西戎部将嵬名山欲以横山之众,取谅祚
以降,诏边臣招纳其众……(上)遣将种谔发兵迎之,取绥州,费
六十万,西方用兵,盖自此始矣。"②此次种谔兴兵完全是在神宗
的授意、并获王安石极力支持下进行的,《宋史·孙固传》云:"治
平中,神宗为颖王,以(孙)固侍讲;及为皇太子,又为侍读。至即
位,擢工部郎中、天章阁待制、知通进银台司。种谔取绥州,(孙)
固知神宗志欲经略西夏,欲先事以戒,即上言:'待远人宜示之
信,今无名举兵,非计之得。愿以汉韩安国、魏相、唐魏徵论兵之
略,参校同异,则是非炳然矣。兵,凶器也,动不可妄,妄动将有
悔。'大臣恶其说,出知澶州。"③这里的大臣即王安石。

　　关于种谔在神宗授意下首开边衅事,《宋史全文》也有记载:
"熙宁初谔首兴边事,后再讨西夏,皆谔始谋,卒致永乐之败。"
"癸卯,种谔至夏州索家平,兵众三万人,以无食而溃。丙午,高
遵裕以师还,夏人来追,遂溃。"④苏轼在诗中讥讽"征伐西夏",
主要原因如施顾注所说的"兵连祸结,南征北伐,几至于乱",即
就西夏战事而言。当时的战况实在是劳民伤财,并无所获,《宋
史·孔文仲传》载:"时征西夏,众数十万皆道境上,久不解,边人
厌苦……劳民而损费。"⑤又《宋史·范祖禹传》云:"熙宁之
初……用兵开边,结怨外夷,天下愁苦,百姓流徙……王韶创取

①　(元)脱脱等撰:《宋史》,第 10739 页。
②　(元)脱脱等撰:《宋史》,第 10763 页。
③　(元)脱脱等撰:《宋史》,第 10874 页。
④　(元)不著撰者:《宋史全文》,见《景印文渊阁四库全书》,台北:商务印书馆,1986
　　年 7 月版,第 330 册,第 430 页。
⑤　(元)脱脱等撰:《宋史》,第 10932 页。

熙河，章惇开五溪，沈起扰交管，沈括、徐禧、俞充、种谔兴造西事，兵民死伤皆不下二十万。先帝临朝悼悔，以谓朝廷不得不任其咎。"[1]这些正是诗中"君王有意诛骄虏"，以及施顾注所谓"（神宗）晚岁始大悔悟，然无及矣"之明证。

"椎破铜山"、置"三十七将"、"南山伐木"、"东海取鼍"所写乃指朝廷为了应付边事、防止内乱的奔走之状。《汉书·文帝纪》云："九月，初与郡守为铜虎符、竹使符。"注引应劭曰："铜虎符第一至第五，国家当发兵遣使者，至郡合符，符合乃听受之。"[2]可知铜虎符乃遣将之物。又据《续资治通鉴长编》："铜符之制，上篆刻曰某处发兵符，下铸虎豹为饰，而中分之……右五符留京师，左符降部署、钤辖、知州军官高者掌之。凡发兵，枢密院下符一至五，周而复始。"[3]可见宋代仍用汉制。熙宁初，因为边事，大规模调遣边将，亦曾兴造铜符，《宋史·舆服志》："铜兵符：汉制，铜铸，上刻虎形……陕西五路，每路依汉制各给一至二十，计二十面，更换给用，仍以公牒为照验"；"神宗熙宁五年，诏西作坊铸造诸铜符三十四副"[4]；《宋会要辑稿》载："神宗皇帝熙宁间诏有司铸都城诸门铜符契，依法勘同，复命枢密院约旧制更造铜契，中刻鱼形识之，各分左、右给纳，以戒不虞。"[5]此即"椎破铜山铸铜虎"之实。

所谓"联翩三十七将军，走马西来各开府"指熙宁年间河北

① （元）脱脱等撰：《宋史》，第 10798 页。
② （汉）班固撰，（唐）颜师古注：《汉书》，北京：中华书局，1962 年 6 月版，第 118 页。
③ （宋）李焘撰，上海师范学院古籍整理研究所、华东师范大学古籍整理研究所点校：《续资治通鉴长编》，北京：中华书局，1985 年 11 月版，第 3051 页。
④ （元）脱脱等撰：《宋史》，第 3595 页。
⑤ （清）徐松辑：《宋会要辑稿·方域一》，北京：中华书局，1957 年 11 月版，第 7328 页。

设三十七将,意在防止北部的契丹。熙宁五年蔡挺始有此议,《宋史·蔡挺传》载:"(熙宁五年)契丹议云中地,(蔡)挺请罢沿边戍人,示以无事,因乞置三十七将。"①熙宁七年九月"诏河东、秦凤、永兴等路都总管司见管军马别降指挥团并外,其开封府界、河北、京东西路置三十七将副……从蔡挺请也。敌议云中地界久不决,挺请尽召还河北缘边戍兵,示以无事,兼可积蓄边储,因是更制,将有正副,皆给虎符。又以河北兵教习不如法,缓急不足用,奏乞于陕西选兵官训练"②,形成定制。然三十七将之设由于将领平庸,并未从根本上解决边患:"河北、京东、府界三十七将,皆朝廷所选择,然尚多庸人。其余淮、浙、福建、荆湖、交广,虽有团结训练之法,而未见教阅案试之实,岂非将领非人,故事功未效。"③

"南山"二句写伐木作车、取鼍作鼓,极言为防备边患东西奔走、扰民之状,亦实有其事。《宋史·沈括传》载:"(沈)括侍帝(指神宗)侧,帝顾曰:'卿知籍车乎?'曰:'知之。'帝曰:'何如?'对曰:'敢问欲何用?'帝曰:'北边以马取胜,非车不足以当之。'"之后便出现了随意征收民间车辆的事:"时大籍民车,人未谕县官意,相挟为忧。"④这里所言"大籍民车"以防"北边",也是针对契丹的,《续资治通鉴长编》载:"(熙宁七年八月)丙戌,命知制诰沈括为河北西路察访使。代章惇也。先是,遣内侍籍民车以备边,人未喻朝廷之意,相摇大骚。"⑤

---

① (元)脱脱等撰:《宋史》,第 10577 页。
② 《续资治通鉴长编》,第 6257 页。
③ 《续资治通鉴长编》,第 7476 页。
④ (元)脱脱等撰:《宋史》,第 10654 页。
⑤ 《续资治通鉴长编》,第 6239 页。

"保甲连村团未遍"至"吏能浅薄空劳苦"六句涉及新法内容。"保甲"一句指出保甲制度之弊端。《宋史·兵六》载："熙宁初，王安石变募兵而行保甲，帝从其议。三年，始联比其民以相保任。及诏畿内之民，十家为一保，选主户有干力者一人为保长……每一大保夜轮五人警盗。凡告捕所获，以赏格从事。同保犯强盗、杀人、放火、强奸、略人、传习妖教、造畜蛊毒，知而不告，依律伍保法……既行之畿甸，遂推之五路，以达于天下。"可见其最初本意是要乡民相互监督、相互保护，即所谓"以乡户团为保甲，觉察奸盗"，同时"推及天下，将为万世常安之术。"①而保甲制度的实际施行与设立的初衷却背道而驰，"保甲不能逐盗而为盗矣"，丝毫没有起到保护乡民的作用，相反贻害无穷，所以当时反对的人极多。如《宋史》引冯京熙宁四年三月语："府界既淤田，又行免役，作保甲，人极劳弊。""神宗欲伸中国之威，革前代之弊，王安石之流进售其强兵富国之术，而青苗、保甲之令行，民始罹其害矣。"②韩维曾言："诸县团结保甲，乡民惊扰"，更甚者，有人为逃避保甲法竟自残："诸县乡民，或自残伤以避团结"，"因置保甲有截指断腕者"③。

"方田讼牒纷如雨"一句所指乃新法中的方田均税法。据《续资治通鉴长编》熙宁五年八月纪事载："诏司农寺以方田均税条约并式颁天下。方田之法，以东西南北各千步，当四十一顷六十六亩一百六十步为一方。岁以九月，县委令、佐分地计量，据其方庄帐籍验地土色号，别其陂原、平泽、赤淤、黑垆之类凡几

---

① （元）脱脱等撰：《宋史》，第 4767—4768 页。
② （元）脱脱等撰：《宋史》，第 4156 页。
③ （元）脱脱等撰：《宋史》，第 4775 页。

色。方量毕,计其肥瘠,定其色号,分为五等,以地之等均定税数。至明年三月毕,揭以示民,仍再期一季以尽其词,乃书户帖,连庄帐付之,以为地符。"①可以想象,要在全国范围内进行土地丈量,每年换一次地符该有多纷扰麻烦。而实际施行过程中,部分官员任意扭曲,存在严重的不公现象,时人李伯宗曾云:"朝廷行方田均税之法,令以丰岁推行。今州县吏,苟简怀异者指熟为灾,而贪进幸赏者掩灾为熟,望深察其违戾,而置诸罚。"②最终于熙宁七年四月癸酉,因为天旱取消此法。

"尔来"一句乃指吕惠卿推行的手实法。《宋史·食货志》:"参知政事吕惠卿及其弟曲阳县尉和卿皆请行手实法。其法:官为定立田产中价,使民各以田亩多少高下,随价自占;仍并屋宅分有无蓄息立等,凡居钱五当蓄息之钱一。非用器、田谷而辄隐落者许告,有实,以三分之一充赏。"③手实法由于是直接针对个人财产进行征税,可以说是对农民敲骨吸髓般剥削与压榨,故苏轼在诗中云"抉剔根株穷脉缕"。推行之初全国即一片哗然:"行手实法,所在骚然。"④后经蒲宗孟的建议,执行更严,民病益甚:"吕惠卿制手实法,然犹许灾伤五分以上不预。宗孟言:'民以手实上其家之物产而官为注籍,以正百年无用不明之版图而均齐其力役,天下良法也。然灾伤五分不预焉。臣以为使民自供,初无所扰,何待丰岁?愿诏有司,勿以丰凶弛张其法。'从之,民于是益病矣。"⑤结果便是"家有告讦之忧,人怀隐匿之虑,无

---

① 《续资治通鉴长编》,第 5783 页。
② (元)脱脱等撰:《宋史》,第 11164 页。
③ (元)脱脱等撰:《宋史》,第 4307 页。
④ (元)脱脱等撰:《宋史》,第 10331 页。
⑤ (元)脱脱等撰:《宋史》,第 10571 页。

所措手足"，"使嚚讼者趋赏报怨以相告讦，畏怯者守死忍困而已。"①苏轼当时亦极力反对手实法，据苏轼本传载："时新政日下，轼于其间，每因法以便民，民赖以安。徙知密州。司农行手实法，不时施行者以违制论。轼谓提举官曰：'违制之坐，若自朝廷，谁敢不从？今出于司农，是擅造律也。'提举官惊曰：'公姑徐之。'"②朝廷最终于熙宁八年十月罢手实法，刚好在此诗后半年。

　　"诏书"一句特就神宗而言。神宗皇帝总体上是一位励精图治、欲有所作为的君王，无论是开边还是变法，皆是他意欲革新图变的表现，虽然实际效果有违初衷，特别是新法所带来的种种恶果，多出乎其意料。至熙宁末期，内忧与外患交织，神宗为了摆脱困境，除了深自反省外，还允许大臣公开讨论朝政得失。据《续资治通鉴长编》载："（熙宁七年二月）乙丑，诏中书曰：'朕涉道日浅，晻于致治，政失厥中，以干阴阳之和。乃自冬迄今，旱暵为虐，四海之内，被灾者广。间诏有司，损常膳，避正殿，冀以塞责消变，历月滋久，未蒙休应。嗷嗷下民，大命近止，中夜以兴，震悸靡宁，永惟其咎，未知攸出。意者朕之听纳不得于理欤？狱讼非其情欤？赋敛失其节欤？忠谋谠言郁于上闻，而阿谀壅蔽以成其私者众欤？何嘉气之久不效也？应中外文武臣僚，并许实封言朝政阙失，朕将亲览，考求其当，以辅政理。三事大夫，其务悉心交儆，成朕志焉。'"③苏轼诗中之"诏书恻怛信深厚"，正指熙宁七年春"诏中书"事。在苏轼作此诗后半年神宗再次下诏

---

① （元）脱脱等撰：《宋史》，第 10598 页。
② （元）脱脱等撰：《宋史》，第 10808 页。
③ 《续资治通鉴长编》，第 6137 页。

求论朝政得失:"(熙宁八年十月)丁巳,富弼言:'臣近日忽闻别降手诏,许中外臣寮直言朝政之阙失。洛城士庶欢呼鼓舞,喧于道路。推是而往,则天下之人无不慰悦矣。去年久旱,陛下曾降手诏,许臣寮上封论事。人方喜悦,日俟朝廷施设。'"①从中也可以看出神宗虽行新法之意甚坚,但并不是刚愎自用之辈,反倒如诗中所言,有"恻怛深厚"一面。"吏能浅薄空劳苦"一句乃就苏轼自己而言,所谓"浅薄",乃以反语暗示自己不愿执行新法而已,实与《初到杭州寄子由二绝》(其一)"眼看时事力难胜"一个意思。

　　"平生学问止流俗"四句乃特就王安石而言。所谓"流俗"乃王安石专用来指与自己意见不合的人:"安石入谢,因为上言中外大臣、从官、台谏、朝士朋比之情,且曰:'陛下欲以先王之正道胜天下流俗,故与天下流俗相为重轻。流俗权重,则天下之人归流俗;陛下权重,则天下之人归陛下。权者与物相为重轻,虽千钧之物,所加损不过铢两而移。今奸人欲败先王之正道,以沮陛下之所为。于是陛下与流俗之权适争轻重之时,加铢两之力,则用力至微,而天下之权,已归于流俗矣,此所以纷纷也。'上以为然。"②"仁宗、英宗选敦朴敢言之士以遗子孙,安石目为流俗,一切逐去。"③王安石以"流俗"目异己者,借此混淆神宗视听的狡狯做法,引起了大批在朝正直之士的痛斥,他们纷纷上书神宗,痛揭其本质,如范纯仁云:"安石以富国强兵之术,启迪上心,欲

① (元)不著撰者:《宋史全文》,见《景印文渊阁四库全书》第330册,史部第88册,卷十二上,第409页。
② (元)脱脱等撰:《宋史》,第10545页。
③ (元)脱脱等撰:《宋史》,第11216页。

求近功，忘其旧学。尚法令则称商鞅，言财利则背孟轲，鄙老成为因循，弃公论为流俗，异己者为不肖，合意者为贤人。"①赵抃云："安石强辩自用，诋天下公论以为流俗，违众罔民，顺非文过。近者台谏侍从，多以言不听而去。"②刘挚云："忠厚老成者，摈之为无能；狭少儇辩者，取之为可用；守道忧国者，谓之流俗；败常害民者，谓之通变。"③所以苏轼在此诗中索性以"流俗"自居，以明确与王安石的界限。

"况复"以下四句写当时的自然灾害情况。翻阅《神宗本纪》可知熙宁年间几乎每年都有旱灾、饥荒，每年都在赈灾，故"连年苦饥馑"亦实有其事。熙宁间与旱灾、饥荒交织的是接连不断的蝗灾，《宋史·郑侠传》云"自熙宁六年七月不雨，至于七年之三月，人无生意。""（熙宁六年）大蝗，秋冬亢旱，麦苗焦枯，五种不入，群情惧死；方春斩伐，竭泽而渔，草木鱼鳖，亦莫生遂。"④又："（熙宁七年七月）癸亥，诏河北两路捕蝗。又诏开封、淮南提点、提举司检覆蝗旱。以米十五万石振河北西路灾伤。"⑤苏轼自杭州至密州也数次经历并参与捕蝗。其中熙宁八年所作《次韵章传道喜雨》记录甚详：

> 去年夏旱秋不雨，海畔居民饮咸苦。今年春暖欲生蝝，地上戢戢多于土。预忧一旦开两翅，口吻如风那肯吐。前时渡江入吴越，布阵横空如项羽。（公自注：去岁钱塘见飞蝗自西北来，

① （元）脱脱等撰：《宋史》，第 10284 页。
② （元）脱脱等撰：《宋史》，第 10324 页。
③ （元）脱脱等撰：《宋史》，第 10852 页。
④ （元）脱脱等撰：《宋史》，第 10435 页。
⑤ （元）脱脱等撰：《宋史》，第 286 页。

极可畏。)农夫拱手但垂泣,人力区区固难御。扑缘鬣毛困牛马,
唼啮衣服穿房户。坐观不救亦何心,秉畀炎火传自古。荷锄散掘
谁敢后,得米济饥还小补。……从来蝗旱必相资,此事吾闻老农
语。庶将积润扫遗孽,收拾丰岁还明主。县前已窖八千斛,(公自
注:今春及今,得蝗子八千余斛。)率以一升完一亩。更看蚕妇过
初眠,(公自注:蚕一眠,则蝗不复生矣。)未用贺客来旁午。①

　　"布阵横空如项羽"乃写熙宁七年杭州的蝗灾情况,"县前已
窖八千斛"乃熙宁八年在密州捕蝗的写照。诗中所写之蝗害,又
见于文集《上韩丞相论灾伤手实书》一文:"自入境(指密州),见
民以蒿蔓裹蝗虫而瘗之道左,累累相望者,二百余里,捕杀之数,
闻于官者几三万斛……轼近在钱塘,见飞蝗自西北来,声乱浙江
之涛,上翳日月,下掩草木,遇其所落,弥望萧然。此京东余波及
淮浙者耳。"②

　　"忧来洗盏欲强醉"以下四句,苏轼自称乃"讥讽朝廷减削公
使钱太甚"。所谓公使钱相当于今天的公费消费。熙宁初公使
消费极大,有的地方官员经常动用公家费用私交朋友,给朝廷增
加了很大的负担,如《续资治通鉴长编》载:"都官郎中沈衡复言
知莫州柴贻范送别州酒至九百余瓶,所差兵夫至二百余人,其违
法劳人可知。"为了节省开支,熙宁三年四月神宗曾下诏,除必要
消费外,禁止不合理支出:"诏诸路州军遇正、至、寒食、端午、重
阳节序,无得以酒相馈。初,知渭州蔡挺言陕西有公使钱许造酒

---

① 《苏轼诗集》,第 622 页。
② 《苏轼文集》,第 1395 页。

处，每五节以酒交遗，以行经二十驿者挈负去来，道路烦苦，请禁止。许之。……故并诸路禁止焉。"[1]但实际屡禁不止，至熙宁三年下半年公使钱的支出仍很庞大，如梓州路转运司曾上奏要求继续缩减支出，云："兼点检梓州等处，自来公使厨库衙前陪费钱物，最为侵刻……衙前苦于公厨之类陪费，若不更改，即今后投名衙前，各不愿充役。乞行裁减，及差官重定诸州衙规事。"至熙宁三年十一月王安石复建议"减省役人、团并纲运及裁减公使厨库非理陪费"，"所有公使厨库陪备冗费合行裁节约束"[2]。熙宁四年正月神宗皇帝再下诏削减："诸州公使库，例以役人主之，倍备糜费，其令天下具公使钱及主吏轻重所当支酬数，上司农寺详定利害以闻。其后，司农定诸州所用公使钱，奢俭各不中礼，甚者或至非理掊克，今当量入为出，随州郡大小立等，岁自二百贯至五千贯止。若三京、三路帅府，成都、杭、广自来所用多者，增其数。诏从之。"[3]此诏执行较严，滥用公使钱的现象在一定程度得到控制，这在苏轼此期的另一首诗中可找到线索。《赵既见和复次韵答之》：

长安小吏天所放，日夜歌呼和丞相。岂知后世有阿瞒，北海樽前捉私酿。先生未出禁酒国，诗语孤高常近谤。几回无酒欲沽君，却畏有司书簿帐。酸寒可笑分一斗，日饮无何足衰盏。更将险语压衰翁，只恐自是台无馆。[4]

①　《续资治通鉴长编》，第 5114 页。
②　《续资治通鉴长编》，第 5284 页。
③　《续资治通鉴长编》，第 5328 页。
④　《苏轼诗集》，第 694 页。

苏轼在此诗中抱怨因为新法厉行禁酒，以至于跟朋友在一起无酒可饮。他于"却畏有司书簿帐"句下自注云"近制，公使酒过数法甚重"，正指熙宁四年正月的诏书内容。应该说神宗对公使钱的限制还是起到了一定的作用，《寄刘孝叔》诗中"虚斋空甀"、"公厨十日不生烟"，正是严格限制公使钱的支出，官府生活受到约束，不再如往常热闹和铺张的真实写照。类似情况也见于此期文集中："余自钱塘移守胶西……始至之日，岁比不登，盗贼满野，狱讼充斥，而斋厨索然，日食杞菊。"①

以今天的眼光看来，朝廷削减公使钱实在是一项惠民的明智举措，作为公使法推行者的神宗皇帝当时也不无得意，于熙宁七年四月，即推行不久，曾云："今日之法，但当使百姓出钱轻如往日，便是良法。至如减定公使钱，人犹有以为言者，此实除去衙前陪费深弊。且天下贡奉之物所以奉一人者，朕悉已罢，人臣亦当体朕此意，以爱惜百姓为心。"②这对切实减轻百姓负担而言无疑是件好事，然东坡在此诗中云"忧来洗盏欲强醉"、"更望红裙踏筵舞"则完全从个人享乐角度出发，对此法缺乏必要的理解与支持。这种略存抱怨的心态也出现在熙宁八年的同类诗作中，如《次韵刘贡父李公择见寄二首》（其二）：

何人劝我此间来，弦管生衣甀有埃。绿蚁沾唇无百斛，蝗虫扑面已三回。磨刀入谷追穷寇，洒涕循城拾弃孩。为郡鲜欢君莫叹，犹胜尘土走章台。③

①　《超然台记》，《苏轼诗集》，第 351 页。
②　《续资治通鉴长编》，第 6174 页。
③　《苏轼诗集》，第 645 页。

又《莫笑银杯小答乔太博》：

陶潜一县令，独饮仍独醒。犹将公田二顷五十亩，种秫作酒
不种秔。我今号为二千石，岁酿百石何以醉宾客。请君莫笑银
杯小，尔来岁旱东海窄。会当拂衣归故丘，作书贷粟监河侯。万
斛船中着美酒，与君一生长拍浮。[①]

这两首诗的背景都是朝廷削减公使库钱。然苏轼因"绿蚁沾
唇无百斛"，遂叹"为郡鲜欢"，甚至抱怨"岁酿百石何以醉宾客"。

"故人屡寄山中信"至诗末，从现实回到与刘孝叔的私人关
系上，以自己之"方将雀鼠偷太仓，未肯衣冠挂神武"反衬刘孝叔
之"高踪已自杂渔钓，大隐何曾弃簪组"，表面上是在赞扬刘孝叔
个性高洁、自嘲自己贪恋权位，实际还是在抱怨新法。

总体看，外任这数年，就政治倾向上看，苏轼反对新法是一
以贯之，并且也是以激烈著称的，最终导致了乌台诗案的发生。

五、乌 台 诗 案

元丰二年（1079）三月苏轼罢徐州任，改知湖州，四月初赴
任，二十日抵达湖州。本年七月二十八日在湖州任上被捕，十二
月二十九日断狱结束，谪为黄州团练副使，即为乌台诗案全过
程。乌台诗案发生在言论相对比较自由的宋代，成为中国历史

---

① 《苏轼诗集》，第 617 页。

上著名的文字狱,在当时有着复杂的政治原因。首先是由于苏轼不遗余力地对时政进行了针砭。苏轼文字极具影响力,让变法派感到恐慌,自然要拿苏轼来开刀,这从当时的几道弹劾奏章可以看出,比如太子中允权监察御史里行何正臣札子云:

> (苏轼)愚弄朝廷,妄自尊大,宣传中外,孰不叹惊!夫小人为邪,治世所不能免;大明旁烛,则其类自消。固未有如轼为恶不悛,怙终自若,谤讪讥骂,无所不为。道路之人,则以为一有水旱之灾,盗贼之变,轼必倡言,归咎新法,喜动颜色,惟恐不甚。今更明上章疏,肆为诋诮,无所忌惮矣。夫出而事主,所怀如此,世之大恶,何以复加!昔成王戒康叔以助王宅天命,作新民,人有小罪非眚,乃惟终不可不杀。盖习俱污陋,难以丕变,不如是,不足以作民而新之。况今法度未完,风俗未一,正宜大明诛赏以示天下。如轼之恶,可以止而勿治乎!轼所为讥讽文字传于人者甚众,今犹取镂板而鬻于市者进呈。①

诚如何正臣所言,苏轼的文字"宣传中外,孰不叹惊",其煽动性、穿透力太强,这是变法派决不能容忍的。太子中允集贤殿校理权监察御史里行舒亶札子云:

> 臣伏见知湖州苏轼,近谢上表,有讥切时事之言。流俗翕然,争相传诵;忠义之士,无不愤惋。且陛下自新美法度以来,异论之人,固不为少。然其大,不过文乱事实,造作谤说,以为摇夺

————————

① (宋)朋九万:《东坡乌台诗案》,第1页。

沮坏之计；其次，又不过腹非背毁，行察坐伺，以幸天下之无成功而已。至于包藏祸心，怨望其上，讪谤慢骂而无复人臣之节者，未有如轼也。盖陛下发钱以本业贫民，则曰"赢得儿童语音好，一年强半在城中"；陛下明法以课试郡吏，则曰"读书万卷不读律，致君尧舜知无术"；陛下兴水利，则曰"东海若知明主意，应教斥卤变桑田"；陛下谨盐禁，则曰"岂是闻韶解忘味，迩来三月食无盐。"其他触物即事，应口所言，无一不以讥谤为主。小则镂板，大则刻石，传播中外，自以为能。其尤甚者，至远引襄汉梁窦专朝之士，杂取小说燕蝠争晨昏之语，旁属大臣而缘以指斥乘舆，盖可谓大不恭矣……轼在此时，以苟得之虚名，无用之曲学，官为省郎，职在文馆，典领寄任，又皆古所谓二千石。臣独不知陛下何负于天下与轼辈，而轼敢为悖慢，无所畏忌，以至如是。且人道之所自立者以有义，而无逃于天地之间者，义莫如君臣。轼之所为，忍出于此，其能知有君臣之义乎！夫为人臣者，苟能充无义之心，往以为利，则其恶无所不至矣。然则陛下其能保轼之不为此乎？昔者治古之隆，责私议之殊说，命之曰不收之民，狙于奸宄，败常乱俗，虽细不宥。按轼怀怨天之心，造讪上之语情理深害，事至暴白。虽万死不足以谢圣时，岂特在不收不宥而已。伏望陛下体先王之义，用治世之重典，付轼有司，论如大不恭，以戒天下之为人臣子者。①

　　这里举了具体的诗证，比何正臣所论更为具体，所虑"流俗翕然，争相传诵"则如出一辙。另右谏议大夫权御史中丞李定札

---

① 　（宋）朋九万：《东坡乌台诗案》，第2页。

子云：

　　臣切见知湖州苏轼，初无学术，滥得时名，偶中异科，遂叨儒馆。及上圣兴作，新进仕者，非轼之所合。轼自度终不为朝廷奖用，衔怨怀怒，恣行丑诋；见于文字，众所共知。或有燕蝠之讥，或有窦梁之比，其言虽属所憾，其意不无所寓，讪上骂下，法所不宥。臣切谓，轼有可废之罪四，臣请陈之：昔者尧不诛四凶，而至舜则流放窜殛之，盖其恶始见于天下。轼先腾沮毁之论，陛下稍置之不同，容其改过。轼怙终不悔，其恶已著。此一可废也。古人教而不从，然后诛之，盖吾之所以俟之者尽，然后戮辱随焉。陛下所以俟轼者可谓尽，而傲悖之语，日闻中外。此二可废也。轼所为文辞，虽不中理，亦足以鼓动流俗，所谓言伪而辨；当官侮慢，不循陛下之法，操心顽愎，不服陛下之化，所谓行伪而坚。言伪而辨，行伪而坚，先王之法当诛。此三可废也。《书》："刑故无小。"知而为，与夫不知而为者异也。轼读史传，岂不知事君有礼，讪上有诛？肆其愤心，公为诋訾，而又应制举对策，即已有厌奖更法之意，陛下修明政事，怨不用己，遂一切毁之，以为非是。此四可废也。而尚容于职位，伤教乱俗，莫甚于此。臣伏惟陛下，动静语默，惟道之从；兴除制作，肇新百度。谓宜可以于变天下，而至今未至纯著，殆以轼辈虚名浮论足以惑动众人故也。臣叨预执法，职在纠奸；罪有不容，其敢苟止？伏望陛下断自天衷，特行典宪。非特沮乖愎之气，抑亦奋忠良之心。好恶既明，风俗自革，有补于世，岂细也哉！①

————————————

① （宋）朋九万：《东坡乌台诗案》，第 4 页。

李定认为苏轼"虚名浮论足以惑动众人"，看法与前引何正臣、舒亶札子同。

关于乌台诗案的发生到底是不是阴谋，苏轼是否对新法有刻意的讽刺和挖苦，历来存在争议。笔者以为，乌台诗案的发生，并非完全由舒亶、李定、何正臣等人陷害所致，苏轼确实对新法进行了抨击，这从他自己在御史台的供词可知，比如：

"杖藜裹饭去匆匆，过眼青钱转手空。赢得儿童语音好，一年强半在城中。"意言百姓虽得青苗钱，立便于城中浮费使却；又言乡村之人，一年两度夏秋税，又数度请纳和预买钱，今此更添青苗助役钱，因此庄家子弟多在城中，不着次第，但学得城中语音而已。以讥讽朝廷新法，青苗、助役不便。①

《杞菊赋》一首并引，不合云："及移守胶西，意其一饱，而始至之日，斋馆索然，不堪其忧。"以非讽朝廷，新法减削公使钱太甚，斋酝厨薄，事皆索然无备也。轼又作《超然台记》云："始至之日，岁比不登，盗贼满野，狱讼充斥。"意言连年蝗虫盗贼狱讼之多。非讽朝廷，政事阙失，并新法不便所致。及云："斋厨索然，日食杞菊。"以非讽朝廷，新法减削公使钱太甚。②

"眼看时事力难胜，贪恋君恩退未能。"意谓新法青苗助役等事，烦杂不可辨，亦言己才力不能胜任也。熙宁六年内，游径山留题云："近来愈觉世议隘，每到胜处差安便。"以讥讽朝廷之用人，多是刻薄褊隘之人，不少容人过失，见山中宽闲之处为

---

① （宋）朋九万：《东坡乌台诗案》，第7页。
② （宋）朋九万：《东坡乌台诗案》，第8页。

乐也。①

　　这些是苏轼自己的招供,他自己承认上述诗文确实表达了对新法的不满,只是苏轼本意不是一味地挖苦、讽刺,而是存有善良的初衷:"昔先帝召臣上殿,访问古今,敕臣今后遇事即言。其后臣屡论事,未蒙施行,乃复作为诗文,寓物托讽,庶几流传上达,感悟圣意。而李定、舒亶、何正臣三人,因此言臣诽谤。"②只是"寓物托讽"和"诽谤"之间的界限太过模糊和主观,在苏轼看来是善意讽喻,而变法派则认为是刻意诽谤,除去双方在理解上的主观一面外,其中可以认定为共同的结论就是,苏轼的作品确实有指陈新法得失的地方。

　　原因之二是,两派力量及外部环境在元丰初年发生了变化,逐渐向不利于变法派方向发展,变法派要借机反扑和尽可能削弱对方。从熙宁七年王安石第一次罢相起,神宗开始对新法产生了动摇。而其后数年,天灾人祸不断,整个社会怨声载道,对新法的不满情绪增强,守旧派趁机攻击新法,让神宗对新法更加动摇。而变法派除了继续说服神宗支持变法外,保护自己的最好办法当然是打击反对派,而且最好是找到机会杀一儆百。而苏轼对变法不遗余力、不计后果的抨击正好给了他们机会。当然此时打击苏轼,其一是苏轼对新法针砭最激烈。变法初期,反对新法最积极的是司马光和苏轼,而苏轼之勇连司马光亦自叹不如,前引司马光自言"敢言不如苏轼"可见一斑。然熙宁四年

① (宋)朋九万:《东坡乌台诗案》,第 14 页。
② 《乞郡札子》,见《苏轼文集》,第 827 页。

司马光眼看变法时局不可阻拦时，自请退居洛阳，便不再过问时事。这曾引起苏轼不满，他在为司马光的独乐园所赋诗中嘲笑道："儿童诵君实，走卒知司马。持此欲安归，造物不我舍。名声逐吾辈，此病天所赭。抚掌笑先生，年来效喑哑。"①熙宁四年以后，大部分保守派被迫外任，并且如司马光一样保持了沉默，而性不忍事的苏轼仍一如既往，保持反对态度。令变法派感到害怕的是，外任的苏轼，实地体察民情后，其指责更加深刻和有力。此时打击苏轼，所考虑的第二因素是，在外任职的苏轼，以其强大的感召力，跟其他反对变法人员保持着广泛联系。熙宁四年后反对派虽然都分散各地，但以苏轼为中心，体现出很强的凝聚力，所以在整个变法派看来苏轼俨然成为反对派的核心人物，无疑是位危险分子。从苏轼入手，可以达到一网打尽的效果。从后来断狱结果看，基本实现了这一目的，据《续资治通鉴长编》载：除苏轼谪为黄州团练副使外，其他尚有"绛州团练使、驸马都尉王诜追两官勒停。著作佐郎、签书应天府判官苏辙监筠州盐酒税务，正字王巩监宾州盐酒务，令开封府差人押出门，趣赴任。太子少师致仕张方平、知制诰李清臣罚铜三十斤。端明殿学士司马光、户部侍郎致仕范镇、知开封府钱藻、知审官东院陈襄、京东转运使刘攽、淮南西路提点刑狱李常、知福州孙觉、知亳州曾巩、知河中府王汾、知宗正丞刘挚、著作佐郎黄庭坚、卫尉寺丞戚秉道、正字吴管、知考城县盛侨、知滕县王安上、乐清县令周邠、监仁和县盐税杜子方、监澶州酒税颜复、选人陈珪钱世雄各

①　《司马君实独乐园》，《苏轼诗集》，第 733 页。

罚铜二十斤"①。上述如张方平、范镇、司马光等都是反对派中坚人物,借此案基本实现了对反对派的全面打击。其中像王诜,贵为驸马,乃神宗妹夫,亦在被打击之列,可见神宗和变法派出手之重。

原因之三是苏轼外任以来的日趋激烈的表现,让变法的最终支持者宋神宗越来越不满意。前引密州、徐州的谢表中,苏轼已经很明显地表达了不满。要知道,谢表是直呈皇帝的,苏轼如此表达不满明显也是直接针对神宗的,但神宗一直采取包容态度。至湖州上的谢表,苏轼似乎变本加厉,挑衅性更为明显,如其中云:"臣性资顽鄙,名迹埋微。议论阔疏,文学浅陋。凡人必有一得,而臣独无寸长。荷先帝之误恩,擢置三馆;蒙陛下之过听,付以两州。非不欲痛自激昂,少酬恩造。而才分所局,有过无功;法令具存,虽勤何补……愚不适时,难以追陪新进;察其老不生事,或能牧养小民。"②试想,按苏轼所言,他在仁宗、英宗朝"荷先帝之误恩",顺利中进士、并高中制科,擢置史馆,仕途一帆风顺;而至神宗朝则"蒙陛下之过听",却始终"有过无功"、"虽勤何补",问题似乎不在苏轼本身,全然在神宗了。此类谢表,基本都是正话反说,即使在今天读来,仍能感受到其中有一股很不平静的情绪。很显然,没有神宗的同意,几乎要了苏轼命的诗案是不可能发生的。我们比较苏轼到黄州以后所上谢表,语气明显不同,如所云:"狂愚冒犯,固有常刑。仁圣矜怜,特从轻典。赦其必死,许以自新。祇服训辞,惟知感涕。""臣用意过当,日趋于

---

① 《续资治通鉴长编》,第 7333 页。
② 《湖州谢上表》,《苏轼文集》,第 653 页。

迷。赋命衰穷，天夺其魄；叛违义理，辜负恩私。茫如醉梦之中，不知言语之出。虽至仁屡赦，而众议不容。案罪责情，固宜伏斧锧于两观；推恩屈法，犹当御魑魅于三危。岂谓尚玷散员，更叨善地。投畀麕鼯之野，保全樗栎之生。"①"至仁屡赦，而众议不容"，认为神宗是宽容的，只是其他臣僚作祟而已，责难对象悄然发生变化了。这封谢表与密、徐、湖时期的相比，明显收敛得多，甚至有低声下气的感觉，应该说乌台诗案打击了苏轼的气势，他从中也学会了如何与皇帝相交，不再那么锋芒毕露、咄咄逼人。

在乌台诗案过程中李定出力较多，数度上章劾奏，似乎必欲置苏轼于死地而后快，《宋史·李定传》云："劾苏轼《湖州谢上表》，摘其语以为侮慢。因论轼自熙宁以来，作为文章，怨谤君父，交通戚里。逮赴台狱穷治，当会赦，论不已。"②《宋史·苏轼传》："御史李定、舒亶、何正臣摭其表语，并媒蘖所为诗以为讪谤，逮赴台狱，欲置之死。"③《宋史·张璪传》载："苏轼下台狱，(张)璪与李定杂治，谋傅致轼于死，卒不克。"④宋代的很多笔记认为这是因为苏轼曾经作诗讽刺李定不守母丧，李定借机公报私仇，如魏泰的《东轩笔录》载：

司农少卿朱寿昌，方在襁褓，而所生母被出。及长，仕于四方，孜孜寻访不逮。治平中，官至正郎矣。或传其母嫁于关中民为妻，寿昌即弃官入关中，得母于陕州。士大夫嘉其孝节，多以

① 《到黄州谢表》，《苏轼文集》，第 654 页。
② （元）脱脱等撰：《宋史》，第 10602 页。
③ （元）脱脱等撰：《宋史》，第 10809 页。
④ （元）脱脱等撰：《宋史》，第 10570 页。

歌诗美之。苏子瞻为作诗序,且讥激世人之不养母者。李定见
其序,大惋恨,会定为中丞,劾轼尝作诗谤讪朝廷。事下御史府
鞠劾,将致不测,赖上保持之,止黜轼黄州团练副使。轼素喜作
诗,自是平居不敢为一字。①

　　另外邵伯温《邵氏闻见录》中记载类似:

　　朱寿昌者,少不知母所在,弃官走天下求之,刺血书佛经,志
甚苦。熙宁初见于同州,迎以归,朝士多以诗美之。苏内翰子瞻
诗云:"感君离合我酸心,此事今无古或闻。"王荆公荐李定为台
官,定尝不持母服,台谏、给、舍俱论其不孝,不可用。内翰因寿
昌作诗贬定,故曰"此事今无古或闻"也。后定为御史中丞,言内
翰多作诗贬上。内翰自知湖州赴诏狱,小人必欲杀之。②

　　显然这些笔记中的说法过于夸大李定个人在整个案件中的
作用,以宋代相对完善的司法程序而言,除非权势极大,否则很
难左右整个断狱过程。《宋史》中关于李定不服丧而被论奏的记
载很多,如:"熙宁三年,诏御史台审决秀州军事判官李定追服所
生母丧。御史台言:'在法,庶子为父后,如嫡母存,为所生母服
缌三月,仍解官申心丧;若不为父后,为所生母持齐衰三年,正服
而禫。今定所生仇氏亡日,定未尝请解官持心丧,止以父老乞还
侍养。宜依礼制追服缌麻,而解官心丧三年。'时王安石庇定,擢

①　(宋)魏泰撰,李裕民点校:《东轩笔录》,北京:中华书局,1983年10月版,第114页。
②　(宋)邵伯温撰,李剑雄、刘德权点校:《邵氏闻见录》,第148页。

为太子中允，而言者俱罢免。"①谢景温本传云："苏颂等论李定不持母服，景温察安石指，为辨于前。已而事下台，景温难违众议，始云定当追服。"②但《宋史》尚无苏轼论奏李定的记载。李定打击苏轼当非出于私仇，真正的原因是，王安石曾庇护、并提拔李定，李定遂引王安石为知己，且附之为死党，坚定支持变法，《宋史》有载："张琥、李定为安石爪牙，台官张商英乃安石鹰犬。逆意者虽贤为不肖，附己者虽不肖为贤。"③苏轼历倅杭、守密徐，至守湖州时候，反对变法之激烈程度已达极致，作为支持变法的中坚，打击反对变法的核心人物当为情理中事。

乌台诗案中有很多富有戏剧性的细节，借此可以更清晰地透视当时苏轼的心理情况。首先是被捕时，情形极其惊恐，毫不知情的苏轼一度吓得魂飞魄散：

苏轼以吟诗有讥讪，言事官章疏狎上，朝廷下御史台差官追取。是时李定为中书丞……太常博士皇甫僎被遣以往。僎携一子、二台卒倍道疾驰。驸马都尉王诜与子瞻游厚，密遣人报苏辙。辙时为南京幕官，乃亟走介往湖州报轼，而僎行如飞，不可及。至润州，适以子病求医，留半日，故所遣人得先之。僎至之日，轼在告，祖无颇权州事。僎径入州廨，具靴袍，秉笏立庭下，二台卒夹侍，白衣青巾，顾盼狞恶，人心汹汹不可测。轼恐，不敢出，乃谋之无颇。无颇云："事至于此，无可奈何，须出见之。"轼议所以为服，自以为得罪，不可以朝服。无颇云："未知罪名，当

①　（元）脱脱等撰：《宋史》，第 2929 页。
②　（元）脱脱等撰：《宋史·谢景温传》，第 9848 页。
③　（元）脱脱等撰：《宋史·唐坰传》，第 10552 页。

以朝服见也。"轼亦具靴袍,秉笏立庭下。无颇与职官皆小帻列轼后。二卒怀台牒,挂其衣,若匕首然。偁又久之不语,人心益疑惧。轼曰:"轼自来殛恼朝廷多,今日必是赐死,死固不辞,乞归与家人诀别。"偁始肯言曰:"不至如此。"无颇乃前曰:"太博必有被受文字?"偁问谁何?无颇曰:"无颇是权州。"偁乃以台牒授之,及开视之,只是寻常追摄行遣耳。偁促轼行。二狱卒就直之。即时出城登舟,郡人送者雨泣。顷刻之间,拉一太守如驱犬鸡。此事,无颇目击也。①

上述材料出于与苏轼政见一致,且过从较密的孔平仲之手,应该是可信的。大致相同的记载又见朱彧的《萍洲可谈》:

东坡元丰间知湖州,言者以其诽谤时政,必致死地,御史台遣就任摄之,吏部差朝士皇甫朝光管押。东坡方视事,数吏直入上厅事,掉其袂曰:"御史中丞召。"东坡错愕而起,即步出郡署门,家人号泣出随之。弟辙适在郡,相逐行及西门,不得与诀,东坡但呼:"子由,以妻子累尔!"郡人为之泣涕。②

朱彧与苏轼同时而稍晚,其父朱服与苏轼有往还,今尚存苏轼与朱服的十余封书信。《萍洲可谈》中共十四则材料提及苏轼,其中两则明确记载朱彧跟苏轼的见面情形,故上述记载应当也是可信的。

① （宋）孔平仲撰,杨倩描、徐立群点校:《孔氏谈苑》,北京:中华书局,2012 年版,第185—186 页。
② （宋）朱彧撰,李伟国点校:《萍洲可谈》,北京:中华书局,2007 年 11 月版,第 139 页。

在赴狱过程中，苏轼几度想自杀，据孔平仲载："苏子瞻随皇甫僎追摄至太湖芦香亭下，以枙损修牢。是夕，风涛顷洞，月色如昼，子瞻自惟仓卒被拉去，事不可测，必是下吏，所连逮者多，如闭目窣身入水，顷刻间耳。既为此计，又复思曰：不欲辜负老弟。弟谓子由也，言己有不幸，则子由必不独生也。由是至京师，下御史狱，李定、舒亶、何正臣杂治之，侵之甚急，欲加以指斥之罪，子瞻忧在必死，尝服青金丹，即收其余，窖之土中，以备一旦当死，则并服以自杀。"①

据叶梦得《避暑录话》载，苏轼在狱中曾虚惊一场，以为必死无疑："苏子瞻元丰间赴诏狱，与其长子迈俱行。与之期，送食惟菜与肉，有不测，则撤二物而送以鱼。使伺外间以为候，迈谨守。逾月，忽粮尽，出谋于陈留，委其一亲戚代送，而忘语其约。亲戚偶得鱼鲊送之，不兼他物，子瞻大骇。"②叶梦得为苏门四学士之一的晁补之的外甥，所记也应比较可信。

李定等人为了让苏轼迅速招供，曾使用过逼供手段，苏轼当受过皮肉之苦。元丰三年同时系狱的苏颂，与苏轼仅一墙之隔，曾作诗记狱中所闻，曰《元丰己未三院东阁作·己未九月予赴鞫御史闻子瞻先已被系予昼居三院东阁而子瞻在知杂南庑才隔一垣不得通音息因作诗四篇以为异日相遇一噱之资耳》，其一云："早年相值浙江边，多见新诗到处传。楼上金蛇惊妙句，卷中腰鼓伏长篇。仳离岁月流如水，抑郁情怀积似烟。今日柏台相望

---

① （宋）孔平仲撰：《孔氏谈苑》，第186—187页。
② （宋）叶梦得撰：《避暑录话》，见《景印文渊阁四库全书》，台北：商务印书馆，1986年7月版，总第863册，子部第169册，卷下，第650页。

处，隔垣音响莫由宣。"①其中"隔垣音响"即指苏轼被刑讯时的呻吟之声。

苏轼在狱中略施小计，引起神宗的怜悯，最后助他逃过死难：

知不免，将以祈哀于上，而无以自达，乃作二诗寄子由，祝狱吏致之，盖意狱吏不敢隐，则必以闻。已而果然，神宗初固无杀意，见诗益动心，自是遂益欲从宽释，凡为深文者，皆拒之。二诗不载集中，今附于此："柏台霜气夜凄凄，风动琅珰月向低。梦绕云山心似鹿，魂飞汤火命如鸡。额中犀角真吾子，身后牛衣愧老妻。他日神游定何所，桐乡知葬浙江西。""圣主如天万物春，小臣愚暗自亡身。百年未了须还债，十口无家更累人。是处青山可藏骨，他时夜雨独伤神。与君世世为兄弟，更结来生未了因。"②

内翰自知湖州赴诏狱，小人必欲杀之。张文定、范忠宣二公上疏救，不报，天下知其不免矣。内翰狱中作诗寄黄门公子由云："与君世世为兄弟，更结来生未断因。"或以上闻，上览之凄然，卒赦之，止以团练副使安置黄州。③

苏轼贬谪黄州后，耕耘东坡、构筑雪堂、纵情山水、泰然而处，他的思想、文艺皆为之一变。乌台诗案对东坡来说是一场灾难，但对中国文学、文人而言何尝不是大幸，没有乌台诗案，没有

---

① （宋）苏颂著，王同策点校：《苏魏公文集》，北京：中华书局，1988年9月版，第129页。
② （宋）叶梦得撰：《避暑录话》，见《景印文渊阁四库全书》，总第863册，子部第169册，卷下，第652页。
③ （宋）邵伯温撰，李剑雄、刘德权点校：《邵氏闻见录》，第148页。

黄州贬谪，便没有安贫乐道、委运任化、安时处顺、恬淡自然、旷达潇洒的东坡人格。

黄州生活非不艰苦，但苏轼在这里过得安闲散淡、从容不迫，很轻松地超越了物质方面的困难，《鹤林玉露》载："东坡谪齐安，日用不过百五十。每月朔，取钱四千五百，断为三十块，挂屋梁上，平旦用画叉挑取一块，即藏去。又以竹筒贮用不尽者，以待宾客……又与李公择书云：'口腹之欲，何穷之有！每加节俭，亦是惜福延寿之道。'"①在黄州四年多，外人看来，是谪居，可苏轼自己看来，偏远仄陋的黄州丝毫不逊于名山大川，身处此地却是一种别样的享受。他给杭州僧言上人的信中曾云："雪斋清境，发于梦想，此间但有荒山大江，修竹古木，每饮村酒，醉后曳杖放脚，不知远近，亦旷然天真，与武林旧游，未见议优劣也。"②恬然自乐，丝毫不见迁谪之意。

从思想历程论，黄州以前，苏轼以儒家的入世思想为主，即苏辙所谓"奋厉有当世志"，黄州以前对新法、时局的激烈抨击即其表现；黄州以后，广泛地吸纳佛老庄禅，不再如以前那样激越愤恨，变得雍容平和很多，特别是对佛家态度之转变比较明显。治平四年在守丧期间为同宗宝月大师惟简作的《中和胜相院记》中对佛家及其修炼方式曾进行过尖锐抨击："佛之道难成，言之使人悲酸愁苦。其始学之，皆入山林，践荆棘蛇虺，袒裸雪霜。或刳割屠脍，燔烧烹煮，以肉饲虎豹鸟乌蚊蚋，无所不至。茹苦含辛，更百千万亿年而后成。其不能此者，犹弃绝骨肉，衣麻布，

---

① （宋）罗大经撰，王瑞来点校：《鹤林玉露》，第 208 页。
② 《答言上人》，《苏轼文集》，第 1892 页。

食草木之实，昼日力作，以给薪水粪除，暮夜持膏火薰香，事其师如生。务苦瘠其身，自身口意莫不有禁，其略十，其详无数。终身念之，寝食见之，如是，仅可以称沙门比丘。虽名为不耕而食，然其劳苦卑辱，则过于农工远矣。计其利害，非侥幸小民之所乐，今何其弃家毁服坏毛发者之多也！意亦有所便欤？"①黄州时期情况怎样呢？他自云："舍馆粗定，衣食稍给，闭门却扫，收召魂魄，退伏思念，求所以自新之方，反观从来举意动作，皆不中道，非独今之所以得罪者也。欲新其一，恐失其二。触类而求之，有不可胜悔者。于是，喟然叹曰：'道不足以御气，性不足以胜习。不锄其本，而耘其末，今虽改之，后必复作。盍归诚佛僧，求一洗之？'得城南精舍曰安国寺，有茂林修竹，陂池亭树。间一二日辄往，焚香默坐，深自省察，则物我相忘，身心皆空，求罪垢所从生而不可得。一念清净，染污自落，表里翛然，无所附丽。私窃乐之。旦往而暮还者，五年于此矣。"②焚香默坐，俨然依佛。不过需要注意的是，尽管苏轼这时在思想上接近佛老，其意只在安顿心灵，以获得内心的宁静，并非走向消极避世，这一点从此期给李常的一封书信中流露甚明："吾侪虽老且穷，而道理贯心肝，忠义填骨髓，直须谈笑于死生之际，若见仆困穷便相怜，则与不学道者大不相远矣。""遇事有可尊主泽民者，便忘躯为之，祸福得丧，付与造物。"③明白这一点才可以理解，为什么苏轼在此期一再声称不作文字，不及时事，而一旦听说对西夏战事有利时，便作《闻捷》"闻说官军取乞囤，将军旗鼓捷如神。故知

---

① 《苏轼文集》，第 384 页。
② 《黄州安国寺记》，《苏轼文集》，第 391—392 页。
③ 《与李公择》，《苏轼文集》，第 1500 页。

无定河边柳，得共中原雪絮春"一诗，以表达其欣喜之情，足以说明他内心的家国情怀、儒家进取精神从未消失过。

黄州贬谪对苏轼文学之影响亦极深远，苏辙认为苏轼"谪居于黄，杜门深居，驰骋翰墨，其文一变，如川之方至，而辙瞠然不能及矣"①。简言之，苏诗豪健清雄、清旷简远诗风在此期确立；旷达雅健这一被称为东坡范式的苏词及文体观，至黄州以后始成熟。

苏轼离开黄州后，东坡、雪堂成为后世凭吊、追怀的故地，或修缮，或吟咏，人们以不同的方式追思苏轼在黄州的踪迹：

东坡雪堂既毁，绍兴初，黄州一道士自捐钱粟再营建，士人何颉斯举作上梁文，其一联云："前身化鹤，曾陪赤壁之游；故事换鹅，无复黄庭之字。"乃用太白诗为出处，可谓奇语。②

黄人何琥，东坡门人何颉斯举之子也。兵革后寓居鄂渚，每岁寒食必一归。绍兴戊午，黄守韩之美重建雪堂，理坡公旧路。时当中春，琥适来游，梦坡公告之曰："雪堂基址比吾顷年差一百二十步，小桥细柳，皆非元所，汝宜正之。"梦中历历忆所指，不少忘。明日往白韩。韩如其言，悉改定。他日，有故老唐德明者，八十七岁矣，自黄陂来观。叹曰："此处真苏学士故基也。"

黄州赤壁、竹楼、雪堂诸胜境，以周公瑾、王元之、苏公遗迹之故，名闻四海。绍兴戊午，郡守韩之美、通判时衍之，各赋齐安

---

① （宋）苏辙著，曾枣庄、马德富点校：《栾城集》，第 1422 页。
② （宋）洪迈撰，孔凡礼点校：《容斋随笔》，北京：中华书局，2005 年 11 月版，第 692 页。

百咏。①

　　郡将招集东坡雪堂。郡东山垄重复，中有平地，四向皆有小冈环之。东坡卜居时，是亦有取于风水之说。前守鸠材欲作设厅，已而辍作雪堂，故稍宏壮。堂东小屋，榜曰东坡，堂前桥亭曰小桥，皆后人旁缘命之。对面高坡上，新作小亭曰高寒，姑取《水调》中语，非当时故实。②

六、元 祐 党 争

　　元丰七年（1084）三月神宗告下，制词云：“苏轼黜居思咎，阅岁滋深，人才实难，不忍终弃，因量移临汝。”量移就是要重新起用的前奏，意味着苏轼的人生又迎来了峰回路转的时候。苏轼四月初离开黄州，先往南，去高安看望苏辙，随后北归，经南京，十月至宜兴，乞常州居住，未获请，继续北上前往汝州；元丰八年（1085）初神宗卒，苏轼始获常州居住，后经扬州、真州，五月抵达常州。六月经司马光、范纯仁、吕大防等荐，复朝奉郎，知登州军州事。七月下旬，自常赴登州任，十月十五日抵达任所，五日后以礼部郎中召还。十二月上旬抵达京师，十八日即除起居舍人。元祐元年（1086）三月十四日，免试为中书舍人，仍赐金紫；九月十二日以试中书舍人为翰林学士、知制诰。从神宗卒后，高太后垂帘听政，短短数月间，苏轼被超次提拔，可以说一路上为他开

---

① 《夷坚志·丁志》卷一八“东坡雪堂”、“齐安百咏”条，皆见（宋）洪迈撰，何卓点校：《夷坚志》，北京：中华书局，1981 年 10 月版，第 690 页。
② （宋）范成大撰，孔凡礼点校：《吴船录》，北京：中华书局，2002 年 9 月版，第 228 页。

着绿灯。据《石林燕语》载苏轼为知制诰即为特殊任命："国初知制诰，必召试而后除，唐故事也。欧阳文忠记不试而除者惟三人：陈文惠、杨文公与文忠，此乃异礼。自是继之者，惟元祐间苏子瞻一人而已。近例，凡自起居舍人除中书舍人者，皆不试。盖起居舍人遇中书舍人阙，或在告，则多权行辞，为已试之矣，故不再试，遂为故事。"①综其一生看，元祐期间仕途最顺，官位亦至最高，听政的高太后，因政治倾向与苏轼接近，对其恩宠至极。邵博《邵氏闻见后录》曾载元祐三年四月，太皇太后高氏与苏轼叙神宗往事毕，撤御前金莲烛送之归院：

　　东坡在翰苑，薄暮中使宣召，已半醉，遽汲泉以漱，意少快，入对内东门小殿。帘中出除目：吕公著司空、平章军国重事，吕大防、范纯仁左右仆射。既承旨，宣仁后曰："学士前年为何官？"曰："臣前年为汝州团练副使。""今为何官？"曰："臣今待罪翰林学士。"曰："何以遽至此？"曰："遭遇太皇太后陛下。"曰："不关老身事。"曰："遭遇皇帝陛下。"曰："亦不关官家事。"曰："岂出大臣论荐？"曰："亦不关大臣事。"东坡惊曰："臣虽无状，不敢自他途以进。"宣仁后曰："久欲令学士知此，是神宗皇帝之意。帝饮食停匕箸，看文字，宫人私相语：必苏轼之作。帝每曰：'奇才，奇才！'但未及进用学士，上仙耳。"东坡不觉哭失声，后与上亦泣，左右皆泣，已而命坐赐茶。宣仁后又曰："学士直须尽心事官家，以报先帝。"东坡下拜，撤御前金莲烛送归院。②

① （宋）叶梦得撰，侯忠义点校：《石林燕语》，北京：中华书局，1984 年 5 月版，第 86 页。
② （宋）邵博撰，刘德权、李剑雄点校：《邵氏闻见后录》，第 158 页。

虽为小事，然在宫廷已是极宠。另据《宋稗类钞》载："金莲炬送归，唐令狐绹已有故事，宋朝凡有三人：王岐公珪，苏端明轼，史少保浩。"①尽管如此，苏轼在元祐期间的麻烦却是接连不断。从元祐初始，高太后秉政，保守派全面还朝，新法派人士则纷纷外任，本年四月王安石卒，标志着新法台柱崩折，王安石最强劲的对手司马光主政，开始全面清算新法，苏轼与司马光的裂痕就在这时逐渐显露出来。其中关于役法的分歧最大，熙宁变法期间，王安石主张免役，而司马光主张差役，司马光主政后尽废新法，也包括要求废除免役法，而苏轼认为免役法虽为王安石提出，但实际有其合理性，应予保留，为此曾屡次上状讨论。苏辙后在苏轼的墓志铭中曾云："君实为人，忠信有余而才智不足，知免役之害而不知其利，欲一切以差役代之。方差官置局，公亦与其选，独以实告，而君实始不悦矣。尝见之政事堂，条陈不可。君实忿然，公曰：'昔韩魏公刺陕西义勇，公为谏官，争之甚力，魏公不乐，公亦不顾，轼昔闻公道其详。岂今日作相，不许轼尽言耶？'君实笑而止。公知言不用，乞补外，不许。君实始怒，有逐公意矣。"苏辙在其《龙川别志》亦载："君实作相，议改役法，事多不便，予兄子瞻与其事，持论甚劲，君实不能堪。子瞻徐曰：'昔亲见相公言，尝与韩魏公言义勇，无一言假借之者，今日作相而不容某一言，岂忘昔日事耶？'君实虽止，实不喜也。未几，子瞻竟罢役局事。"②客观地说，苏轼此时持论较公，反倒是司马光有些意气用事，不过两个都很执拗的人争论起来，可以想见其场面

---

① （清）潘永因辑：《宋稗类钞》，1911 年上海藜光社刊行，第 80 页。
② （宋）苏辙撰，俞宗宪点校：《龙川别志》，北京：中华书局，1982 年 4 月版，第 93 页。

之火爆，据蔡絛记载，苏轼与司马光为此争论甚为激烈，以致下班后仍怒气未消："东坡公元祐时既登禁林，以高才狎侮诸公卿，率有标目殆遍也，独於司马温公不敢有所重轻。一日相与共论免役差役利害，偶不合同。及归舍，方卸巾弛带，乃连呼曰：'司马牛！司马牛！'"①苏轼与司马光昔日倾向一致，相互声援和敬重，没想到时过境迁，两人顿生嫌隙，苏轼始料未及，因不忍与司马光继续发生纷争，一度请外，未被朝廷允许。与司马光的分歧，至九月初司马光卒，告一段落。

不过很快，苏轼与程颐（正叔）及其门人朱光庭（公掞）、贾易（明叔）等又结怨，起因本属小事：司马光卒后，朝廷命程颐主丧事，而程颐为人古板，事必泥行古礼，任情任性的苏轼多看不惯，故每戏之，如《邵氏闻见后录》载："司马丞相薨于位，程伊川主丧事，专用古礼。将祀明堂，东坡自使所来吊，伊川止之曰：'公方预吉礼，非"哭则不歌"之义，不可入。'东坡不顾以入，曰：'闻哭则不歌，不闻歌则不哭也。'伊川不能敌其辩也。"②不太善言辞的程颐常受其辱，遂结怨，其弟子朱光庭、贾易党附程颐，不忍其师无端受辱，遂亦与轼结怨③。不过这只是纷争的开始，苏、程因是否使用古礼结怨也只是表面原因，更深层的原因在于，元祐初年的政治格局发生根本性的改变，高太后主政，倾向保守，持

① （宋）蔡絛撰，冯惠民、沈锡麟点校：《铁围山丛谈》，北京：中华书局，1983 年 9 月版，第 60 页。
② （宋）邵博撰，刘德权、李剑雄点校：《邵氏闻见后录》，第 160 页。
③ （宋）吕中撰：《宋大事记讲义》卷二〇载："元祐元年诏苏轼、傅尧俞等供职。初，轼与程颐同在经筵，轼喜谐谑，而颐以礼法自守，轼每戏之。朱光庭、贾易积不能平，乃力攻轼所选策题讥仁宗，胡宗愈劾中丞尧俞，御史岩叟右光庭，吕陶右轼，惟谏官王觌之论得其中，曰：学士词失当，小事也，使士大夫有朋党之言，大患也。"（见《文津阁四库全书》，北京：商务印书馆，2006 年版，第 686 册，第 373 页。）

续十余年的变法瞬间降温，此时政治态度趋于偏激和强硬的苏辙等人，拒绝调停，变法派人士纷纷外贬，以前的旧党人士重新回朝，开启新的时代，即所谓的元祐更化。过去王安石变法时期，对于旧党来说，政敌强大，必须要团结，而王安石卒后，外在的政敌土崩瓦解，没有了强势政敌的威胁，旧党过去的团结因素消失了，必然意味着旧党会出现分化。元祐初期司马光以其个人威望还能统领整个旧党，而司马光卒后，这种分化进程明显加快，旧党内部为了争权夺利，很快分裂，开始了新的内斗。其实中国历史上，统治集团内部出现这样的争斗现象屡见不鲜，尤其是在改朝换代和新老统治者交替时候，表现最为明显。旧党在元祐期间分化为蜀、洛、朔三党，相互攻讦，直到绍圣新党再次得势，此后旧党内部的三党与新党的错综复杂的攻击，一直持续到北宋末，金人南下，外部出现更为强大的势力，统治集团内部才重新凝聚和整合力量，不过已经为时已晚，内耗太甚，元气大伤。

宋人关于元祐初年旧党内部的分化及其内斗的记录很多，如邵伯温《邵氏闻见录》载：

哲宗即位，宣仁后垂帘同听政，群贤毕集于朝，专以忠厚不扰为治，和戎偃武，爱民重谷，庶几嘉祐之风矣。然虽贤者不免以类相从，故当时有洛党、川党、朔党之语。洛党者，以程正叔侍讲为领袖，朱光庭、贾易等为羽翼；川党者，以苏子瞻为领袖，吕陶等为羽翼；朔党者，以刘挚、梁焘、王岩叟、刘安世为领袖，羽翼尤众。诸党相攻击不已。正叔多用古礼，子瞻谓其不近人情如王介甫，深疾之，或加抗侮。故朱光庭、贾易不平，皆以谤讪诬子瞻，执政两平之。是时既退元丰大臣于散地，皆衔怨刺骨，阴伺间隙，而诸贤者不悟，自分党相毁。至绍圣初，章惇为相，同以为元祐党，尽窜岭海之外，可哀也。吕微仲秦人，戆直无党，范醇夫蜀人，师温公不立党，亦不免窜逐以死，尤可哀也。[①]

政治内斗很难说谁是最后的赢家，苏轼在元祐期间基本上也是伤痕累累。元祐元年十一月二十九日学士院策馆职，苏轼以仁宗、神宗之治为题，命曰：

今朝廷欲师仁祖之忠厚，而患百官有司不举其职，或至于媮。欲法神考之励精，而恐监司守令不识其意，流入于刻。夫使忠厚而不媮，励精而不刻，亦必有道矣。昔汉文宽仁长者，至于朝廷之间，耻言人过，而不闻其有怠废不举之病。宣帝综核名实，至于文学理法之士，咸精其能，而不闻其有督责过甚之失。何修何营可以及此？愿深明所以然之故，而条具所当行之事，悉著于篇，以备采择。[②]

应该说，这体现出苏轼在元祐初对将来时政的思考。仁宗朝以忠厚著称，颇有点无为而治的意思，但容易让官场滋生慵懒政风；神宗朝欲有大作为，表面上看来励精图治，但动作过大，百官沸腾。哲宗朝如何行政，显然是朝臣共同面临的大问题，希望借题引起士人的共同思考。但朱光庭认为这明显是在攻击先朝得失，为大不敬，十二月三日上章劾之：

①　（宋）邵伯温撰，李剑雄、刘德权点校：《邵氏闻见录》，第146页。
②　《试馆职策问·师仁祖之忠厚法神考之励精》，《苏轼文集》，第210页。

左司谏朱光庭言："学士院试馆职策题云：'欲师仁祖之忠厚，而患百官有司不举其职，或至于媮；欲法神考之励精，而恐监司守令不识其意，流入于刻。'又称：'汉文宽大长者，不闻有怠废不举之病；宣帝综核名实，不闻有督察过甚之失。'臣以谓仁祖之深仁厚德，如天之为大，汉文不足以过也；神考之雄才大略，如神之不测，宣帝不足以过也。后之为人臣者，惟当盛扬其先烈，不当更置之议论也。今来学士院考试不识大体，以仁祖难名之盛德、神考有为之善志，反以媮刻为议论，独称汉文、宣帝之全美，以谓仁祖、神考不足以师法，不忠莫大焉。伏望圣慈察臣之言，特奋睿断，正考试官之罪，以戒人臣之不忠者。"策题，苏轼文也，诏特放罪。光庭又言轼罪不当放，其言攻轼愈峻，且称轼尝骂司马光及程颐……诏追回放罪指挥。①

十二月十八日苏轼不得已上状自辩："臣窃闻谏官言臣近所撰《试馆职人策问》有涉讽议先朝之语。臣退伏思念，其略曰：'今朝廷欲思仁祖之忠厚，而患百官有司不举其职，或至于媮。欲法神考之励精，而恐监司守令不识其意，流入于刻。'臣之所谓'媮'与'刻'者，专指今之百官有司及监司守令不能奉行，恐致此病，于二帝何与焉？至于前论周公、太公，后论文帝、宣帝，皆是为文引证之常，亦无比拟二帝之意。"②平情而论，苏轼的自辩无狡辩之嫌，反倒是朱光庭的劾奏明显在扭曲苏轼的原意。至于所言仁宗"深仁厚德，如天之为大"、神宗"雄才大略，如神之不

---

① 《续资治通鉴长编》，第 9564—9565 页。
② 《辩试馆职策问札子》，《苏轼文集》，第 788 页。

测"，颇为肉麻。

苏轼自辩之后，对方也不善罢甘休，仍组织人员继续攻击：
"或传朝廷谓光庭所言非是，将逐去之，御史中丞傅尧俞、侍御史
王岩叟相与言朝廷命令反复，是非颠倒，不可不辩。又恐遂逐光
庭，则所损益大，因欲于未逐前早救之。乃各上疏论轼不当置祖
宗于议论之间，犹未显斥其有讥讽意也。"①作为反击，蜀党成员
的吕陶随即亦加入辩论阵营，为苏轼积极辩护。元祐二年
（1087）正月八日，傅尧俞、王岩叟各上一章，再论苏轼，十三日批
出，令朱光庭、傅尧俞、王岩叟三人不得再行弹奏，三人不服，同
日皆赴明堂，当面向太后陈述。次日三人又各奏一章，十七日苏
轼再奏《辩试馆职策问札子》为自己辩护，十八日高太后诏傅尧
俞、王岩叟入对，希望平息此事，然傅、王无妥协之意，高太后有
怒意，意欲将苏轼及朱光庭、傅尧俞、王岩叟四人皆逐出朝，吕公
著力劝，乃止；二十三日诏四人各赴其职，不得再论策问一事，此
次争论暂时平息，但蜀、洛两派结怨更深，此后党争越演越烈②。

此后党争不断掀起波澜，发展到令人眼花缭乱的程度，此年
"八月辛巳（初二），朝奉郎、右司谏贾易知怀州"，原因是他攻击
苏轼，涉及当时重臣文彦博，并请求一并放逐同党程颐："自苏轼
以策题事为台谏官所言，而言者多与程颐善。轼、颐既交恶，其

①　《续资治通鉴长编》，第 9565 页。
②　另参（宋）岳珂撰，吴企明点校：《桯史》（北京：中华书局，1981 年 12 月版，第 49 页）
　　"苏葛策问"条："东坡先生，元祐中，以翰苑发策试馆职，有曰：'今朝廷欲师仁祖之
　　忠厚，惧百官有司，不举其职，而或至于媮；欲法神考之励精，恐监司守令，不识其
　　意，而流入于刻。'正言朱光庭首摘其事，以为不恭。御史中丞傅尧俞、侍御史王
　　岩叟交章劾奏，一时朝议哗然起。宣仁临朝，为之宣谕曰：'详览文意，是指今日百
　　官有司监司守令言之，非是议讽祖宗。'纷纷逾时始小定，既而亦出守。绍圣、崇宁
　　治党锢言者，屡以藉口，迄不少置也。"

党迭相攻，易独建言请并逐二人，又言：'吕陶党助轼兄弟，而文彦博实主之。'语侵彦博及范纯仁。太皇太后怒，欲峻责易。吕公著言：'易所言颇切直，惟诋大臣为太甚，第不可复处谏列耳。'太皇太后曰：'不责易，此亦难作。公等自与皇帝议之。'公著曰：'不先责臣，易责命亦不可行。'争久之，乃止罢谏职。"①如同为了杀敌八百，不惜自伤一千。同日"通直郎、崇政殿说书程颐罢经筵，权同管勾西京国子监"。而程颐被罢直接源于孔文仲的攻击，史载孔氏用语亦极尖刻：

　　左谏议大夫孔文仲言：颐人品纤污，天资憸巧，贪黩请求，元无乡曲之行。奔走交结，常在公卿之门，不独交口褒美，又至连章论奏，一见而除朝籍，再见而升经筵。臣顷任起居舍人，屡侍讲席，观颐陈说，凡经义所在，全无发明，必因藉一事，泛滥援引。借无根之语，以摇撼圣听；推难考之迹，以眩惑渊虑。上德未有嗜好，而常启以无近酒色；上意未有信向，而常开以勿用小人。岂惟劝导以所不为，实亦矫欺以所无有。每至讲罢，必曲为卑佞附合之语。②

　　孔文仲攻击程颐当然也是党争的一部分。当时即有人认为，孔文仲刻意迎合苏轼之意，才恶意攻击程颐。但贾易、程颐外任、罢职对苏轼并无好处可言，贾易在外任谢表中称自己"忠直获罪"，直言苏轼兄弟"谗邪罔极，朋党滔天，上下不交"，以致

---

① 《续资治通鉴长编》，第 9828 页。
② 《续资治通鉴长编》，第 9829 页。

"忠良沮丧"。苏轼为了自证清白，也不得不上章请求外任，只是朝廷留中不出而已。

苏轼尽管还在朝任职，但仍无法自安，洛、朔控制的台谏官员总是伺机向苏轼发难。十二月廖正一试馆职，苏轼发策，题曰：

> 古之君子，见礼而知俗，闻乐而知政。于以论兴亡之先后。考古以证今，盖学士大夫之职，而人主与群臣之所欲闻也。请借汉而论之。西汉十二世，而有道之君六，虽成、哀失德，祸不及民，宜其立国之势，强固不拔，而王莽以斗筲穿窬之才，谈笑而取之。东汉自安、顺以降，日趋于哀乱，而桓、灵之虐，甚于三季，其势宜易动，而董、吕、二袁，皆以绝人之姿，欲取而不敢。曹操功盖天下，其才百倍王莽，尽其智力，终身莫能得。夫治乱相绝，而安危之效，相反如此。愿考其政，察其俗，悉陈其所以然者。[1]

关于出题本意，《苏轼文集》中有"西汉风俗谄媚"条云："西汉风俗谄媚，不为流俗所移，惟汲长孺耳。司马迁至伉简。然作《卫青传》，不名青，但谓之大将军；贾谊何等人也，而云爱幸于河南太守吴公。此等语甚可鄙，而迁不知，习俗使然也。本朝太宗时，士大夫亦有此风，至今未衰。吾尝发策学士院，问两汉所以亡者，难易相反，意在此也。而答者不能尽，吾亦尝于上前论之。"[2]阐发甚明，然有谏官认为其中有不臣之意：

---

[1] 《试馆职策问·两汉之政治》，《苏轼文集》，第 211 页。
[2] 《苏轼文集》，第 2009 页。

（二十四日）监察御史杨康国言："臣昨于朝堂见百官聚首，共议学士院撰到召试廖正一馆职策题，问王莽、曹操所以攘夺天下难易，莫不惊骇相视。其时臣未有言责，无缘上达，徒自震恐寒心而不忍闻也。此必无人为陛下言其不可之状，致朝廷尚稽审责。臣今幸遇圣恩，擢置言路，岂敢畏避缄默，偷安窃禄，有孤陛下任使之意哉？且石勒一僭伪之主，犹曰：'终不学曹孟德、司马仲达狐媚以取天下。'臣为人臣，不忍尽道石勒之语。"撰策题者，苏轼也。①

苏轼策文引王莽、曹操等人事迹，其本意是引导答者追问历史上"治乱相绝，而安危之效相反"的原因，却被杨康国扭曲为苏轼有学王莽、曹操等辈的不臣之意。四日后监察御史赵挺之再论苏轼试廖正一策题不当，并论所荐非人：

苏轼专务引纳轻薄虚诞，有如市井俳优之人以在门下，取其浮薄之甚者，力加论荐。前日十科，乃荐王巩；其举自代，乃荐黄庭坚。二人轻薄无行，少有其比。王巩虽已斥逐补外，庭坚罪恶尤大，尚列史局。按轼学术本出《战国策》苏秦、张仪纵横揣摩之说，近日学士院策试廖正一馆职，乃以王莽、袁绍、董卓、曹操篡汉之术为问。王莽于元后临朝时，阴移汉祚；曹操欺孤寡，谋取天下；二袁、董卓凶焰蒸天。自生民以来，奸臣毒虐未有过于此数人者，忠臣烈士之所切齿而不忍言，学士大夫之所讳忌而未尝道。今二圣在上，轼代王言，专引莽、卓、袁、曹之事，及求所以篡国迟速之

<hr>

① 《续资治通鉴长编》，第 9914 页。

术，此何义也！公然欺罔二圣之聪明，而无所畏惮，考其设心，罪不可赦。轼设心不忠不正，辜负圣恩，使轼得志，将无所不为矣。①

赵挺之认为苏轼"专引莽、卓、袁、曹之事，及求所以篡国迟速之术"，则苏轼意在如王莽一样"阴移汉祚"，也可能如曹操一样"欺孤寡，谋取天下"。今天看来，这种无限上纲上线的做法，简直荒谬至极。

元祐三年（1088）二月赵挺之又奏苏轼主文而禁引《三经新义》：监察御史赵挺之言："'贡举用《三经新义》取人近二十年。今闻外议，以为苏轼主文，意在矫革，若见引用新义，决欲黜落。请礼部贡院将举人引用新经与注疏文理通行考校。'诏送贡院照会。"②《三经新义》是王安石为配合变法，在科举方面祭出的新举动，苏轼知贡举禁引，自然会引来王安石的支持者的反对。四月四日苏轼草《除吕大防特授太中大夫守尚书左仆射兼门下侍郎加上柱国食邑实封余如故制》中有"天维显思，将启承平之运；民亦劳止，愿闻休息之期"一句，赵挺之上书劾之，也以为有讥刺之意。苏轼在《乞郡札子》中曾有辩："今臣草麻词，有云'民亦劳止'，而赵挺之以为诽谤先帝，则是以白为黑，以西为东，殊无近似者。臣以此知挺之崄毒甚于李定、舒亶、何正臣，而臣之被谗甚于盖宽饶、刘泊也。"③此事直到元祐六年还在发酵，时贾易再次以此劾奏苏轼："及作吕大防左仆射麻制，尤更悖慢，其辞曰：'民亦劳止，庶臻康靖之期。'识者闻之，为之股慄。夫以熙宁、元

---

①　《续资治通鉴长编》，第 9915 页。
②　《续资治通鉴长编》，第 9938 页。
③　《苏轼文集》，第 827 页。

丰之政,百官修职,庶事兴起。其间不幸,兴利之臣希冀功赏,不无掊刻,是乃治世之失,何至比于周厉王之时《民劳》、《板》、《荡》之诗,刺其乱也?轼之为人,趋向狭促,以沮议为出众,以自异为不群。趋近利,昧远图,效小信,伤大道。其学本于战国纵横之术,真倾危之士也。"①这些劾奏,皆始于曲解,止于人身攻击。

　　无休止的党争让苏轼疲困不已,屡次上章乞外,元祐四年三月十六日终于以龙图阁学士知杭州,七月三日到任所。远离党争,苏轼在外反倒过得潇洒自在,据《挥麈录·后录》载:"姚舜明庭辉知杭州,有老姥,自言故娼也,及事东坡先生。云公春时每遇休暇,必约客湖上。早食于山水佳处,饭毕,每客一舟,令队长一人,各领数妓,任其所适。晡后鸣锣以集之,复会望湖楼或竹阁之类,极欢而罢。至一二鼓,夜市犹未散,列烛以归。城中士女云集,夹道以观千骑之还,实一时之胜事也。"②

　　元祐六年(1091)二月二十八日朝廷以翰林学士承旨知制诰召还,三月离开杭州。返京途中先后上《辞免翰林学士承旨》三状,乞郡外任,有意避开朝廷纷争,皆未获许,五月底抵京师。尽管苏轼离开朝廷已经两年,但此次回朝仍未能避免党争纠缠,他刚回来,贾易、安鼎、杨畏便先后上章弹劾,论他出守杭州期间,上奏两浙灾情不实,谓其过分夸大灾情,有意骗取朝廷救助。幸赖范祖禹当时有持平之论,曰:"古之人君闻有灾害,唯责人不言,其救灾惟恐人惜费,又恐不及于事……夫奏灾伤分数过实,赈济用物稍广,此乃过之小者,正当阔略不问,

---

① 《续资治通鉴长编》,第 11056 页。
② (宋)王明清撰:《挥麈录》,北京:中华书局,1964 年 7 月版,第 161 页。

以救人命。若因此惩责一人，则自今官司必以为戒，将坐视百姓之死而不救矣。"①

　　贾易见初论无效，于八月二日再奏苏轼元丰八年五月一日在扬州竹西寺所作诗"山寺归来闻好语，野花啼鸟亦欣然。此生已觉都无事，今岁仍逢大有年"，乃为神宗之卒庆贺而作："轼昔既立异以背先帝，尚蒙恩宥，全其首领，聊从窜斥，以厌众心。轼不自省循，益加放傲。暨先帝厌代，轼则作诗自庆曰：'山寺归来闻好语，野花啼鸟亦欣然。此生已觉都无事，今岁仍逢大有年。'书于扬州上方僧寺，自后播于四方。轼内不自安，则又增以别诗二首，换诗板于彼，复倒其先后之句，题以元丰八年五月一日，从而语诸人曰：'我托人置田，书报已成，故作此诗。'且置田极小事，何至'野花啼鸟亦欣然'哉！又先帝山陵未毕，人臣泣血号慕正剧，轼以买田而欣踊如此，其义安在？谓此生无事，以年逢大有，亦有何说乎？是可谓痛心疾首而莫之堪忍者也。后于策题，又形讥毁，言者固常论之。"②苏轼闻奏，惶怖不已，如太皇太后偏信贾易之言，必然是死罪，四日遂上《辨贾易弹奏待罪札子》，以申明作诗缘由。此时情况，对苏轼不利，四日吕大防、刘挚等主张并逐苏轼、贾易："（吕）大防、（刘）挚留身，禀昨封（贾）易疏，（太皇太后）宣谕曰：'（贾易）排击人太深，须与责降。'大防对曰：'（贾）易诚过当，然若遽责降，则恐言事臣僚不见因依，定须论列。今若早欲定叠，不若并苏轼两罢为便。'可之，仍曰：'易勿太优。'挚因奏言事官须审听人言语次第，易为人所使，今两罢甚

①　《续资治通鉴长编》，第 11038 页。
②　《续资治通鉴长编》，第 11055 页。

平,且可以息事,容进入文字。遂退。"五日遂以苏轼为龙图阁学士知颍州,贾易知庐州,显然又是两败俱伤。五日又有赵君锡上奏,以为苏诗与蔡确事同,欲继续穷治苏轼,六日苏辙上章,为苏轼辩解,八日太皇太后确认苏轼无幸灾乐祸之意,争论至此方告结束。十八日颍州命告下,随后苏轼离京,暂得解脱。

苏轼于闰八月二十二日到颍州任,元祐七年(1092)二月以龙图阁学士、左朝奉郎、知扬州军州事充淮南路兵马钤辖,月底便离颍赴扬,三月抵任所。本年八月二十二日,以兵部尚书、龙图阁学士除兼侍郎召还,九月底回到京师。一到朝廷,即重新坠入权力斗争的漩涡里。元祐八年(1093)三月王安石表弟黄庆基"论(范)百禄与苏轼、苏辙朋比"①,"庆基三状,言礼部尚书苏轼任中书舍人日,所撰李之纯等六人告文,涉讥先帝",又论苏轼在颍州妄用官钱、失入尹真死罪,在常州强买宜兴县曹姓人田地②,苏轼不安于朝,累乞知越州,诏不许。六月二十六日许以礼部尚书、端明殿学士、翰林侍读学士、左朝奉郎除知定州。至九月初三日太皇太后高氏卒,旧党最大的支持者倒了,哲宗亲政,苏轼已经预感到朝政风雨欲来,遂于次月赶紧离朝,赴定州任。

元祐八年间,苏轼有一半的时间在朝,此一段时间总是受党争的纠缠,苏轼个人遭遇只是当时缠绵复杂的旧党内斗的缩影而已。经过元祐党争,旧党内部已经四分五裂,至绍圣年间,新党执政,再次对旧党清算时候,旧党已无招架之功,更无还手之力了。

---

① 《续资治通鉴长编》,第 11466 页。
② (宋)苏辙撰,俞宗宪点校:《龙川略志·董敦逸黄庆基言事不实并出知军州》,北京:中华书局,1982 年 4 月版,第 54 页。另外,苏轼有《辨黄庆基弹劾札子》(《苏轼文集》,第 1014 页)亦载其事。

七、贬 谪 岭 海

　　高太后卒后，哲宗亲政，李清臣等力主绍述，与年轻的哲宗的政治倾向不谋而合。次年改元绍圣，即发出了恢复神宗改革措施的明确信号，这让旧党感到紧张和恐慌。苏轼则早在离京前已经有了预感，离京前夕，曾数次请求面辞皇帝，希望有机会说服刚亲政的哲宗不要轻易改动政策，一再遭拒绝。就私人关系而言，哲宗与苏轼为师生，但苏轼深感这位学生，有股强烈的叛逆精神。

　　苏轼在定州期间，尽管预感到时局随时会发生大变动，但仍忠于职守，刚到定州便增修弓箭社，修盖禁军营房，整饬军政，加强武备，提高边境守备力；次年春初遇灾，减价粜常平米赈济河北诸路，整个政务有条不紊地展开。

　　绍圣元年初，时局变化，最明显地体现在人事方面。二月初最早主张绍述的李清臣以户部尚书入为中书侍郎，新党中坚邓温伯由兵部尚书为尚书右丞，而次月初四日重臣吕大防以左仆射罢为观文殿大学士、知颍昌府，左仆射一职改由新法派主将章惇担任，正式拉开绍圣年间新旧更迭的序幕。三月十四日哲宗御集英殿策试进士，由李清臣撰写策题，明确贬黜元祐之政①，苏辙上奏，请勿轻变元祐已行之政："伏见御试策题历诋近岁行事，有欲复熙宁、元丰故事之意。臣备位执政，不敢不言。然臣

---

① 《宋史·李清臣传》："绍圣元年，廷试进士，清臣发策曰：'今复词赋之选而士不知劝，罢常平之官而农不加富，可差可募之说纷而役法病，或东或北之论异而河患滋，赐土以柔远也而羌夷之患未弭，弛利以便民也而商贾之路不通。夫可则因，否则革，惟当之为贵，圣人亦何有必焉。'主意皆绌元祐之政，策言悟其指，于是绍述之论大兴，国是遂变。"（第10563页）

窃料陛下,本无此心,其必有人妄意陛下牵于父子之恩,不复深究是非,远虚安危,故劝陛下复行此事。此所谓小人之爱君,取快于一时,非忠臣之爱君,以安社稷为悦者也。"并云:"若轻变九年已行之事,擢任累岁不用之人,人怀私忿,而以先帝为词,则大事去矣。"①惜不报,再奏,亦不获采纳,苏辙坚信无法说服哲宗,遂请赐屏逐。二十六日,除端明殿学士、知汝州。苏辙的外任,意味着元祐年间最活跃的旧党人物被成功逐出朝廷,新一轮的党争继元祐年间的旧党内斗之后,再次轰轰烈烈地开始了。

苏轼在这时候也不能幸免,不断遭受言官弹劾,史载"壬子,侍御史虞策言:'吕惠卿等指陈苏轼所作诰词,语涉讥讪,望核实施行。'殿中侍御史来之邵言:'轼在先朝,久以罢废,至元丰擢为中书舍人、翰林学士。轼凡作文字,讥斥先朝,援古况今,多引衰世之事,以快忿怨之私。行吕惠卿制词,则曰:始建青苗,次行助役、均输之政,自同商贾,手实之祸,下及鸡豚,苟可蠹国而害民,率皆攘臂而称首。行吕大防制词,则曰:民亦劳止,愿闻休息之期。撰司马光神道碑,则曰其:退于洛,如屈原之在陂泽。凡此之类,播在人口者非一,当原其所犯,明正典刑。'"②四月十一日由王安石之婿蔡卞撰写制词,苏轼落端明殿学士兼翰林侍读学士,以左朝奉郎知英州;同日,范纯仁曾上疏请宽待苏轼,未被采纳。闰四月初,除命下,当月即离开定州。五月右正言张商英再劾苏轼:"先皇帝以历代典礼讹谬,置详定礼官考合异同,请废兴坠,谓天地合祭非古也,据经而正之。元祐之臣,乃率其意,

---

① (宋)苏辙著,曾枣庄、马德富点校:《栾城集》,第 1347 页。
② (清)黄以周辑注,顾吉辰点校:《续资治通鉴长编拾补》,第 401 页。

划荡前美，既画权且合祭指挥于前，苏轼又发六议于后……如南北异郊，不违经训，天地合祭，非出圣断，则前此立议之臣，诬天造命，罪在不赦。"①六月五日来之邵上疏论苏轼诋斥先朝，于是道贬惠州。同日来之邵、上官均亦劾奏苏辙，辙再贬知袁州。苏轼经金陵、南昌、广州，十月二日抵达惠州。

大概自元祐八年九月高太后卒时，苏轼就已料到会再次遭遇贬谪，当然也可能是因有了初贬黄州的经历，所以这次安置惠州，远谪蛮荒之地，并没有激起他丝毫的愁绪，他刚抵贬所即作诗一首，表达对惠州风物的新奇和喜爱：

仿佛曾游岂梦中，欣然鸡犬识新丰。吏民惊怪坐何事，父老相携迎此翁。苏武岂知还漠北，管宁自欲老辽东。岭南万户皆春色，会有幽人客寓公。②

此期的其他文字中也能看到他随遇而安、泰然而处的恬静心境：

某到此八月，独与幼子一人、三庖者来。凡百不失所。风土不甚恶。某既缘此绝弃世故，身心俱安，而小儿亦遂超然物外，非此父不生此子也。呵呵。③

绍圣元年十月二日，轼始至惠州，寓居嘉祐寺松风亭，杖履所及，鸡犬皆相识。明年三月，迁于合江之行馆，得江楼廓彻之

①　（清）黄以周等辑注，顾吉辰点校：《续资治通鉴长编拾补》，第416—417页。
②　《十月二日初到惠州》，《苏轼诗集》，第2071页。
③　《与王定国》其四十，《苏轼文集》，第1530页。

观，而失幽深窈窕之趣，未见所休戚也。峤南、岭北亦何以异此！①

　　如果不是后来有再贬的朝命，苏轼可能会在惠州久住，他尝与幼子苏迈花了半年多时间在白鹤峰顶修建了新居，处之怡然。在惠州唯一的悲痛，就是爱妾朝云的病逝，苏轼悲不能已，为之精心修治六如亭以祭之，又数度以诗文悼之。白鹤居所和六如亭后成为惠州名胜，是后世凭吊和怀念苏轼的重要去处，据《夷坚志》载，盗贼至此亦知敬重："绍兴二年，虔寇谢达陷惠州，民居官舍，焚荡无遗，独留东坡白鹤故居，并率其徒葺治六如亭，烹羊致奠而去。次年。海寇黎盛犯潮州，悉毁城堞，且纵火。至吴子野近居，盛登开元寺塔见之，问左右曰：是非苏内翰藏图书处否？麾兵救之，复料理吴氏岁寒堂。民屋附近者，赖以不爇甚众。两人皆剧贼，而知尊敬苏公如此。"②

　　与在黄州时候一样，苏轼是待罪之人，不得涉及公务，但这并不能阻碍苏轼"勇于为义"。在惠州三年多时间，他"收葬暴骨，助修两桥，施药造屋"③，力所能及地造福当地民众。

　　绍圣四年二月初苏轼苦心经营的白鹤新居建成，正当他沉浸在"报道先生春睡美，道人轻打五更钟"，"日啖荔枝三百颗，不辞长作岭南人"的快乐中的时候，十九日"责授琼州别驾，移昌化军安置"。同日被贬的还有"范祖禹移宾州安置，刘安世移高州

① 《题嘉祐寺壁》，《苏轼文集》，第 2270 页。
② （宋）洪迈撰，何卓点校：《夷坚志·甲志》，北京：中华书局，1981 年 10 月版，第 87 页。
③ 《与南华辩老》，《苏轼文集》，第 1875 页。

安置"。二十五日苏辙责授化州别驾、雷州安置。与之相反的是新党人物皆出任要职，如"曾布知枢密院事，许将为中书侍郎，蔡卞为尚书左丞，吏部尚书黄履为尚书右丞，翰林学士林希同知枢密院事"①，可知党争正在加剧。四月十七日接到告命，两日后即携苏过踏上新的贬谪之途。五月十一日，与苏辙相遇于滕州，遂同行至雷州。六月二十日渡海，七月二日抵达儋州。

　　与惠州相比，儋州更为偏远，条件更为艰苦，"食无肉，病无药，居无室，出无友，冬无炭，夏无寒泉，然亦未易悉数，大率皆无耳"②，但苏轼"胸中亦自有倏然处"③。海南远离内地，很多物资靠船舶运往，在缺粮的时候，苏轼即借机行辟谷之法："辟谷之法，类皆百数，此为上，妙法止于此。能复服玉泉，使铅汞，具体去仙不远矣。此法甚易知，甚易行，然天下莫能知，知者莫能行，何则？虚一而静者，世无有也。元符二年，儋耳米贵，吾方有绝粮之忧，欲与过子共行此法，故书以授之。"④在这样的默坐修炼中，迁谪之意荡然无存，甚至以此为幸："元符三年，岁次庚辰……土之富，未有过于斯时也。吾当以斯时肇养黄中之气，过此又欲以时取薤姜蜜作粥以啖。吾终日默坐，以守黄中，非谪居海外，安得此庆耶？"⑤有时他还苦中作乐、自我调侃、淡化生活中的苦况，文集中有一则材料即以海南时候的生活为原型，读之让人喷饭：

---

① （元）脱脱等撰：《宋史·哲宗本纪》，第 346 页。
② 《答程秀才》，《苏轼文集》，第 1628 页。
③ 《与杨济甫》，《苏轼文集》，第 1804 页。
④ 《学龟息法》，《苏轼文集》，第 2339 页。
⑤ 《记养黄中》，《苏轼文集》，第 2340 页。

　　贫家无阔稿荐，与其露足，宁且露首……小儿子不解人事，问："每夜何所盖？"辄答云："盖稿荐。"嫌其太陋，挞而戒之曰："后有问者，但云被。"一日出见客，而荐草挂须上。儿从后呼曰："且除面上被。"①

　　文中的"稿荐"，即草席，为四川方言，今天该地区仍有此语。苏轼在海南以草席为被，盖住脚则露头，盖住头则露脚，其艰辛可知。

　　苏轼继惠州之后，再谪海南，朝廷惩罚之意更甚，与在惠州时候一样，苏轼与当地民众和谐相处，帮助他们发展农业和教育，培养了一批学生，其中姜唐佐在苏轼的悉心栽培下，成为海南历史上第一位举人。苏轼在海南虽只停留了三年，但对海南的发展做出了巨大贡献。

八、终老常州

　　元符三年（1100）正月十二日哲宗卒，赵佶即位，是为徽宗。四月十四日徽宗子出生，次日大赦天下，授苏轼为舒州团练副使、永州居住，授苏辙为濠州团练副使、岳州居住。至五月告下，量移廉州。据朱弁《曲洧旧闻》载，苏轼对北归早有预感："东坡在儋耳，谓子过曰：'吾尝告汝，我决不为海外人，近日颇觉有还中州气象。'乃涤砚索纸笔焚香，曰：'果如吾言，写吾平生所作八

---

① 《作伪心劳》，《苏轼文集》，第 2383 页。

赋，当不脱误一字。'既写毕，读之大喜，曰：'吾归无疑矣。'后数日，而廉州之命至。"①

六月二十日渡海，离开生活了三年的海南。七月四日抵达廉州，不久告命下，许永州安置，二十九日离开廉州，经郁林、容州、梧州、广州等地，准备前往安置地。十一月一日授苏轼为朝奉郎、提举成都玉局观、可于外州任便居住。年底过大庾岭，至建中靖国元年（1101）正月进入江西境内，途中，一度决定归颍昌，与苏辙同住："某初欲就食宜兴，今得子由书，苦劝归颍昌，已决意从之矣。"②"至英，当求人至永请告敕，遂渡岭过赣归阳羡，或归颍昌，老兄弟相守，过此生矣。"③从这两封书信看，苏轼最初是很坚定地打算跟阔别多年的弟弟共度余生。不过四月份以后，考虑时局不定，兄弟住一起，可能又会引起物议，于是决定前往常州居住④。六月过真州，市民齐聚岸边，争睹苏轼风采："东坡自海外归毗陵，病暑，著小冠，披半臂，坐船中。夹运河岸，千万人随观之。东坡顾坐客曰：'莫看杀轼否？'其为人爱慕如此。"⑤六月至常州，七月二十八日卒。关于卒前月余的情况，《春渚纪闻》有详细记载：

六月自仪真避疾渡江，再见于奔牛埭，先生独卧榻上，徐起

---

① （宋）朱弁撰，孔凡礼校点：《曲洧旧闻》（与《师友谈记》、《西塘集》、《耆旧续闻》合刊），北京：中华书局，2002 年 8 月版，第 157 页。
② 《答王幼安》，《苏轼文集》，第 1807 页。
③ 《与孙叔静》，《苏轼文集》，第 1776 页。
④ （宋）何薳撰，张明华点校：《春渚纪闻》（北京：中华书局，1983 年 1 月版，第 84 页）"坡仙之终"条载："建中靖国元年，先生以玉局还自岭海，四月自当涂寄十一诗，且约同程德孺至金山相候，既往迓之，遂决议为毗陵之居。"
⑤ （宋）邵博撰，刘德权、李剑雄点校：《邵氏闻见后录》，第 160 页。

谓某（案：指钱济明）曰："万里生还，乃以后事相托也。惟吾子由，自再贬及归，不复一见而决，此痛难堪。"余无言者，久之复曰："某前在海外，了得《易》、《书》、《论语》三书，今尽以付子，愿勿以示人。三十年后，会有知者因取藏箧，欲开而钥失匙。"某曰："某获侍言，方自此始，何遽及是也。"即迁寓孙氏馆，日往造见，见必移时，慨然追论往事，且及人间，出岭海诗文相示，时发一笑，觉眉宇间秀爽之气照映坐人。七月十二日，疾少间，曰："今日有意，喜近笔研，试为济明戏书数纸。"遂书《惠州江月》五诗。明日又得《跋桂酒颂》，自尔疾稍增，后十五日而终。①

《清波杂志》亦载有苏轼临终前与惟琳长老的对话：

东坡初入荆溪，有"乐死"之语，盖喜其风土也。继抱疾稍革，径山老惟琳来问候，坡曰："万里岭海不死，而归宿田里，有不起之忧，非命也邪？然死生亦细故尔。"后二日，将属纩，闻根先离。琳叩耳大声曰："端明勿忘西方！"曰："西方不无，但个里着力不得。"语毕而终。归老素志，竟堕渺茫，一丘一壑，天实啬之。②

士人闻苏轼卒，无不悲痛，皆举行各种祭奠活动，苏门文人祭之最勤："东坡讣至京师，黄定及李豸皆有疏文。门人张耒时知颍州，闻坡卒，出己俸于荐福禅寺修供，以致师尊之哀。乃遭

① （宋）何薳撰，张明华点校：《春渚纪闻》，第 85 页。
② （宋）周辉撰，刘永翔校注：《清波杂志校注》，北京：中华书局，1994 年 9 月版，第 123 页。

论列，责授房州别驾，黄州安置。虽名窜责，馨香多矣。山谷在南康落星寺，一日凭栏，忽传坡亡，痛惜久之。"①

　　苏轼临终前，曾留下遗言要求葬汝州，以其境内有小峨眉山，酷似四川眉州山水。崇宁元年（1102）六月二十日，苏辙与李廌、苏迈等葬苏轼于汝州郏城县钓台乡上瑞里。

① 　（宋）周辉撰，刘永翔校注：《清波杂志校注》，第321页。

第二章

旷达情怀：一蓑烟雨任平生

苏轼晚年自题画像云："心似已灰之木，身如不系之舟。问汝平生功业，黄州惠州儋州。"黄州、惠州、儋州是他仕途的三次低谷，可在苏轼看来却是成就自己"功业"的重要时期。从思想历练、文学发展、修养提升的角度看，苏轼所言显然是实话。在三个时期里，他抗争苦难，淡薄名利，超越死生，形成了足以滋养后世文人的旷达情怀。

一、黄州：也无风雨也无晴

黄州贬谪乃苏轼第一次遭受政治上的打击和迫害，前奏是乌台诗案。遭逮捕时，苏轼正在湖州太守任上，据《孔氏谈苑》记载："苏轼以吟诗有讥讪，言事官章疏狎上，朝廷下御史台差官追取……太常博士皇甫僎被遣以往。僎携一子二台卒，倍道疾驰……僎径入州廨，具靴袍、秉笏立庭下，二台卒夹侍，白衣青巾，顾盼狞恶，人心汹汹不可测……僎又久之不语，人心益疑惧……二狱卒就执之，即时出城登舟，郡人送者雨泣，顷刻之间，拉一太守如驱犬鸡。"① 又《萍洲可谈》卷二载："东坡元丰间知湖

---

① （宋）孔平仲撰：《孔氏谈苑》，见《景印文渊阁四库全书》，总第 1037 册，子部第 343 册，第 122 页。

州，言者以其诽谤时政，必致死地，御史台遣就任摄之，吏部差朝士皇甫朝光管押。东坡方视事，数吏直入上厅事，摔其袂……家人号泣出随之。"①面对突如其来的变故，家人、朋友自是惶恐不已，《侯鲭录》载：

> 真宗东封，访天下隐者，得杞人杨朴，能为诗。召对，自言不能。上问："临行有人作诗送卿否？"朴言："独臣妻有诗一首云：'更休落魄贪杯酒，亦莫猖狂爱咏诗。今日捉将官里去，这回断送老头皮。'"上大笑，放还山。东坡云："吾顷在湖州，坐作诗追赴诏狱，妻子送出门皆哭，无以语之，顾老妻曰：'独不能如杨处士妻作诗送我乎？'老妻不觉失笑而止。"②

在狱中，苏轼遭到过严刑拷打，这显然超出了他的意料，自以为无生还可能，故曾给苏辙写过绝笔诗"是处青山可埋骨，他年夜雨独伤神。与君世世为兄弟，更结来生未了因"。后来神宗网开一面，贬为黄州团练副使。刚出狱，即作诗云"却对酒杯浑是梦，试拈诗笔已如神"，可知苏轼抗压能力有多强。

元丰三年正月初一，百姓都在欢庆新年之际，苏轼却以罪人的身份踏上贬谪之路。经过一个月的长途跋涉，终于到达贬所，苏轼迫不及待的作诗一首，表达初到时的心情：

> 自笑平生为口忙，老来事业转荒唐。长江绕郭知鱼美，好竹

① （宋）朱彧撰，李伟国点校：《萍洲可谈》，第 139 页。
② （宋）赵令畤撰，孔凡礼点校：《侯鲭录》，第 164 页。

连山觉笋香。逐客不妨员外置，诗人例作水曹郎。只惭无补丝
毫事，尚费官家压酒囊。①

　　全诗紧紧围绕着"初到"二字展开，将初到黄州的所思、所
见、所感，以极其凝练的语言展现在读者面前。首联劈空而来，
笼罩全篇。苏轼此时仅四十五岁，刚过不惑之年，所谓"平生"，
自非指终生，不过是对入仕至"乌台诗案"前二十余年仕宦生涯
的回顾而已。苏轼于嘉祐二年（1057）进士及第，嘉祐六年
（1061）贤良方正能言极谏科入三等，除大理评事、签书凤翔府判
官，步入仕途，后历杭、密、徐、湖州等任，所到之处皆勤于政事，
为君为民，不遗余力，而诗中却言"为口忙"，明显是反语。诗案
之前，苏轼所历各任，百姓交口称赞，而奸佞之辈，网罗罪名，使
之遭受口舌之祸，故自己所为只能自我解嘲地目为"为口忙"；苏
轼本欲"致君尧舜"，而君主却使之身陷囹圄，种种遭遇不能不让
他感觉事与愿违，所以只能感叹"老来事业转荒唐"。

　　首二句以"平生"、"老来"四字总括了抵达黄州之前的种种
经历，高度浓缩，有四两拨千斤之势。同时，又以"口忙"的字面
之义，于章法上关涉额联中的"鱼美"和"笋香"，把笔触指向当
前。首联回首过去，难免有悲愤之情，额联则有意宕开一笔，以
眼前之山水化解心中之愤懑，使其中的不平之气趋于缓和。正
因这两句，纪昀认为："东坡诗多伤激切。此虽不免兀傲，尚不甚
碍和平之音。"②如果说首联激切、兀傲，那么额联即为和平之

---

① 《初到黄州》，《苏轼诗集》，第 1031 页。
② （清）纪昀评：《苏文忠公诗集》，台北：宏业书局，1969 年 6 月版，第 417 页。

音也。

　　颔联"长江绕郭"、"好竹连山"，短短八字将黄州最具代表性的美景尽收笔底，可谓尺幅千里。其中"知"、"觉"二字，堪称绝妙，暗中紧扣"初到"而来：放眼长江而推测鱼美，远视竹山而悬想笋香，实未尝鱼之美、笋之香也。故清人汪师韩云："因江而知鱼美，见竹而觉笋香，确是初到情景。"①可见苏轼下字运笔之妙。同时，此联不露声色地表现了苏轼安时处顺、随遇而安的心态。苏轼从贬黄州之日起，即决定安老黄州，赴黄路上一直用诗表达对黄州的期待和长住的决心。在陈州饮别苏辙女婿文逸民时即言："君已思归梦巴峡，我能未到说黄州。此身聚散何穷已，未忍悲歌学楚囚。"②饮别即将归乡之人，却能抛却对故土的思念，泰然面对无法确知的贬谪生活和贬谪处所，其襟怀令人佩服！随后与子由相别于蔡州道上，所作诗表现得更为明确："畏蛇不下榻，睡足吾无求。便为齐安民，何必归故丘"③；"长使齐安人，指说故侯园"，"寄谢李丞相，吾将反丘园"④。虽然还未到黄州，在心理上，已经将黄州视同是自己的安居之所。渡淮水的时候，他忍不住自问自答"黄州在何许，想象云梦泽"，声称"吾生如寄耳，初不择所适。但有鱼与稻，生理已自毕"⑤。而现在真正抵达黄州，有鱼美更兼笋香，心中的庆幸和欣喜之情就不免自然流露。

　　颈联和尾联的关系，与前两联的章法结构相似，颈联着眼于

①　（清）汪师韩撰：《苏诗选评笺释》（光绪十二年钱唐汪氏重刊本）。
②　《陈州与文郎逸饮别，携手河堤上，作此诗》，《苏轼诗集》，第 1017 页。
③　《子由自南都来陈三日而别》，《苏轼诗集》，第 1018 页。
④　《正月十八日蔡州道上遇雪子由韵二首》，《苏轼诗集》，第 1019 页。
⑤　《过淮》，《苏轼诗集》，第 1022 页。

他人之过去，尾联关涉自己之现在。"逐客"一句，借他人之酒
杯，浇自己心中之块垒，表达无端被贬之不平；而"诗人"一句，又
以"例作"一词，有意宕开笔墨，将这种不平悄然化解：古人如
此，吾何怨哉！尾联表达了苏轼作为士人特有的良知：那就是
不愿坐食俸禄。然欲有所为又不能，所以尾联，与首联一样，反
语中兼含嘲讽。

　　此诗的特点就是充满了诙谐和幽默，故意以反语和自我解
嘲的方式，不断地化解胸中的愤懑和不平，显得"哀而不伤、怨而
不怒"，孔凡礼先生认为："全诗心气平和，无怨恨之意。"①

　　那么苏轼抵达黄州后的生活及其心情到底怎样呢？此期的
作品有直观的反映，典型的如《卜算子·黄州定慧院寓居作》：

　　缺月挂疏桐，漏断人初静。时见幽人独往来，缥缈孤鸿
影。　　惊起却回头，有恨无人省。拣尽寒枝不肯栖，寂寞沙
洲冷。②

　　此词作于抵达黄州后不久，集中反映了他幽独的内心世界。
词中将"幽人"、"独往来"相叠加，以递进之法，充分凸显内心之
孤寂。这样的表现方法及用语也出现在此期的诗作中，如《定惠
院寓居月夜偶出》即有"幽人无事不出门，偶逐东风转良夜"，"清
诗独吟还自和，白酒已尽谁能借"，《石芝》中有"空堂明月清且
新，幽人睡息来初匀"等句。造成此时苏轼作品中孤寂之思的原

① 　孔凡礼撰：《三苏年谱》，北京：北京古籍出版社，2004 年 10 月版，第 1179 页。
② 　邹同庆、王宗堂著：《苏轼词编年校注》，北京：中华书局，2002 年 9 月版，第 275 页。
　　后面所有苏词皆出此书。

因有二：第一，除了长子苏迈相随外，其它妻小至亲皆不在身边。《黄州上文潞公书》说得很清楚："轼始就逮赴狱，有一子稍长，徒步相随。其余守舍，皆妇女幼稚。"①又《过淮》一诗云："独喜小儿子，少小事安佚。相从艰难中，肝肺如铁石。便应与晤语，何止寄衰疾。"苏迈在年岁上只能说是相对稍长，从心理成熟、成长阅历情况看，则如苏轼自己所言"小儿辈未更事"②，恐怕还很难完全理解此时的苏轼，所以苏轼尽管有长子在身边，内心的孤寂在所难免。当本年五月末，苏辙携家小前来，即可看到苏轼心情有明显改变，《晓至巴河口迎子由》云"余生复何幸，乐事有今日"，可见其欣喜之情。其二，"始谪黄州，举目无亲"③，其他朋友又多无往来，加剧了孤独感。《宋史·鲜于侁传》载："苏轼自湖州赴狱，亲朋皆绝交。"《宋史·陈师锡传》载："轼得罪，捕诣台狱，亲朋多畏避不相见，师锡独出饯之，又安辑其家。"④亲朋绝交的情况在苏轼此时的一些书信中也能看到，如《答李端叔书》云："得罪以来，深自闭塞……平生亲友无一字见及。"⑤《与参寥子》云："仆罪大责轻，谪居以来，杜门念咎而已。平生亲识，亦断往还。"⑥《答陈师仲主簿书》："自得罪后，虽平生厚善，有不敢通问者。"⑦《与陈朝请》："罪废屏居，交游皆断绝。"⑧

---

① 《苏轼文集》，第 1380 页。
② 《与蹇授书》，《苏轼文集》，第 1647 页。
③ 《苏轼文集》，第 1721 页。
④ 《宋史》，第 10938、10972 页。
⑤ 《苏轼文集》，第 1433 页。
⑥ 《苏轼文集》，第 1859 页。
⑦ 《苏轼文集》，第 1428 页。
⑧ 《苏轼文集》，第 1709 页。

此时的苏轼，心理上孤独寂寞，物质上贫乏拮据，只能过着量入为出的艰难生活，每月的俸禄必须谨慎使用："初到黄，廪入既绝，人口不少，私甚忧之。但痛自节俭，日用不得过百五十，每月朔便取四千五百钱，断为三十块，挂屋梁上，平旦用画叉挑取一块，即藏去叉，仍以大竹筒别贮用不尽者，以待宾客。"①

从元丰三年五月开始，苏轼进入调适期，心情逐渐好转，惊惶恐怖的阴霾慢慢消退，开始变得明朗旷达起来。从该年五月一直到元丰七年四月离开黄州，这个调适过程中有几个标志性事件值得注意。

第一，元丰三年五月苏辙率苏轼妻小抵达黄州。前面解析《卜算子·黄州定慧院寓居作》，我们认为二月到五月期间，苏轼的主要心态是孤寂与惊恐，其中的原因就是初到黄州既无朋友，又无亲人。苏轼在黄州时给堂兄的信中云："老兄嫂团坐火炉头，环列儿女，坟墓咫尺，亲眷满目，便是人间第一等好事，更何所羡。"②由此，我们可以反推本来很重亲情的苏轼，此时独与长子远在黄州，孤寂实在难免。苏辙及妻小的到来改变苏轼的心情，《今年正月十四日与子由别于陈州五月子由复至齐安以诗迎之》：

惊尘急雪满貂裘，泪洒东风别宛丘。又向邯郸枕中见，却来云梦泽南州。暌离动作三年计，牵挽当为十日留。早晚青山映黄发，相看万事一时休。③

①　《答秦太虚书》，《苏轼文集》，第 1536 页。
②　《与子安兄》，《苏轼文集》，第 1830 页。
③　《苏轼诗集》，第 1051 页。

《晓至巴河口迎子由》：

余生复何幸，乐事有今日。江流镜面净，烟雨轻幂幂。孤舟如凫鹥，点破千顷碧。闻君在磁湖，欲见隔咫尺。朝来好风色，旗脚西北掷。行当中流见，笑脸清光溢。此邦疑可老，修竹带泉石。欲买柯氏林，兹谋待君必。①

二诗写苏辙尚未到达，从"早晚青山映黄发，相看万事一时休"，"行当中流见，笑脸清光溢"等句，可见苏轼已无法按捺其欣喜之情。至五月，由于家小较多，暂时寄居的定慧院难以容纳，于是再迁居临皋亭，这让苏轼的心情更为平静。

第二是元丰四年（1081）五月经营东坡，开始自食其力的躬耕生活。《东坡八首序》云："余至黄州二年，日以困匮，故人马正卿哀余乏食，为于郡中请故营地数十亩，使得躬耕其中。"②农耕生活，一方面可以解决物质上的困乏，有现实意义；另一方面也是聊以自娱的重要方式，是一种解脱途径。在此期的书信中就一再提及躬耕生活的快乐："近于城中葺一荒园，手种菜果以自娱。"③"某见在东坡，作陂种稻，劳苦之中，亦自有乐事。"④

第三是元丰五年（1082）春筑成雪堂，这对于遭受贬谪的苏轼来说是一件很有转折意义的事，前此无论是寓居定慧院，还是迁居临皋亭，都是借居别人的处所，现在终于有属于自己的家，

---

① 《苏轼诗集》，第 1052 页。
② 《苏轼诗集》，第 1079 页。
③ 《与杨元素》，《苏轼文集》，第 1653 页。
④ 《与李公择》，《苏轼文集》，第 1499 页。

可以安居了。苏轼为此作《雪堂记》，中云："苏子得废圃于东坡之胁，筑而垣之，作堂焉，号其正曰雪堂。堂以大雪中为之，因绘雪于四壁之间，无容隙也。起居偃仰，环顾睥睨，无非雪者。苏子居之，真得其所居者也。"①又作诗云："去年东坡拾瓦砾，自种黄桑三百尺。今年刈草盖雪堂，日炙风吹面如墨。"②雪堂的建成，不只是让苏轼安顿下来，更是让苏轼安心了，从此以后苏轼坚定了终老黄州之意，在给堂兄子安的信中云："近于城中得荒地十数亩，躬耕其中。作草屋数间，谓之东坡雪堂。种蔬接果，聊以忘老。"③在《书韩魏公黄州诗后》云："黄州山水清远，土风厚善，其民寡求而不争，其士静而文，朴而不陋。虽闾巷小民，知尊爱贤者……而轼亦公之门人，谪居于黄五年，治东坡，筑雪堂，盖将老焉，则亦黄人也。"④

　　贬谪黄州后苏轼不断调适，摆脱初到时候的苦闷、孤寂情绪，渐变潇洒旷达。其具体的调适途径有三，我们略作梳理：

　　第一种即致力躬耕。如前所述，躬耕是苏轼在黄州时候安顿自己身心的重要方式，在此期的诗文词中多有反映，《东坡八首》诗叙述尤详。词里也表达了躬耕生活的独得之乐，如《江城子·陶渊明以正月五日游斜川，临流班坐，顾瞻南阜，爱曾城之独秀，乃作〈斜川诗〉，至今使人想见其处。元丰壬戌之春，余躬耕于东坡，筑雪堂居之，南挹四望亭之后丘，西控北山之微泉，慨然而叹，此亦斜川之游也。乃作长短句，以〈江城子〉歌之》：

---

① 《苏轼文集》，第 410 页。
② 《次韵孔毅甫久旱已而甚雨三首》其二，《苏轼诗集》，第 1122 页。
③ 《与子安兄》，《苏轼文集》，第 1830 页。
④ 《苏轼文集》，第 2155 页。

梦中了了醉中醒。只渊明。是前生。走遍人间,依旧却躬耕。昨夜东坡春雨足,乌鹊喜,报新晴。　　雪堂西畔暗泉鸣。北山倾。小溪横。南望亭丘,孤秀耸曾城。都是斜川当日境,吾老矣,寄余龄。①

词中"只渊明。是前生",以陶渊明相期许,足见对耕种生活的向往与热爱。这种心情在此期给好友王巩的书信中表达得更直接:"近于侧左得荒地数十亩,买牛一具,躬耕其中。今岁旱,米贵甚。近日方得雨,日夜垦辟,欲种麦,虽劳苦却亦有味。邻曲相逢欣欣,欲自号鏖糟陂里陶靖节。"②当然诚如苏轼自己所言,躬耕的重要目的在"寄余龄",在寻求真乐:"到黄已一年半,处穷约……躬耕渔樵,真有余乐。"③面对物质上的困难局面,苏轼一方面以躬耕来开源,另一名则以俭省来节流,为此总结出"安分以养福"、"宽胃以养气"、"省费以养财"的生活之道④。劳动实践,既解决了生活物资来源问题,也安顿了苏轼的身心,所以他在给友人的信中云:"某亦甚乐此,安土忘怀,一如本是黄州人,元不出仕而已。"⑤

第二种方式就是寄情山水,与渔樵杂处。经历诗案后,苏轼

---

① 《苏轼词编年校注》,第 352 页。
② 《与王定国》,《苏轼文集》,第 1521 页。
③ 《答吴子野》,《苏轼文集》,第 1734 页。
④ (宋)赵令畤《侯鲭录》:"东坡在黄州,尝书云:东坡居士自今日已往,早晚饮食,不过一爵一肉。有尊客盛馔,则三之。可损不可增。有召我者,预以此告之。主人不从而过是乃止。一曰安分以养福,二曰宽胃以养气,三曰省费以养财。"(第 104 页)《避暑录话》卷上亦载:"子瞻在黄州,与邻里往还。子瞻既绝俸,而往还者亦多贫,复杀而为三,自言有三养,曰'安分以养福,宽胃以养气,省费以养财'。"
⑤ 《与赵昶晦之》,《苏轼文集》,第 1711 页。

倍感人世斗争的可怕，或许认为只有自然山川最可信赖，只有拥抱自然才能给自己最真切的慰藉："江上甚清旷，风晨月夕，杖履野步……以慰孤寂。"①所以，黄州时期，尤其是初到黄州，在临皋亭、雪堂、赤壁总能看到苏轼与自然亲近的孤独身影，如《黄泥坂词》：

　　出临皋而东骛兮，并丛祠而北转。走雪堂之陂陀兮，历黄泥之长坂。大江汹以左缭兮，渺云涛之舒卷。草木层累而右附兮，蔚柯丘之葱茜。余旦往而夕还兮，步徙倚而盘桓。虽信美而不可居兮，苟娱余于一眄。……时游步而远览兮，路穷尽而旋反。朝嬉黄泥之白云兮，暮宿雪堂之青烟。喜鱼鸟之莫余惊兮，幸樵苏之我嫚。初被酒以行歌兮，忽放杖而醉偃。草为茵而块为枕兮，穆华堂之清晏。纷坠露之湿衣兮，升素月之团团。感父老之呼觉兮，恐牛羊之予践。于是蹶然而起，起而歌曰：月明兮星稀，迎余往兮饯余归；岁既宴兮草木腓，归来归来兮，黄泥不可以久嬉。②

　　《〈归来引〉送王子立归筠州》：

　　念东坡之遗老兮，轻千里而款余扉。共雪堂之清夜兮，揽明月之余辉。曾鸡黍之未熟兮，叹空室之伊威。③

　　《记赤壁》：

---

① 《与朱康叔》，《苏轼文集》，第 1786 页。
② 《苏轼诗集》，第 2643 页。
③ 《苏轼诗集》，第 2642 页。

　　黄州守居之数百步为赤壁……断崖壁立,江水深碧,二鹊巢其上。上有二蛇,或见之。遇风浪静,辄乘小舟至其下,舍舟登岸,入徐公洞。非有洞穴也,但山崦深邃耳。①

　　寄情山水、拥抱自然确实抚慰了苏轼内心的寂寞,让苏轼感受到生活的乐趣,如他在《与王庆源书》中说:"寓居官亭,俯迫大江,几席之下,云涛接天,扁舟草履,放浪山水间……此味甚佳,生来未尝有此适。"②在《与司马温公书》说:"寓居去江干无十步,风涛烟雨,晓夕百变,江南诸山,在几席上,此幸未始有也。"③《与范子丰》云:"临皋亭下不数十步,便是大江,其半是峨嵋雪水,吾饮食沐浴皆取焉,何必归乡哉! 江山风月,本无常主,闲者便是主人。"④有时候甚至远至大江对岸武昌游乐:

　　子瞻迁于齐安,庐于江上。齐安无名山,而江之南武昌诸山坡陁蔓延,涧谷深密,中有浮图精舍。西曰西山,东曰寒溪,依山临壑,隐蔽松枥,萧然绝俗,车马之迹不至。每风止日出,江水伏息,子瞻杖策载酒,乘渔舟乱流而南。山中有二三子,好客而喜游。闻子瞻至,幅巾迎笑,相携徜徉而上,穷山之深,力极而息,扫叶席草,酌酒相劳,意适忘反,往往留宿于山上。以此居齐安三年,不知其久也。⑤

---

① 《苏轼文集》,第 2255 页。
② 《苏轼文集》,第 1813 页。
③ 《苏轼文集》,第 1442 页。
④ 《苏轼文集》,第 1453 页。
⑤ (宋)苏辙《武昌九曲亭记》,《栾城集》,第 509 页。

正是自然山水充实了他的贬谪生活。从江山风月到草木虫鱼，苏轼皆从中获得自适之乐，《与子明兄》说："吾兄弟俱老矣，当以时自娱。世事万端，皆不足介意。所谓自娱者，亦非世俗之乐，但胸中廓然无一物，即天壤之内，山川草木虫鱼之类，皆是供吾家乐事也。如何！如何！"①

至元丰四年、五年以后，苏轼在黄州的友人渐多，与朋俦一起出游、饮酒、嬉戏的机会也多起来。如《后赤壁赋》开篇所载"是岁十月之望，步自雪堂，将归于临皋。二客从予，过黄泥之坂。霜露既降，木叶尽脱。人影在地，仰见明月。顾而乐之，行歌相答"②，就是俦辈同游的典型场景。另如《说郛》也记载苏轼初到黄州："布衣芒屦，出入阡陌，多弹铗击江水，与客为娱乐。每数日，必一泛舟江上，听其所往，乘兴或入旁郡界，经宿不返。"③这些作品提到的"客"，有些是诗酒唱和的同辈，但有些则仅为贩夫走卒，如《答李端叔书》中云："得罪以来，深自闭塞，扁舟草履，放浪山水间，与樵渔杂处，往往为醉人所推骂。辄自喜渐不为人识。"④其中的樵渔、醉人就是底层百姓。有的是苏轼的邻曲，如《次韵毛滂法曹感雨诗》中："我顷在东坡，秋菊为夕餐。永愧坡间人，布褐为我完。雪堂初覆瓦，上簟无下莞。时时亦设客，每醉筒辄殚。一笑便倾倒，五年得轻安。"⑤其中的"客"就是"坡间人"，即临皋亭附近的邻居。此外如《避暑录话》亦载：

---

① 《苏轼文集》，第 1832 页。
② 《苏轼文集》，第 8 页。
③ （明）陶宗仪撰：《说郛》，见《景印文渊阁四库全书》，台北：商务印书馆，1986 年 7 月版，总第 880 册，子部第 186 册，卷七四上，第 166 页。
④ 《苏轼文集》，第 1432 页。
⑤ 《苏轼诗集》，第 1654 页。

"子瞻在黄州,与邻里往还。子瞻既绝俸,而往还者亦多贫。""子瞻在黄州及岭表,每旦起不招客相与语,则必出而访客。所与游者亦不尽择,各随其人高下,谈谐放荡,不复为畛畦。有不能谈者,则强之说鬼。或辞无有,则曰'姑妄言之'。于是闻者无不绝倒,皆尽欢而后去。设一日无客,则歉然若有疾。"①可以说苏轼在此期彻底放下文人、官员的身份、架子,与黄州山水、民众真诚相拥相抱,并融而为一。

山水、渔樵之乐在此期诗词中随处可见,诗如《日日出东门》:

日日出东门,步寻东城游。城门抱关卒,笑我此何求。我亦无所求,驾言写我忧。意适忽忘返,路穷乃归休。悬知百岁后,父老说故侯。②

词中的反映尤为集中,如《浣溪沙·十一月二日,雨后微雪,太守徐君猷携酒见过,坐上作〈浣溪沙〉三首。明日酒醒,雪大作,又作二首。》其一:

覆块青青麦未苏。江南云叶暗随车。临皋烟景世间无。　　雨脚半收檐断线,雪林初下瓦跳珠。归来冰颗乱黏须。③

《南歌子·和前韵》:

① (宋)叶梦得撰:《避暑录话》,见《景印文渊阁四库全书》,总第 863 册,子部第 169 册,卷上,第 632 页。
② 《苏轼诗集》,第 1162 页。
③ 《苏轼词编年校注》,第 339 页。

日出西山雨，无晴又有晴。乱山深处过清明。不见彩绳花板、细腰轻。　　尽日行桑野，无人与目成。且将新句琢琼英。我是世间闲客、此闲行。①

《南歌子·寓意》：

雨暗初疑夜，风回忽报晴。淡云斜照著山明。细草软沙溪路、马蹄轻。　　卯酒醒还困，仙材梦不成。蓝桥何处觅云英。只有多情流水、伴人行。②

《南歌子·再用前韵》：

带酒冲山雨，和衣睡晚晴。不知钟鼓报天明。梦里栩然蝴蝶、一身轻。　　老去才都尽，归来计未成。求田问舍笑豪英。自爱湖边沙路、免泥行。③

在苏轼之前，柳永开始大量以自然山水入词，然二人词作描绘的风景所投射的感情却是完全不同的。我们比较一下即可知。

柳永《彩云归》：

蘅皋向晚舣轻航。卸云帆、水驿鱼乡。当暮天、霁色如晴

---

① 《苏轼词编年校注》，第 364 页。
② 《苏轼词编年校注》，第 367 页。
③ 《苏轼词编年校注》，第 368 页。

昼,江练静、皎月飞光。那堪听、远村羌管,引离人断肠。此际浪萍风梗,度岁茫茫。　　　堪伤。朝欢暮宴,被多情、赋与凄凉。别来最苦,襟袖依约,尚有余香。算得伊、鸳衾凤枕,夜永争不思量。牵情处,惟有临歧,一句难忘。①

柳永《夜半乐》:

冻云黯淡天气,扁舟一叶,乘兴离江渚。渡万壑千岩,越溪深处。怒涛渐息,樵风乍起,更闻商旅相呼。片帆高举。泛画鹢、翩翩过南浦。　　　望中酒旆闪闪,一簇烟村,数行霜树。残日下,渔人鸣榔归去。败荷零落,衰杨掩映,岸边两两三三,浣沙游女。避行客、含羞笑相语。　　　到此因念,绣阁轻抛,浪萍难驻。叹后约丁宁竟何据。惨离怀,空恨岁晚归期阻。凝泪眼、杳杳神京路。断鸿声远长天暮。②

苏轼《临江仙·夜归临皋》:

夜饮东坡醒复醉,归来仿佛三更。家童鼻息已雷鸣。敲门都不应,倚杖听江声。　　　长恨此身非我有,何时忘却营营。夜阑风静縠纹平。小舟从此逝,江海寄余生。③

苏词本事见《避暑录话》:"子瞻在黄州……与数客饮江上,

---

① 唐圭璋:《全宋词》,北京:中华书局,2011年版,第36页。
② 《全宋词》,第37页。
③ 《苏轼词编年校注》,第467页。

夜归,江面际天,风露浩然,有当其意,乃作歌辞,所谓'夜阑风静
縠纹平,小舟从此逝,江海寄余生'者,与客大歌数过而散。翌
日,喧传子瞻夜作此辞,挂冠服江边,挐舟长啸去矣。郡守徐君
猷闻之,惊且惧,以为州失罪人,急命驾往谒,则子瞻鼻鼾如雷,
犹未醒也。然此语卒传至京师,虽裕陵亦闻而疑之。"①

又《西江月·春夜行蕲山水中过酒家,饮酒醉,乘月至一溪
桥上,解鞍曲肱醉卧少休。及觉已晓。乱山葱茏,流水锵然,疑
非尘世也。书此语桥柱上》:

　　照野弥弥浅浪,横空暧暧微霄。障泥未解玉骢骄。我欲醉
眠芳草。　　　可惜一溪明月,莫教踏破琼瑶。解鞍欹枕绿杨桥。
杜宇一声春晓。②

　　不难发现,柳词中的烟村水驿虽也很美,却是为了反衬词人
的羁旅行役之苦,折射出的并不是向上的情愫;而苏词中无论是
暮色中的临皋,还是月夜下的蕲山,无不令人陶然沉醉。
　　总之,苏轼在亲近自然、与渔樵杂处过程中,逐渐忘怀得失,
达到了率性、旷达的人生境界。
　　第三就是皈依佛老、沾溉庄禅。苏轼一生濡染儒释道诸家,
在"乌台诗案"之前就广交释子,遍游僧舍,虽曾有"庵僧俗缘尽,
净业洗未了"(《与客游道场何山得鸟字》)、"俗缘未尽余伊皋"
(《赵阅道高斋》)的感叹,但在行动上从来没有实质性的实现过。

---

① （宋）叶梦得撰:《避暑录话》,见《景印文渊阁四库全书》,总第 863 册,子部第 169
　　册,卷上,第 656 页。
② 《苏轼词编年校注》,第 360 页。

而经历"乌台诗案"后,严重的现实挫折感,使苏轼和佛家一些思想暗合,有意学佛。在赴黄途中的诗里,流露两种倾向,第一,对现实的纷扰,表现出厌弃之情,这与佛教近似。如留示乡人任师中的诗就明显表示:"尘埃我亦失收身,此行蹭蹬尤可鄙。"(《过新息留示乡人任师中》)第二,向往佛的禅定境界,希望能与世俗生活保持距离,如《游净居寺(并叙)》:"愿言毕婚嫁,携手老翠微。不悟俗缘在,失身蹈危机。刑名非夙学,陷阱损积威。遂恐死生隔,永与云山违。今日复何日,芒鞋自轻飞。稽首两足尊,举头双涕挥。灵山会未散,八部犹光辉。愿从二圣往,一洗千劫非。"①

　　按照唯物论的说法,"宗教是麻醉人们的精神鸦片",在苦难的时候尤其受欢迎。苏轼在黄州时期对佛理的接受,与他遭受的现实与精神的双重苦难有直接关系。苏轼初到黄州,面对的首要困难是物质上的贫乏:"初到黄,廪入既绝,人口不少,私甚忧之。但痛自节俭,日用不得过百五十。"经济上的拮据状况必然加剧精神上的痛苦。其次,刚到黄州,几位亲人相继离世:"轼寓居粗遣,但舍弟初到筠州,即丧一女子,而轼亦丧一老乳母,悼念未衰,又得乡信,堂兄中舍九月中逝去。异乡衰病,触目凄感,念人命脆弱如此。"②这些遭遇,在此时无疑加深了他对人生无常的理解。其三,就是出于避祸考虑。苏轼在黄州不敢轻易作诗文,为了聊慰寂寞,于是选择了与现实无关的僧佛语,这在一些书信中表露最为明白,如《与滕达道》:"但得罪以来,未尝敢作

---

① 《苏轼诗集》,第 1025 页。
② 《答秦太虚书》,见《苏轼文集》,第 1535 页。

文字。《经藏记》皆迦语，想酝酿无由，故敢出之。"①《与王佐才》："近来绝不作文，如忏赞引、藏经碑，皆专为佛教，以为无嫌，故偶作之，其他无一字也。"②《答程彝仲推官》："所要亭记，岂敢于吾兄有所惜，但多难畏人，不复作文字，惟时作僧佛语耳。千万体察，非推辞也。"③可以说是外界的连串打击，促使苏轼转向佛理，寻求精神慰藉。从苏轼诗中所言"清坐默自照"④、"扫地焚香闭阁眠"⑤，可知在黄州有学佛的实践了⑥，诗作中表现最集中的当属《安国寺浴》：

　　老来百事懒，身垢犹念浴。衰发不到耳，尚烦月一沐。山城足薪炭，烟雾蒙汤谷。尘垢能几何，翛然脱羁梏。披衣坐小阁，散发临修竹。心困万缘空，身安一床足。岂惟忘净秽，兼以洗荣辱。默归毋多谈，此理观要熟。⑦

　　此诗，宋人施宿所编《东坡先生年谱》不载，孔谱未作具体系

---

① 《苏轼文集》，第 1480 页。
② 《苏轼文集》，第 1715 页。
③ 《苏轼文集》，第 1752 页。
④ 《定惠颙师为余竹下开啸轩》，《苏轼诗集》，第 1058 页。
⑤ 《南堂五首》，《苏轼诗集》，第 1167 页。
⑥ 这种实践包括手抄佛经。如《夷坚志·甲志》卷一一"东坡书金刚经"条载："东坡先生居黄州时，手抄《金刚经》，笔力最为得意。然止第十五分，遂移临汝，已而入玉堂，不能终卷，旋亦散逸。其后谪惠州，思前经不可复寻，即取十六分以后续书之，置于李氏潜珍阁。李少愚参政得其前经，惜不能全，所在辄访之，冀复合。绍兴初，避地罗浮，见李氏子辉。辉以家所有书悉示之，而秘金刚残帙。少愚不知也。异日偶及之，遂两出相视，其字画大小高下，黑色深浅，不差毫发，如成于一旦。相顾惊异，辉以归少愚，遂为全经云。"（第 97 页）
⑦ 《苏轼诗集》，第 1034 页。

年,仅置于"寓定慧院"条后①,今人饶晓明则明确定为元丰三年(1080)二月②。据《安国寺寻春》一诗中"卧闻百舌呼春风,起寻花柳村村同。城南古寺修竹合,小房曲槛欹深红"③等句,以及苏轼于元丰七年(1084)四月六日离开黄州前所作的《黄州安国寺记》中"城南精舍曰安国寺,有茂林修竹,陂池亭榭"④等语,与诗集中《五禽言五首》序"余谪黄州,寓居定惠院。绕舍皆茂林修竹,荒池蒲苇"⑤等句综观,所描述的景致很接近,则安国寺与定惠院当相去不远。苏轼黄州时期给王定国的书信,有言:"某寓一僧舍,随僧蔬食,甚自幸也。感恩念咎之外,灰心杜口,不曾看谒人。所云出入,盖往村寺沐浴,及寻溪傍谷钓鱼采药,聊以自娱耳。"⑥其中之僧舍即定惠院,所云村寺当为安国寺,亦可见两处实际相距很近。

此诗主要反映了苏轼抵达黄州,在经历了最初的激愤、惊怖、孤寂之后,求佛以自我释怀的努力。在佛教经义中,普遍将"垢"理解为烦恼,洗垢即解脱烦恼。如《大乘义章》卷五:"染污净心,说以为垢。"《无量寿经》卷上:"洗濯垢污,显明清白。"《无量寿经》卷下:"犹如净水,洗除尘劳垢染。"本诗也是"以身上的'污垢',暗喻释氏所谓的'垢染',即烦恼的意思"⑦。所谓"念浴"就是如佛教所言,要因缘自适,抛弃烦恼。故此诗开篇,即以

---

① 孔凡礼撰:《三苏年谱》,北京:北京古籍出版社,2004 年 10 月版,第 1180 页。
② 饶学刚撰:《苏东坡在黄州》,北京:京华出版社,1999 年 5 月版,第 152 页。
③ 《苏轼诗集》,第 1035 页。
④ 《苏轼文集》,第 392 页。
⑤ 《苏轼诗集》,第 1045 页。
⑥ 《苏轼文集》,第 1513 页。
⑦ 《苏轼词编年校注》,第 548 页。

双关之语，开宗明义，点明主旨。"衰发"至"散发"数句，是对"浴"字的详细展开。"心困万缘空"以下四句，是由沐浴过程生发出带有哲思意味的感想，也是全诗的中心所在。"心困万缘空"，本诸佛理的"一切皆空"，但是佛家所言，有否定一切的意思，带有明显的厌世和悲观色彩；苏轼所言之"空"，是在"心困"的前提之下，经历人生的风浪洗礼、苦难历炼之后得出的，冷静平和的感悟中，蕴含着沉甸甸的分量。所谓"空"，不是虚无，亦非否定所有，而是淡化一切，以求"身安"，获得心灵的安顿。正是如此，所谓的净秽、荣辱之间的差异也就被消融了。从诗人心态角度考察，那就是开始由执着变为超脱、由不平而转为平静。

　　苏轼因为濡染佛老庄禅而变得超脱、平静，在词中的表现就是"人生如梦"和万物齐一、古今一瞬的观念屡屡出现，如"万事到头都是梦，休休。明日黄花蝶也愁"①，"笑劳生一梦"②，"酒阑不必看茱萸，俯仰人间今古"③，"身外傥来都似梦，醉里无何即是乡"④，"梦里栩然蝴蝶、一身轻"⑤，"人生如梦，一尊还酹江月"⑥，"居士先生老矣，真梦里、相对残釭"⑦。正是因为有了人生如梦、万物齐一、古今一瞬的思想，我们发现早年"奋厉有当世志"，自称"致君尧舜，此事何难"的苏轼，在黄州时期的词中却一

① 《南乡子·重九涵辉楼呈徐君猷》"霜降水痕收"，《苏轼词编年校注》，第 331 页。
② 《醉蓬莱·余谪居黄州，三见重九，每岁与太守徐君猷会于栖霞楼。今年公将去，乞郡湖南，念此惘然，故作是词》，《苏轼词编年校注》，第 428 页。
③ 《西江月·重阳栖霞楼作》，《苏轼词编年校注》，第 432 页。
④ 《十拍子·暮秋》，《苏轼词编年校注》，第 476 页。
⑤ 《南歌子·再用前韵》，《苏轼词编年校注》，第 368 页。
⑥ 《念奴娇·赤壁怀古》，《苏轼词编年校注》，第 398 页。
⑦ 《满庭芳·有王长官者，弃官三十三年，黄人谓之王先生。因送陈慥来过余，因赋此》，《苏轼词编年校注》，第 471 页。

再否定功名仕进、反对浮名虚誉,如《渔家傲》:

> 临水纵横回晚鞚。归来转觉情怀动。梅笛烟中闻几弄。秋
> 阴重。西山雪淡云凝冻。　　美酒一杯谁与共?尊前舞雪狂歌
> 送。腰跨金鱼旌旆拥。将何用。只堪妆点浮生梦。①

《满庭芳》:

> 蜗角虚名,蝇头微利,算来著甚干忙?事皆前定,谁弱又谁
> 强。且趁闲身未老,尽放我、些子疏狂。百年里,浑教是醉,三万
> 六千场。　　思量。能几许,忧愁风雨,一半相妨。又何须,抵
> 死说短论长。幸对清风皓月,苔茵展、云幕高张。江南好,千钟
> 美酒,一曲满庭芳。②

《玉林词选》评云:"使功名竞进之徒读之可以解体,达观恬
淡之士歌之可以娱生。"③

不过需要正确认识苏轼此时对佛理的态度,他虽然说过"心
困万缘空",感叹过"人生如梦",但并没有堕入虚无的佛境。事
实上他并不是一个严格意义上的佛徒,他不拘泥于教义,而是以
实用的态度,取佛理中可用之处而已。在《答毕仲举书》中苏轼
详述了自己学佛的态度:

---

① 《苏轼词编年校注》,第 410 页。
② 《苏轼词编年校注》,第 458 页。
③ 《苏轼词编年校注》,第 461 页。

所云读佛书及合药救人二事，以为闲居之赐甚厚。佛书旧亦尝看，但暗塞不能通其妙，独时取其粗浅假说以自洗濯，若农夫之去草，旋去旋生，虽若无益，然终愈于不去也。若世之君子，所谓超然玄悟者，仆不识也。往时陈述古好论禅，自以为至矣，而鄙仆所言为浅陋。仆尝语述古，公之所谈，譬之饮食龙肉也，而仆之所学，猪肉也，猪之与龙，则有间矣，然公终日说龙肉，不如仆之食猪肉实美而真饱也。不知君所得于佛书者果何耶？为出生死、超三乘，遂作佛乎？抑尚与仆辈俯仰也？学佛老者，本期于静而达，静似懒，达似放，学者或未至其所期，而先得其所似，不为无害。仆常以此自疑，故亦以为献。来书云，处世得安稳无病，粗衣饱饭，不造冤业，乃为至足。三复斯言，感叹无穷。世人所作，举足动念，无非是业，不必刑杀无罪，取非其有，然后为冤业也。①

　　苏轼读佛书，只希望"粗衣饱饭"之余，"期于静而达"，尽管他到寺庙沐浴，以及诵偈，如《与陈大夫》云："手简谨却驰纳，偈必有别本，辄留箱箧之珍，且欲诵味以洗从来罪垢业障。"②但并不是佞佛，而是借此排除外在的世事纷扰，以达到内心的平静、平和："焚香默坐，深自省察，则物我相忘，身心皆空"，"一念清净，染污自落，表里翛然，无所附丽。私窃乐之"③。"焚香默坐"等佛家形式仅仅是苏轼达到"身心皆空"、"一念清净"的手段而

---

① 《苏轼文集》，第 1671 页。
② 《苏轼文集》，第 1697 页。
③ 《黄州安国寺记》，《苏轼文集》，第 391 页。

已，即所谓"作佛事，求脱烦恼，浊恶苦海"。①

　　苏轼此时释道兼修。释与道在求"静"一点本有相通之处，不过相较而言，苏轼对待释道态度及其目的是有区别的：苏轼借佛以求"静心"，借修道以求"炼身"。在给秦观的信中说："吾侪渐衰，不可复作少年调度，当速用道书方士之言，厚自养炼。"而"养炼"的核心仍然是靠静："道术多方，难得其要，然以某视之，惟能静心闭目，以渐习之，但闭得百十息，为益甚大"，"寻常静夜""数为之，似觉有功"②。从其交往书信中可以看到苏轼确实也修炼过："谪居无事，颇窥其一二。已借得本州天庆观道堂三间，冬至后，当入此室，四十九日乃出。""非久，冬至，已借得天庆观道堂三间，燕坐其中，谢客四十九日，虽不能如张公之不语，然亦常阖户反视，想当有深益也。"③实际效果则是："斋居养气，自觉神凝身轻。"④

　　通过这些修炼，一方面做到了内心的虚静澄明，另一方面也做到了通脱达观，不仅对苦难、名利不挂于怀，而且能超越死生，淡定面对生死。苏轼黄州时期，有一段时间因不通音讯，外界流传东坡已经仙去，当吊丧人前来时，苏轼没有悲从中来，而是出人意表地大笑：

　　子瞻在黄州，病赤眼，逾月不出。或疑有他疾，过客遂传以为死矣。有语范景仁于许昌者，景仁绝不置疑，即举袂大恸，召

①　《胜相院经藏记》，《苏轼文集》，第 389 页。
②　《与王定国书》，《苏轼文集》，第 1518 页。
③　《答秦太虚书》，《苏轼文集》，第 1535 页。
④　《与宝月大师》，《苏轼文集》，第 1889 页。

子弟具金帛，遣人赒其家。子弟徐言此传闻未审，当先书以问其安否，得实吊恤之未晚。乃走仆以往，子瞻发书大笑，故后量移汝州，谢表有云："疾病连年，人皆相传为已死。"①

后来跟朋友李常提及此事，语气亦极其平静："春夏多苦疮疖、赤目，因此杜门省事。而传者遂云病甚者，至云已死，实无甚恙。今已颇健。"②

苏轼在黄州时期，释道兼修，既"炼身"，又"静心"，实现了心态上的重大转变。从赴黄州到抵达黄州初期，其心态有兀傲、激愤、惊怖、孤独等复杂表现；从元丰三年年底以后，渐趋潇洒、旷达，而其间的转变得益于苏轼此期修炼释道，尤其是佛理中一切皆空、随缘自适的思想，化解了他内心的纠结，使他的人生态度，由过去的执着于现实，变为超脱现实，使其心绪渐趋平静、平和。

从元丰四年以后至离黄前夕，苏轼渐次适应了贬谪生活，开始多途径地解放自我：或者在躬耕这样的日常活动中解放自我，如《江城子》(梦中了了醉中醒)"只渊明，是前生。走遍人间，依旧却躬耕"；或在大自然的怀抱中寻求精神的伴侣，代表作如《西江月·春夜行蕲水中》(照野弥弥浅浪)"障泥未解玉骢骄，我欲醉眠芳草。可惜一溪风月，莫教踏碎琼瑶"；或在历史的面前反思自我，寄托某种"大我"的终极关怀，如《念奴娇·赤壁怀古》"大江东去，浪淘尽、千古风流人物"，千古风流人物也难免随大浪远去，所以个人在历史面前是极其渺小的，一己之荣辱穷达自

---

① 叶梦得撰：《避暑录话》，见《景印文渊阁四库全书》，总第 863 册，子部第 169 册，卷上，第 656 页。

② 《与李公择》，《苏轼文集》，第 1499 页。

不足悲！苏轼凭仗躬耕劳作，寄情山水，融入佛老庄禅，从惶恐孤独的痛苦中摆脱出来，走向世俗生活，忘怀得失、淡薄名利，过着恬然自适的生活，完全不见贬谪的痛苦，诚如其侄婿王子立所云：“（子瞻）在齐安，掩关著书，俯仰一世，淡然自足，如岩居隐士之行，与世相遗，少无谪宦意。”①苏轼此期形成的旷达人生观，使其人生思想和艺术表现都达到了他人难以企及的高度。

二、惠州：不辞长作岭南人

　　经过黄州贬谪这一次打击和磨炼，之后面对仕途上的各种挫折时，苏轼变得泰然和淡定多了。元祐时期苏轼仕途到达巅峰，先后官至端明殿学士、礼部尚书兼翰林侍读学士、兵部尚书、知制诰，经历了这么多的宦海沉浮与升降，对于官场得失早不计于心。元祐期间先后遭朱光庭与贾易的交章攻击，苏轼不自安于朝，终于于元祐四年（1089）得外任。当时很多僚属为苏轼不平，以为这是变相被排挤，写信安慰之。而在苏轼看来，这本身就是一种知遇，并没有什么需要同情和可怜的：

　　某以衰病，难于供职，故坚乞一闲郡，不谓更得烦剧。然已得请，不敢更有所择，但有废旷不治之忧尔。而来书乃有遇不遇之说，甚非所以安全不肖也。某凡百无取，入为侍从，出为方面，

---

① （宋）李昭玘撰：《乐静集》，见《文津阁四库全书》，北京：商务印书馆，2006 年版，第1126 册，第 474 页。

此而不遇，复以何者为遇乎？①

　　这样的书信似乎并不是别人在安慰外任的苏轼，反而是苏轼在安慰替他叫屈的僚属。

　　经历黄州贬谪后，苏轼面对政敌的打击，对个人安危、祸福、得丧亦能置之度外，坦然视之，超然待之。早在苏轼第一次倅杭时候，中表兄文同即告诫过"北客若来休问事，西湖虽好莫吟诗"，最终不幸因诗获祸，但这没有吓坏苏轼。元祐期间再次出守杭州前夕，朝中元老文彦博送别时，语重心长地告诫他，鉴于当时舆论甚紧，诗案频发，希望苏轼吸取前次教训，慎言慎行，狂傲的苏轼并不为所动：

　　苏惠州尝以作诗下狱，自黄州再起，遂遍历侍从。而作诗每为不知者咀味，以为有讥讪，而实不然也。出守钱塘来别潞公，公曰："愿君至杭少作诗，恐为不相喜者诬谤。"再三言之。临别上马，笑曰："若还兴也，便有笺云。"时有吴处厚者，取蔡安州诗作注，蔡安州遂遇祸，故有"笺云"之戏。"兴也"，盖取毛、郑、孙诗分六义者。②

　　元祐期间出守杭州的苏轼，仍然过着萧散豪逸的生活，并没有戚戚于外任，始终保持恬然自得的良好心态：

─────────────

① 《答陈传道》，《苏轼文集》，第 1574 页。
② （宋）张耒撰：《明道杂志》，见朱易安、傅璇琮主编：《全宋笔记》第二编第七册，郑州：大象出版社，2006 年 1 月版，第 12 页。

　　东坡镇余杭，遇游西湖，多令旌旗导从出钱塘门，坡则自涌
金门从一二老兵，泛舟绝湖而来。饭于普安院，徜徉灵隐、天竺
间。以吏牍自随，至冷泉亭则据案剖决，落笔如风雨，分争辩讼，
谈笑而办。已，乃与僚吏剧饮，薄晚则乘马以归。夹道灯火，纵
观太守。有老僧，绍兴末年九十余，幼在院为苍头，能言之。当
是时，此老之豪气逸韵，可以想见也。①

　　经历了巅峰谷底起落之后的苏轼，对惠州贬谪淡定了很多，
他在离开定州赴英州路上，与定州僚属提及此次经历时，表现出
超人的平静：

　　人事千头及万头，得时何喜失时忧。只知紫绶三公贵，不觉
黄梁一梦游。适见恩纶临定武，忽遭分职赴英州。南行若到江
干侧，休宿浔阳旧酒楼。②

　　在苏轼看来，升沉异势不过如梦而已，得不足喜，失不足忧。
当时朝论纷纭，面临着更远贬谪的可能，但苏轼内心已经非常平
静了，无论被贬何地，他都做好了安时处顺、随遇而安的准备，所
以在赴英途中，跟友人如是说："且夕离南都，如闻言者尚纷纷，
英州之命，未保无改也？凡百委顺而已。幸不深虑。"③到达惠
州贬所之后，依然抱着这种平静心态："罪大责薄，未塞公议，再
有此命，兄弟俱窜，家属流离，汙辱亲旧。然业已如此，但随缘委

---

① （宋）费衮撰，金圆校点：《梁溪漫志》，上海：上海古籍出版社，1985 年 9 月版，第 36 页。
② 《被命南迁途中寄定武同僚》，《苏轼诗集》，第 2555 页。
③ 《与孙子发》，《苏轼文集》，第 1686 页。

命而已。"①

此期哲宗亲政，提倡绍述，任用主张改革的大臣，自然会排挤守旧派。而主政的章惇，无论是从维护政策的需要，还是发泄个人不满的私人目的出发，都会打击以苏轼为首的守旧派。对于哲宗和章惇主导下的朝命，苏轼体现出超乎常人的包容与理解："贬窜皆愚暗自取，罪大罚轻，感恩念咎之外，略不置胸中也。得丧常理，正如子师及第落解尔。"②当时在朝的王巩希望苏轼能主动上书自辩，以求早日回朝，他予以拒绝："所云作书自辩者，亦未敢便尔。'不怨天，不尤人，下学而上达，知我者，其天乎？'"③在苏轼看来，但求问心无愧即可，何须自我辩护？绍圣二年（1095）朝廷下旨加大对元祐党人的打击力度，遂有永不叙用之命，但对于安于惠州生活的苏轼而言，根本算不上什么打击了："某睹近事，已绝北归之望。然中心甚安之。未说妙理达观，但譬如元是惠州秀才，累举不第，有何不可。"④"惠州风土差善，山水秀邃，食物粗有，但少药耳。近报有永不叙复指挥，正坐稳处，亦且任运也。"⑤在苏轼看来，这样的朝命只是让他坚定地在惠州平静生活而已。

苏轼如此泰然和平静，并非惠州舒适宜人，相反，惠州瘴雾弥漫，生存环境极其恶劣："瘴疠之邦，僵仆者相属于前。"⑥"瘴

---

① 《与程德孺》，《苏轼文集》，第 1687 页。
② 《与杜子师》，《苏轼文集》，第 1673 页。
③ 《与王定国》，《苏轼文集》，第 1531 页。
④ 《与程正辅》，《苏轼文集》，第 1593 页。
⑤ 《与曹子方》，《苏轼文集》，第 1775 页。
⑥ 《与王庠书》，《苏轼文集》，第 1422 页。

疫横流,僵仆者不可胜计。"①他的泰然与平静,来自强大的内心,源自对死生穷达的超越:

　　某到贬所半年,凡百粗遣,更不能细说,大略只似灵隐天竺和尚退院后,却在一个小村院子,折足铛中,罨糙米饭便吃,便过一生也得。其余,瘴疠病人。北方何尝不病,是病皆死得人,何必瘴气。但苦无医药。京师国医手里死汉尤多。参寥闻此一笑,当不复忧我也。故人相知者,即以此语之,余人不足与道也。②

　　夫南方虽号为瘴疠地,然死生有命,初不由南北也。③

　　瘴疠足以死人,但无瘴疠处未尝不死人,以此论之,何处不会死,何处又不足以为生呢？由此,苏轼在惠州,他从日常、简单的生活获得了极大的满足,粗茶淡饭却成为难得的享受:"吾借王参军地种菜,不及半亩,而吾与过子终年饱菜,夜半饮醉,无以解酒,辄撷菜煮之。味含土膏,气饱风露,虽粱肉不能及也,人生须底物而更贪耶?"(《撷菜·并引》)④因为苏轼有着这么平静从容的生活态度,所以他能苦中作乐,能从别人不堪忍受,或者压根不经意的琐碎生活中咀嚼出盎然诗意:

　　惠州市井寥落,然犹日杀一羊,不敢与仕者争买,时嘱屠者

---

① 《与林天和》,《苏轼文集》,第 1633 页。
② 《与参寥》,《苏轼文集》,第 1864 页。
③ 《与吴秀才书》,《苏轼文集》,第 1738 页。
④ 《苏轼诗集》,第 2201 页。

买其脊骨耳。骨间亦有微肉，熟煮热漉出，渍酒中，点薄盐炙微焦食之。终日抉剔，得铢两于肯綮之间，意甚喜之。如食蟹螯，率数日辄一食，甚觉有补。子由三年食堂庖，所食刍豢，没齿而不得骨，岂复知此味乎？戏书此纸遗之，虽戏语，实可施用也。然此说行，则众狗不悦矣。①

今天读来，亦不免为之绝倒。

自绍圣二年朝廷永不叙用之命下，苏轼开始思考终老惠州之计，与小儿苏过积极营建新居。前后经过半年的筹划与努力，当新居建成之际，苏轼喜悦之情溢于言表，特撰一文：

东坡先生，南迁万里，侨寓三年。不起归欤之心，更作终焉之计。越山斩木，溯江水以北来；古邑为邻，绕牙墙而南峙。送归帆于天末，挂落月于床头。方将开逸少之墨池，安稚川之丹灶。去家千岁，终同丁令之来归；有宅一区，聊记扬雄之住处。今者既兴百堵，爰驾两楹。道俗来观，时间助作。愿同父老，宴乡社之鸡豚；已戒儿童，恼比邻之鹅鸭。何辞一笑之乐，永结无穷之欢。②

文中满满的安居终老之意。此期的书信中也反复叙及新居之乐："新居在一峰上，父老云，古白鹤观基也。下临大江，见数百里间。柳子厚云：'孰使予乐居夷而忘故土者，非兹丘也欤？'

①　《与子由》，《苏轼文集》，第 1837 页。
②　《白鹤新居上梁文》，《苏轼文集》，第 1989 页。

只此便是东坡新文也。"①"新居在大江上,风云百变,足娱老人也,有一书斋名思无邪,闲知之。"②这种悠然自得之乐、委运任化之意,与在黄州时并无二致。

苏轼因言贾祸,首谪黄州,可是再贬惠州仍未改变他信笔驰骋的爱好,据《爱日斋丛钞》载:"东坡既再责,亲旧或劝益自做戒,坡笑曰:'得非赐自尽乎?何至是?'"③新居落成,苏轼诗兴大发,作《纵笔》:"白头萧散满霜风,小阁藤床寄病容。报道先生春睡美,道人轻打五更钟。"又《惠州一绝》:"罗浮山下四时春,卢橘杨梅次第新。日啖荔枝三百颗,不辞长作岭南人。"让人感觉他在惠州何等惬意和享受。遗憾的是,高调的苏轼再次为此付出代价。据传:"苏轼谪惠州时,有诗云'为报先生春睡足,道人轻撞五更钟',传至京师,章惇笑曰:'苏子尚尔快活耶!'复贬昌化。"④

三、儋州:兹游奇绝冠平生

绍圣四年(1097)四月苏轼再次南迁,被贬到人迹罕至的儋州,与长子苏迈在惠州别过,吩咐将来在惠州作一衣冠冢,然后携幼子苏过踏上更远的贬谪征程。带苏过同行,除了照顾饮食

---

① 《与陈伯修》,《苏轼诗集》,第 1558 页。
② 《答毛泽民》,《苏轼诗集》,第 1572 页。
③ (宋)叶寘撰,孔凡礼点校:《爱日斋丛钞》,北京:中华书局,2010 年 1 月版,第 49 页。
④ (宋)欧阳忞著,李勇先校注:《舆地广记》,成都:四川大学出版社,2003 年 7 月版,第 1103 页。

起居外，更多的是希望由苏过来为自己送葬。苏轼刚到海南便作好终老的充分打算，他在《到昌化军谢表》中说："子孙恸哭于江边，已为死别；魑魅逢迎于海上，宁许生还？"他也曾积极准备过后事：

　　某垂老投荒，无复生还之望，昨与长子迈诀，已处置后事矣。今到海南，首当作棺，次便作墓，乃留手疏与诸子，死则葬于海外，庶几延陵季子嬴博之义，父既可施之子，子独不可施之父乎？生不挈棺，死不扶柩，此亦东坡之家风也。[1]

　　这并不是哀莫大于心死，而是像庄子一样不贪生、不畏死，坦然面对死亡而已，即如他自己在乌台诗案的狱中所云一样"处处青山可埋骨"，惠州可以，儋州何尝不可呢？

　　经历了前两次的打击，得失荣辱早已看淡，苏轼一如既往地嬉笑自若，笑对人生。五月十一日与苏辙相遇于滕州，兄弟同行至雷州，六月十一日与子由相别，当晚苏轼痔疾发作，呻吟不能安睡，次日渡海，苏轼忍着剧痛，开着玩笑跟苏辙道别："轼初与弟辙相别渡海，既登舟，笑谓曰：'岂所谓道不行，乘桴浮于海者耶？'"[2]一个人面对艰难困苦，还能自我解嘲，除了内心要足够强大外，心境也要足够澄明坦荡才行。

　　儋州四面环海，与北方的联系极其不便，这确曾让苏轼感到空前的孤寂和凄凉，不过这种心头阴云很快一扫而光：

---

① 　《与王敏仲》，《苏轼文集》，第 1695 页。
② 　（宋）王象之撰：《舆地纪胜》，台北：文海出版社，1962 年 4 月版，第 662 页。

东坡在儋耳,因试笔,尝自书云:"吾始至南海,环视天水无际,凄然伤之,曰:'何时得出此岛耶?'已而思之,天地在积水中,九州在大瀛海中,中国在少海中,有生孰不在岛者? 覆盆水于地,芥浮于水,蚁附于芥,茫然不知所济。少焉,水涸。蚁即径去,见其类出涕,曰:'几不复与子相见。'岂知俯仰之间有方轨八达之路乎! 念此,可以一笑。"①

　　人相对于岛是渺小的,岛相对于海自然也是渺小的,而海相对于天地、无穷的宇宙来说也是极渺小的。所以所有的大小都是相对的,如果能破除大小的成见,而免去空漠带来的压迫感,那么山穷水尽之际,自然也就是柳暗花明之时。这种精神境界是从《庄子》中来,只要我们读一读《秋水》即可知:"吾在天地之间,犹小石小木之在大山也,方存乎见少,又奚以自多! 计四海之在天地之间也,不似礨空之在大泽乎? 计中国之在海内,不似稊米之在大仓乎? 号物之数谓之万,人处一焉;人卒九州,谷食之所生,舟车之所通,人处一焉;此其比万物也,不似豪末之在于马体乎?"②

　　经过简单而迅速的调适,在苏轼看来,海南之行,何尝不是苍天的恩赐呢? 他长久以来对炼丹很感兴趣,但由于尘世的纷扰和俗务的纠缠,一直炼而未成,这次远离人世喧嚣,以为正是天赐良机:

---

① (宋)朱弁撰、孔凡礼校点:《曲洧旧闻》(与《师友谈记》、《西塘集》、《耆旧续闻》合刊),第 152 页。
② (清)郭庆藩撰,王孝鱼点校:《庄子集释》,北京:中华书局,2013 年 3 月版,第 501 页。

东坡因与方士论内外丹，仍有所得，喜而曰："白乐天作庐山草堂，盖亦烧丹也。丹欲成而炉鼎败，明日，忠州除书到，乃知出世间事不两立也。仆有此志久矣，而终无成，亦以世间事未败故也。今日真败矣。《书》曰：'民之所欲，天必从之。'信而有征，君辈为我志之。"①

苏轼是否真炼成内外丹，不是我们关心的问题，重要的是他在逆境中总能安时处顺、委运任化，泰然面对，而无丝毫愁苦之态。海南条件之恶劣，远甚黄州、惠州，苏轼给友人的信中曾云："此间食无肉，病无药，居无室，出无友，冬无炭，夏无寒泉，然亦未易悉数，大率皆无耳。"②饮食习惯大异于中原，据《萍洲可谈》载："琼管夷人食动物，凡蝇蚋草虫蚯蚓尽捕之，入截竹中炊熟，破竹而食。"③堪称怪异。海南人主要以薯芋为食，偶尔还烧烤老鼠和蝙蝠，苏轼总是在努力适应这些生活习俗。他最初听到当地用蜂蜜蘸食幼鼠的饮食即呕吐不止，后来亦慢慢习惯："土人顿顿食薯芋，荐以薰鼠烧蝙蝠。旧闻蜜唧尝呕吐，稍近虾蟆缘习俗。"甚至认为这何尝不是人间正味："蝍蛆未遽贤麋鹿。"④

除了努力适应海南人民的生活习惯外，苏轼也引导当地人积极从事农业和种植活动，摆脱茹毛饮血式的野蛮生活。《和陶劝农六首·海南多荒田，俗以贸香为业，所产粳稌，不足于食，乃

---

① （宋）朱弁撰、孔凡礼校点：《曲洧旧闻》（与《师友谈记》、《西塘集》、《耆旧续闻》合刊），第 155 页。
② 《答程秀才》，《苏轼文集》，第 1628 页。
③ （宋）朱彧撰，李伟国点校：《萍洲可谈》（与《后山丛谈》合刊），第 137 页。
④ 《闻子由瘦》，《苏轼诗集》，第 2257 页。

以薯芋杂米作粥糜以取饱。予既哀之,乃和渊明〈劝农〉诗,以告其有知者》:

　　咨尔汉黎,均是一民。鄙夷不训,夫岂其真。怨忿劫质,寻戈相因。欺谩莫诉,曲自我人。

　　天祸尔土,不麦不稷。民无用物,珍怪是直。播厥熏木,腐余是穑。贪夫污吏,鹰鸷狼食。

　　岂无良田,膴膴平陆。兽踪交缔。鸟喙谐穆。惊麏朝射,猛豨夜逐。芋羹薯糜,以饱耆宿。

　　听我苦言,其福永久。利尔锄耟,好尔邻偶。斩艾蓬藋,南东其亩。父兄搢挺,以扶游手。

　　天不假易,亦不汝匮。春无遗勤,秋有厚冀。云举雨决,妇姑毕至。我良孝爱,袒跣何愧。

　　逸谚戏侮,博弈顽鄙。投之生黎,俾勿冠履。霜降稻实,千箱一轨。大作尔社,一醉醇美。①

　　苏轼在海南的居住环境亦极其简陋,最初租住官舍,后被赶出,不得已在桄榔林中仓促盖了几间茅屋,以避风雨,但苏轼仍"居之甚安":

　　近与小儿子结茅数椽居之,仅庇风雨,然劳费已不赀矣。赖十数学生助工作,躬泥水之役,愧之不可言也。尚有此身,付与

---

① 《苏轼诗集》,第 2254 页。

造物，听其运转，流行坎止，无不可者。故人知之，免忧。①

　　初赁官屋数间居之，既不可往，又不欲与官员相交涉。近买地起屋五间一龟头，在南污池之侧，茂木之下，亦萧然可以杜门面壁少休也。但劳费贫窘迫尔。此中枯寂，殆非人世，然居之甚安。②

　　万劫互起灭，百年一踟躇。漂流四十年，今乃言卜居。且喜天壤间，一席亦吾庐。稍理兰桂丛，尽平狐兔墟。黄橼出旧桷，紫茗抽新畬。我本早衰人，不谓老更劬。邦君助畚锸，邻里通有无。竹屋从低深，山窗自明疏。一饱便终日，高眠忘百须。自笑四壁空，无妻老相如。③

　　与后世之豪宅林立、金玉满堂犹贪得无厌相比，苏轼如鹪鹩栖林、渴鼠饮河一样，易于满足。

　　苏轼每次在贬所都喜欢纵情山水，在大自然的怀抱里尽情袒露自己，据叶梦得《岩下放言》卷中云："（苏轼）初谪黄州，布衣芒履，出入阡陌，多挟弹击江水，与客为娱乐。每数日必一泛舟江上，听其所止；乘兴或入旁郡界，经宿不返，为守者极病之。晚贬岭外，无一日不游山。"④每次贬谪在苏轼看来都是他与底层民众亲切交流、交融的绝好机会，在这些过程，没有身份、地位、权势的计较，既保持了真我，也获得了无尽的快乐，如《避暑录话》载："子瞻在黄州及岭表，每旦起，不招客相与语，则必出而访客。所与游者亦不尽择，各随其人高下，谈谐放荡，不复为畛畦。

---

① 《与程秀才》，《苏轼文集》，第 1628 页。
② 《与郑靖老》，《苏轼文集》，第 1674 页。
③ 《和陶和刘柴桑》，《苏轼诗集》，第 2311 页。
④ （宋）叶梦得撰：《岩下放言》，见《文津阁四库全书》，第 865 册，第 728 页。

有不能谈者,则强之说鬼。或辞无有,则曰'姑妄言之',于是闻者无不绝倒,皆尽欢而后去。设一日无客,则歉然若有疾。"①苏轼在黄州给李之仪写信曾云:"得罪以来,深自闭塞,扁舟草履,放浪山水间,与樵渔杂处,往往为醉人所推骂。辄自喜渐不为人识。"②这种放下文人的矜持、礼数,与底层民众真诚相拥相融的做法,足以让人们的灵魂为之震颤。苏轼在海南也结识很多地位卑微但真诚的朋友,此期的作品中提到的甚多,如《被酒独行遍至子云威徽先觉四黎之舍三首》:

> 半醒半醉问诸黎,竹刺藤梢步步迷。但寻牛矢觅归路,家在牛栏西复西。
> 总角黎家三四童,口吹葱叶送迎翁。莫作天涯万里意,溪边自有舞雩风。
> 符老风情奈老何,朱颜减尽鬓丝多,投梭每因东邻女,换扇惟逢春梦婆。③

"总角黎家三四童,口吹葱叶送迎翁",其乐融融,足可以入画。总体上看,苏轼在海南条件虽极其艰苦,但个人生活却极萧散恬静:

> 寂寂东坡一病翁,白须萧散满霜风。小儿误喜朱颜在,一笑

---

① (宋)叶梦得撰:《避暑录话》,见《景印文渊阁四库全书》,总第 863 册,子部第 169 册,卷上,第 656 页。
② 《答李端叔书》,《苏轼文集》,第 1432 页。
③ 《苏轼诗集》,第 2322 页。

那知是酒红。

父老争看乌角巾，应缘曾现宰官身。溪边古路三叉口，独立斜阳数过人。

北船不到米如珠，醉饱萧条半月无。明日东家当祭灶，只鸡斗酒定膰吾。①

元符三年(1100)六月苏轼离开居住了三年的儋州贬所，二十日夜渡海，回望渐渐远去的海南岛，苏轼心潮起伏，对于这数年的海上生活，这样总结道：

参横斗转欲三更，苦雨终风也解晴。云散月明谁点缀，天容海色本澄清。空余鲁叟乘桴意，粗识轩辕奏乐声。九死南荒吾不恨，兹游奇绝冠平生。②

海南本为荒芜之地，然在旷达潇洒的苏轼看来，这三年却为奇绝之游，据朱彧称"余在南海，逢东坡北归，气貌不衰，笑语滑稽无穷"③，艰苦的生活似乎并没有难倒苏轼。难怪有人感叹："君子素行乎患难，能困其身而不能陨其名。方东坡先生自英之惠，自惠之儋，小人挫之唯恐不深，而先生气不少衰，笔力益放，无一毫不满之意介于胸次，孟子所谓'浩然之气充塞于天地之间'，先生一人而已。"④

---

① 《纵笔三首》，《苏轼诗集》，第 2327 页。
② 《六月二十日夜渡海》，《苏轼诗集》，第 2366 页。
③ （宋）朱彧撰，李伟国点校：《萍洲可谈》（与《后山丛谈》合刊），第 139 页。
④ （宋）章定撰：《名贤氏族言行类稿》，见《文津阁四库全书》，第 937 册，第 397 页。

　　海南之贬对任何人来说都是一种严峻的考验,苏轼经受了恶劣、贫乏的物质环境的洗礼,穷达得失早已不足挂怀,对死生也更加超脱,在儋州期间曾自撰墓志铭:"(子瞻)先生自惠移儋耳,秦七丈少游亦自郴阳移海康,渡海相遇。二公共语,恐下石者更启后命。少游因出自作挽词呈公,公抚其背曰'某常忧少游未尽此理,今复何言。某亦尝自为志墓文,封付从者,不使过子知也。'遂相与啸咏而别。"①向死而生,达观之至,这种乐观情怀一直保留至死,据临终仍陪在苏轼身边的冰华居士钱济明描述:"(苏轼)慨然追论往事,且及人间,出岭海诗文相示,时发一笑,觉眉宇间秀爽之气照映坐人。"②苏辙所作《亡兄子瞻端明墓志铭》说苏轼临终"独以诸子侍侧,曰:'吾生无恶,死必不坠,慎无哭泣以怛化'"③。而据黄庭坚载:"东坡病亟时,索沐浴,改朝衣,谈笑而化。"④真可谓笑对死生,与道同化。

　　苏轼卒时"吴越之民相与哭于市,其君子相吊于家,讣闻四方,无贤愚,皆咨嗟出涕"(《墓志铭》)。卒后千余年间,人民对他的怀念从来没有停止过,他的达观情怀更是历久弥新。很多所谓成功士人的典范,仅在于引导人们如何从贫贱走向富贵,从卑微通向显赫,而苏轼则反之,他提供的人生范式,则昭示人们从人生巅峰跌至低谷的时候,应如何化解现实的苦难,怎么面对名利得失,怎样摆脱死亡的恐惧。

①　(宋)何薳撰,张明华点校:《春渚纪闻》,第 91 页。
②　(宋)何薳撰,张明华点校:《春渚纪闻》,第 85 页。
③　(宋)苏辙著,曾枣庄、马德富点校:《栾城集》,第 1421 页。
④　《与王庠周彦书》,《黄庭坚全集》,成都:四川大学出版社,2001 年 4 月版,第 467 页。

第三章

以德报怨：相逢一笑泯恩仇

苏轼一生身行万里半天下，朋友更是遍布南北，他一生并非没有敌人，可贵的是能以其博大胸怀，消解怨恨，最终都化敌为友。苏轼与王安石在熙宁变法过程中形同水火，亦曾遭王安石的借故排挤，元丰中结束贬谪生活的苏轼不计前嫌，主动拜访隐居金陵的王安石，二人游乐甚欢，传为千古佳话。与章惇的关系最为特殊，二人曾是同榜进士，亲密朋友，因为政治取向不同，最终分道扬镳，以致倾轧不止，但最终苏轼并没有以其人之道还治其人之身，而是以仁爱哀悯之心宽慰失势的昔日朋友兼政敌。程之才是苏轼的表哥兼姐夫，但因为姐姐被夫家虐死，遂为仇家，后来的政争中，政敌欲借刀杀人，想利用此段关系，派程之才前去迫害苏轼，没想得苏轼主动言和，重结前欢。

一、与王安石：从公已觉十年迟

　　苏轼与王安石之间的主要分歧在政见方面，当然个性方面的差异也很明显，而这种差异甚至可以追溯到苏洵身上。王安石为人清俭，物欲淡薄，自我约束甚严，做事认真，个性执拗，有时到了不近人情的地步，知之者，待之甚敬，而不知者，常以为矫揉造作。王安石与苏洵个性颇有差异，二人相处常相龃龉，据张方平《文安先生墓表》称："嘉祐初，王安石名始盛，党友倾一时。其命相制曰：'生民以来，数人而已。'造作语言，至以为几于圣人。欧阳修亦以善之，劝先生与之游，而安石亦愿交于先生。先生曰：'吾知其人矣，是不近人情者，鲜不为天下患。'安石之母死，士大夫皆吊之，先生独不往。"①苏洵尝作《辩奸论》，痛斥王安石：

　　事有必至，理有固然。惟天下之静者乃能见微而知著。月晕而风，础润而雨，人人知之。人事之推移，理势之相因，其疏阔而难知，变化而不可测者，孰与天地阴阳之事，而贤者有不知，其故何也？好恶乱其中而利害夺其外也！

　　昔者山巨源见王衍，曰："误天下苍生者，必此人也！"郭汾阳见卢杞，曰："此人得志，吾子孙无遗类矣！"自今而言之，其理固有可见者。以吾观之，王衍之为人，容貌言语固有以欺世而盗名者，然不忮不求，与物浮沉。使晋无惠帝，仅得中主，虽衍百千，何从而乱天下乎？卢杞之奸，固足以败国，然而不学无文，容貌不足以动人，言语不足以眩世，非德宗之鄙暗，亦何从而用之？由是言之，二公之料二子，亦容有未必然也。

　　今有人口诵孔、老之言，身履夷、齐之行，收召好名之士、不得志之人，相与造作言语，私立名字，以为颜渊、孟轲复出，而阴贼险狠与人异趣，是王衍、卢杞合而为一人也，其祸岂可胜言哉？夫面垢不忘洗，衣垢不忘浣，此人之至情也。今也不然，衣臣虏

---

① （宋）张方平撰：《乐全集》，见《文津阁四库全书》，第1108册，第262页。

之衣，食犬彘之食，囚首丧面而谈《诗》、《书》，此岂其情也哉？凡事之不近人情者，鲜不为大奸慝，竖刁、易牙、开方是也。以盖世之名而济其未形之患，虽有愿治之主、好贤之相，犹将举而用之，则其为天下患必然而无疑者，非特二子之比也。

　　孙子曰：善用兵者，无赫赫之功。使斯人而不用也，则吾言为过，而斯人有不遇之叹。孰知其祸之至于此哉？不然，天下将被其祸，而吾获知言之名，悲夫！①

　　王安石对恶衣恶食向不介意，在苏洵眼里是"衣臣虏之衣，食犬彘之食，囚首丧面，而谈诗书"，完全是不近情理的表现；苏洵甚至还以沽名钓誉、祸国殃民的王衍、卢杞比王安石，认为必成天下之大患。叶梦得《避暑录话》曾详载苏洵与王安石不合缘由：

　　苏明允本好言兵，见元昊叛，西方用事久无功，天下事有当改作，因挟其所著书，嘉祐初来京师，一时推其文章。王荆公为知制诰，方谈经术，独不嘉之，屡诋于众，以故明允恶荆公甚于仇雠。会张安道亦为荆公所排，二人素相善，明允作《辨奸》一篇，密献安道，以荆公比王衍、卢杞，而不以示欧文忠。荆公后微闻之，因不乐子瞻兄弟，两家之隙，遂不可解。②

　　当然问题并不全在王安石，苏洵的个性可能过于狂狷急躁，

---

① 《嘉祐集》，第272页。
② （宋）叶梦得撰：《避暑录话》，见《景印文渊阁四库全书》，总第863册，子部第169册，卷上，第622页。

不仅与王安石相处不谐,与当时几位明公如韩琦、富弼等皆有小过节:

　　荆公性固简率不缘饰,然而谓之食狗彘之食、囚首丧面者,亦不至是也。韩魏公至和中还朝为枢密使,时军政久弛,士卒骄惰,欲稍裁制,恐其忤怨而生变,方阴图以计为之,会明允自蜀来,乃探公意,遽为书,显载其说,且声言教公先诛斩。公览之大骇,谢不敢再见,微以咎欧文忠,而富郑公当国亦不乐之,故明允久之无成而归。①

　　叶梦得所云"谓之食狗彘之食、囚首丧面者,亦不至是",算是一句平情之论。但不管怎样,苏洵与王安石之间的矛盾在当时却是众所周知的。个性之外,文章风格及其取向方面也是方凿圆枘。王安石的文章谨严劲悍,省净得体,而苏洵父子往往纵横开阖,驰骋扬厉,极具气势和感染力。王安石在不同场合明确表示不认同这种文风:

　　东坡中制科,王荆公问吕申公(公著):"见苏轼制策否?"申公称之。荆公曰:"全类战国文章,若安石为考官,必黜之。"故荆公后修《英宗实录》,谓苏明允有战国纵横之学云。②

　　苏轼制科考试高中第三等,在当时亦为一时盛事,朝野上下

①　(宋)叶梦得撰:《避暑录话》,见《景印文渊阁四库全书》,总第 863 册,子部第 169 册,卷上,第 623 页。
②　(宋)邵博撰,刘德权、李剑雄点校:《邵氏闻见后录》,第 111 页。

对其策论文章无不称道，而王安石独不称赏，认为与其父一样，皆出自战国纵横家学，多为诡辩巧舌之辞。个性与文风上的差异，很难弥合，但这还构不成苏轼与王安石之间的直接冲突。

二人的正面冲突始于王安石变法。熙宁二年（1069）初王安石拜参知政事主持变法，本年二月苏轼兄弟守丧结束回到京师，即卷入声势浩大的变法风潮中。四月诏议更改贡举之法，五月苏轼即上《议学校贡举状》，论贡举法不当轻改，明言反对。苏轼论上，神宗即日召见，认为变法"求治太急，听言太广，进人太锐"，神宗深以为然，欲以苏轼修中书条例，然被王安石阻挠：

群臣准诏议学校贡举，多欲变改旧法，独殿中丞、直史馆、判官告院苏轼云云。上得轼议喜曰："吾固疑此，得轼议释然矣。"即日召见，问："何以助朕？"轼对曰："陛下求治太急，听言太广，进人太锐，愿陛下安静，以待物之来，然后应之。"上悚然听受，曰："卿三言，朕当详思之。"他日，上问王安石以轼为人何如？安石知轼素与己异，疑上亟用之也，因问上曰："陛下何以召见轼？"上曰："见轼议学校贡举异于诸人，故召见之。且道轼对语曰：'陛下何以召见臣？'朕为言：'见卿议事有所喻，故召问卿。'对曰：'陛下如此错矣，人臣以得召见为荣，今陛下实未知臣何如，但以臣言即召见，恐人争为利以进。'又谓朕与人官太速，后或无状，不能始终。此说何如？"安石曰："陛下与人官，患在不考实，虽与何害！"上曰："轼又言：'兵先动者为客，后动者为主，主常胜客，客常不胜，治天下亦然。人主不欲先动，当以静应之于后，乃胜天下之事。'此说何如？"安石曰："轼言亦是，然此道之经也，非所谓道之变，圣人之于天下感而后应，则轼之言有合于此理。然事变无常,固有举事,不知出此,而圣人为之倡发者。譬之用兵,岂尽须后动然后能胜敌! 顾其时与势之所宜而已。"上曰:"卿言如此极精。"又言:"轼宜以小事试之何如?"安石曰:"臣已屡奏试人当以事,此言诚是也。"安石因极称吕惠卿。其后,上复谓曾公亮曰:"苏轼奏对明敏,可试也。"公亮曰:"京师无可试者。"王安石曰:"轼亦非久当作府推。"上曰:"欲用轼修中书条例。"安石曰:"轼与臣所学及议论皆异,别试其事可也。"又曰:"陛下欲修中书条例,大臣所不欲,小臣又不欲。今轼非肯违众以济此事者也,恐欲故为异论,沮坏此事。兼陛下用人,须是再三考察,实可用乃用之。今陛下但见轼之言,其言又未见可用,恐不宜轻用。"①

　　这次阻拦神宗重用苏轼,应该说王安石是有私心,他担心苏轼"素与己异",若被重用必然会伺机干扰变法。不过这时候,王安石是变法的总设计师,权势如日中天,神宗又赞同变法,对王安石的安排自然是言听计从。

　　宋代台谏掌管言路,可以弹劾百官,对朝政可起到一定的监督作用,作为变法反对派要员的张方平希望年轻而又仗义敢言的苏轼入职台谏,借此可以对新法的过激做法进行弹压,遂于六月上书举荐。当然,这也是对抗王安石的一部分:

　　奉圣旨,谏院阙官,令于朝官内举二人闻奏者。右某伏

---

① （清）黄以周辑注,顾吉辰点校:《续资治通鉴长编拾补》,北京:中华书局,2004 年 1 月版,第 183—189 页。

见……殿中丞直史馆苏轼，文学通博，议论精正……堪充谏官。不如所举，臣甘同坐。（《举李大临、苏轼充谏官》）①

此时一手遮天的王安石，当然洞晓张方平的用意，故未用苏轼。八月十四日，苏轼为国子监举人考试官，发策为王安石所怒，王安石第一次起了排挤和打击苏轼之意，原因在于苏轼此次所出考题有明显影射和讽刺变法的用意。我们先来看看这两道试题：

　　　　勤而或治或乱，断而或兴或衰，信而或安或危

　　问：所贵乎学士大夫者，以其通古今而考成败也。昔之人尝有以是成者，我必袭之，尝有以是败者，我必反之。如是其可乎？昔之为人君者，患不能勤。然而或勤以治，亦或以乱。文王之日昃，汉宣之厉精，始皇之程书，隋文之传餐，其为勤一也。昔之为人君者，患不能断。然而或断以兴，亦或以衰。晋武之平吴，宪宗之征蔡，苻坚之南伐，宋文之北侵，其为断一也。昔之为人君者，患不能信其臣。然而或信以安，亦或以危。秦穆之于孟明，汉昭之于霍光，燕哙之于子之，德宗之于卢杞，其为信一也。此三者，皆人君之所难，有志之士所常咨嗟慕望旷世而不获者也。然考此数君者，治乱、兴衰、安危之效，相反如此，岂可不求其故欤？夫贪慕其成功而为之，与惩其败而不为，此二者皆过也。学者将何取焉！按其已然之迹，而诋之也易；推其未然之理，而辨之也难。是以未及见其成功，则文王之勤，无以异于始

① 　（宋）张方平撰：《乐全集》，见《景印文渊阁四库全书》，第1108册，第18页。

皇。而方其未败也，符坚之断，与晋武何以辨。请举此数君者得失之源所以相反之故，将详观焉。

隋文帝户口之蕃，仓廪府库之盛

问：古者以民之多寡，为国之贫富。故管仲以阴谋倾鲁梁之民，而商鞅亦招三晋之人以并诸侯。当周之盛时，其民物之数登于王府者，盖拜而受之。自汉以来，丁口之蕃息，与仓廪府库之盛，莫如隋。其贡赋输籍之法，必有可观者。然学者以其得天下不以道，又不过再世而亡，是以鄙之而无传焉。孔子曰："不以人废言。"而况可以废一代之良法乎？文帝之初，有户三百六十余万，平陈所得又五十万，至大业之始，不及二十年，而增至八百九十余万者，何也？方是时，布帛之积，至于无所容，资储之在天下者，至不可胜数。及其败亡涂地，而洛口诸仓，犹足以致百万之众。其法岂可少哉！国家承平百年，户口之众，有过于隋。然以今之法观之，特便于徭役而已，国之贫富何与焉。非徒无益于富，又且以多为患。生之者寡，食之者众，是以公私枵然，而百弊并生。夫立法创制，将以远迹三代，而曾隋氏之不及，此岂不可论其故哉？①

此类考题相当于今天公务员考试中的材料作文，材料一云"所贵乎学士大夫者，以其通古今而考成败也。昔之人尝有以是成者，我必袭之；尝有以是败者，我必反之"，意在引导考生由历史上因变法或乱或治之结果，来评论当今变革之得失。同时也不满神宗专信王安石，有讽刺王专断独权的意思："昔之为人君

---

① 《国学秋试策问二首》，《苏轼文集》，第 208—209 页。

者，患不能勤"，"患不能断"，"患不能信其臣"。正是上《议学校贡举状》后，神宗召见时的陛对之辞："陛下生知之性，天纵文武，不患不明，不患不勤，不患不断。"苏轼此时，以发策的形式逼问天下举子，等于是要求考生在苏轼与神宗、王安石之间明确站队，无异于公开叫板当朝权势威望最高的两位统治者。

材料二以隋代人口蕃息，仓廪丰盛而不过二世即亡的事实，说明国富而未必能保证统治之长久，意在说明王安石想借变法而实现富国强兵之不可取，挑战变法的意图不言自明。苏轼的举动引其王安石的戒备，本年十一月神宗欲用苏轼同修起居注，王安石不仅横加阻挠，而且在神宗面前诋毁苏轼为人：

　　司封员外郎、直史馆蔡延庆，右正言、直集贤院孙觉并同修起居注。上初欲用苏轼及孙觉，王安石曰："轼岂是可奖之人？"上曰："轼有文学，朕见似为人平静，司马光、韩维、王存俱称之。"安石曰："邪恑之人，臣非苟言之，皆有事状。作《贾谊论》，言优游浸渍，深交绛、灌，以取天下之权；欲附丽欧阳修，修作《正统论》，章望之非之，乃作论罢章望之。其论都无理。非但如此，遭父丧，韩琦等送金帛不受，却贩数船苏木入川，此事人所共知。司马光言吕惠卿受钱，反言苏轼平静，斯为厚诬。陛下欲变风俗息邪说，骤用此人，则士何由知陛下好恶所在？此人非无才智，以人望人诚不可废，若省府推、判官有阙，亦宜用，但方是通判资序，岂可便令修注？"上乃罢轼不用。[1]

_____

[1] （清）黄以周辑注，顾吉辰点校：《续资治通鉴长编拾补》，第256页。

如果前面反对苏轼修中书条例还显得比较中正平和的话，这次王安石反对神宗用苏轼同修起居注则语带偏激，而且有意收集了相关证据，说明苏王之间的矛盾日趋激烈。为了不让苏轼破坏和阻碍变法，王安石决定将苏轼调离朝廷，使其远离权力中心，授之以殿中丞、直史馆判官告院权开封府推官，意在让苏轼不要过问朝廷事务：

> 王介甫与苏子瞻初无隙，吕惠卿忌子瞻才高，辄间之。神宗欲以子瞻为同修起居注，介甫难之。又意子瞻文士，不晓吏事，故用为开封府推官以困之。①

以为苏轼仅仅是位"文士，不晓吏事"，意欲以多事困之，这明显就是有意为难了。不过王安石还是小看苏轼的吏治能力了，据苏辙所作《亡兄子瞻端明墓志铭》云："介甫之党皆不悦，命摄开封推官，意以多事困之。公决断精敏，声闻益达。"苏轼对新法的态度，以及不断体现出来的吏治能力让王安石等新法派人士愈加不安，熙宁三年（1070）八月五日，王安石默许其姻亲侍御史知杂事谢景温诬奏苏轼丁父忧归蜀，往还多乘舟，载物货，卖私盐等事，意欲借此将推荐苏轼的范镇等一批反对新法的老臣打倒：

> 王安石恨怒苏轼，欲害之，未有以发。会诏近侍举谏官，谢景温建言，凡被举官移台考勋，所举非其人，即坐举者。人固疑

---

① （宋）邵伯温撰，李剑雄、刘德权点校：《邵氏闻见录》，第127页。

其意有所在也。范镇荐轼，景温即劾轼向丁父忧归蜀，往还多乘舟载物货、卖私盐等事。安石大喜，以三年八月五日奏上。六日，事下八路，案问水行及陆行所历州县，令具所差借兵夫及柁工，询问卖盐卒无其实，眉州兵夫乃迎候新守，因送轼至京。[①]

追查的结果令谢景温、王安石都很失望："苏轼方忤安石，景温迎合其意，辄具弹奏，谓轼丁忧归蜀，乘舟商贩。及朝廷下逐路监司体量，事皆无实。"[②]但这次无中生有的追查还是有效果的，深知谢景温、王安石本意的苏轼随后便自请外任，王安石亦随即答应其请。自熙宁四年（1071）六月离京赴倅杭任，直至元丰二年乌台诗案发生，才以苏轼不愿接受的方式回京。不过这期间王安石也因为变法阻力太大，尤其熙宁八年（1075）前后天灾不断，旧党更是借机大肆攻击新法，王安石压力空前，神宗对变法也开始动摇，王安石被迫于次年退居金陵，离开了权力中心。继任者吕惠卿为了保证长期在位，这期间对王安石恣意诋毁，加深了神宗对王安石的怀疑，让王安石倍感冷落和失意。

熙宁间为了全面配合变法，王安石在学术领域里也加强了控制，强力推行其《字说》，这也是苏、王之间矛盾的缘由之一。《字说》仓促成书，多穿凿附会之说，而性不能忍的苏轼又常加驳难，《鹤林玉露》载："世传东坡问荆公：'何以谓之波？'曰：'波者，水之皮。'坡曰：'然则滑者，水之骨也？'"[③]东坡对王安石自鸣得

---

① 《续资治通鉴长编》，第 5175 页。
② 《续资治通鉴长编》，第 10184 页。
③ （宋）罗大经撰，王瑞来点校：《鹤林玉露》，北京：中华书局，1983 年 8 月版，第 53 页。

意的《字说》常有讥刺[①]，以致有人认为这是苏轼获祸的原因之一：

王荆公在熙宁中，作《字说》，行之天下。东坡在馆，一日因见而及之，曰："丞相赜微窅穷，制作某不敢知，独恐每每牵附，学者承风，有不胜其凿者。姑以犇、麤二字言之，牛之体壮于鹿，鹿之行速于牛，今积三为字而其义皆反之，何也？"荆公无以答，迄不为变。党伐之论，于是浸闿，黄冈之贬，盖不特坐诗祸也。[②]

值得一提的是，乌台诗案中，舒亶、李定必欲置苏轼于死地，时相王珪也落井下石之际，远在金陵的王安石对神宗的善意提醒救了苏轼一命：

初，东坡以《湖州谢表》获罪于朝，监察御史何正臣、舒亶辈交章力诋，皆以公愚弄朝廷，妄自尊大，宜大明诛罚，以厉天下，于是始有杀公之意焉……旧传元丰间朝廷以群言论公，独神庙惜其才，不忍杀。丞相王文公（安石）曰："岂有圣世而杀才士者乎？"[③]

王安石的本意也许不是要有意救助苏轼，但他的提醒让求名心重的神宗，因为不想成为破坏祖宗"不杀士"传统的第一人，

---

① 如（宋）张世南撰，张茂鹏点校：《游宦纪闻》："王金陵《字说》之作，率多牵合，固不免坡公之讥。"（北京：中华书局，1981 年 1 月版，第 76 页）

② （宋）岳珂撰，吴企明点校：《桯史》，北京：中华书局，1981 年 12 月版，第 14 页。

③ （宋）周紫芝撰：《诗谳》，北京：中华书局，1985 年版，第 3 页。

当然就不会对身陷囹圄的苏轼痛下杀手了。

苏、王关系出现根本转变是在苏轼结束黄州贬谪生活以后。元丰七年(1084)初苏轼量移汝州,三月离开黄州,前往高安探视苏辙,随后北上,七月至金陵,与王安石相会。至此王安石已经离开相位达八年之久,经历吕惠卿的排挤与诋毁,让他深刻感受到政坛争斗的无趣,也后悔当年利用谢景温打击苏轼。此时二人皆为政治上的失意之人,抛开过去的恩怨,大有相见恨晚之意,据朱弁《曲洧旧闻》载,二人初见,不拘形迹,宛如旧友:

> 东坡自黄徙汝,过金陵,荆公野服乘驴谒于舟次。东坡不冠而迎揖曰:"轼今日敢以野服见大丞相。"荆公笑曰:"礼岂为我辈设哉!"东坡曰:"轼亦自知相公门下用轼不着。"荆公无语,乃相招游蒋山。在方丈饮茶次,公指案上大砚,曰:"可集古人诗联句赋此砚。"东坡应声曰:"轼请先道一句。"因大唱曰:"巧匠斫山骨。"荆公沉思良久,无以续之,乃曰:"且趁此好天色,穷览蒋山之胜,此非所急也。"田昼承君是日与一二客从后观之,承君曰:"荆公寻常好以此困人,而门下士往往多辞以不能,不料东坡不可以此慑伏也。"[①]

王安石在政坛上曾以谨严著称,生活上极其简朴,不事声色,曾要求自己的弟弟放郑声,而此次与苏轼相见,雅兴不浅,曾令苏轼醉中作歌:

---

① (宋)朱弁撰、孔凡礼校点:《曲洧旧闻》(与《师友谈记》、《西塘集》、《耆旧续闻》合刊),第 151 页。

东坡自黄移汝,过金陵,见舒王。适陈和叔作守,多同饮会。一日,游蒋山,和叔被召将行。舒王顾江山,曰:"子瞻可作歌。"坡醉中书云:"千古龙蟠并虎踞,从公一吊兴亡处。渺渺斜风吹细雨。芳草路,江南父老留公住。　　公驾飞轺凌紫雾。红鸾骖乘青鸾驭。却讶此洲名白鹭。非吾侣,翩然欲下还飞去。"和叔到任数日而去。舒王笑曰:"白鹭者得无意乎!"①

当然除了游乐之外,苏、王也谈及国家大事,当时朝廷用兵不断,生民涂炭,民众负担尤重,王安石虽退居相位多时,毕竟对朝政还有影响,苏轼曾要求王安石积极建言,王安石亦爽快答应:

移汝州,过金陵,见介甫甚欢。子瞻曰:"某欲有言于公。"介甫色动,意子瞻辨前日事也,子瞻曰:"某所言者,天下事也。"介甫色定,曰:"姑言之。"子瞻曰:"大兵大狱,汉、唐灭亡之兆。祖宗以仁厚治天下,正欲革此。今西方用兵,连年不解,东南数起大狱,公独无一言以救之乎?"介甫举手两指示子瞻曰:"二事皆惠卿启之,某在外安敢言!"子瞻曰:"固也,然在朝则言,在外则不言,事君之常礼耳。上所以待公者非常礼,公所以事上者岂可以常礼乎?"介甫厉声曰:"某须说。"又曰:"出在安石口,入在子瞻耳。"盖介甫尝为惠卿发其"无使上知"私书,尚畏惠卿,恐子瞻泄其言也。介甫又语子瞻曰:"人须是知行一不义,杀一不辜,得天下弗为,乃可。"子瞻戏曰:"今之君子争减半年磨勘,虽杀人亦为之。"介甫笑而不言。①

王安石对苏轼史学功夫亦极看好，在金陵相会期间曾鼓励苏轼重修《三国志》：

东坡自黄冈移汝坟，舟过金陵，见王荆公于钟山，留连燕语，荆公曰："子瞻当重作《三国书》。"东坡辞曰："某老矣，愿举刘道原自代云。"②

此事在宋人笔记中有多处记载，如王铚《默记》卷中云：

东坡自海外归，至南康军语刘义仲壮舆曰："轼元丰中过金陵，见介甫论《三国志》曰：'裴松之之该洽，实出陈寿上，不能别成书而但注《三国志》，此所以□陈寿下也。盖好事多在注中。安石旧有意重修，今老矣，非子瞻，他人下手不得矣。'轼对以：'轼于讨论非所工。'盖介甫以此事付托轼，轼今以付壮舆也。"仆闻此于壮舆，尽直记其旧言。③

又周密《齐东野语》卷一九"著书之难"条：

刘义仲，道原之子也。道原以史学自名，义仲世其家学，摘欧公《五代史》之讹说，为《纠谬》一书，以示坡公，公曰："往岁，欧

---

① （宋）邵伯温撰，李剑雄、刘德权点校：《邵氏闻见录》，第127页。
② （宋）邵博撰，刘德权、李剑雄点校：《邵氏闻见后录》，第167页。
③ （宋）王铚撰，朱杰人点校：《默记》，北京：中华书局，1981年9月版，第29页。

公著此书初成，荆公谓余曰：'欧公修《五代史》而不修《三国志》，非也，子盍为之乎？'余因辞不敢当。夫为史者，网罗数千百载之事，以成一书，其间岂无小得失邪？余所以不敢当荆公之托者，正畏如公之徒，掇拾于先后耳。"①

苏轼在金陵逗留月余，与王安石相从甚欢，王安石甚至鼓动苏轼一起在金陵卜居，故苏诗有云："骑驴渺渺入荒陂，想见先生未病时。劝我试求三亩宅，从公已觉十年迟。"②

此间王安石对苏轼生活方面照顾也很周到，曾将禁中药方，传授给苏轼：

王文公安石为相日，奏事殿中，忽觉偏头痛不可忍，遽奏上，请归治疾。裕陵令且在中书偃卧，已而小黄门持一小金杯药少许赐之，云："左痛即灌右鼻，右即反之；左右俱痛，并灌之。"即时痛愈。明日，入谢，上曰："禁中自太祖时，有此数十方，不传人间，此其一也。"因并赐此方。苏轼自黄州归过金陵，安石传其方，用之如神。但目赤，少时头痛即愈。法用新萝卜取自然汁，入生龙脑少许，调匀，昂头使人滴入鼻窍。③

苏轼在金陵与王安石相从月余，如他在给腾达道的信中所说"时见荆公，甚喜，时诵诗说佛"④，应该是他跟王安石自熙宁

① （宋）周密撰，张茂鹏点校：《齐东野语》，北京：中华书局，1983 年 11 月版，第352 页。
② 《次荆公韵四绝》其三，《苏轼诗集》，第 1251 页。
③ （宋）张邦基撰，孔凡礼点校：《墨庄漫录》，第 144 页。
④ 《与滕达道》，《苏轼文集》，第 1487 页。

交锋以来相处最愉快的时候。八月十四离开金陵以后，至元祐元年(1086)四月六日王安石病卒，二人再也没有见面，但通过月余交往，对王安石的认识也更深入，敬佩之情亦平添几分。元祐元年(1086)九月一日司马光病卒，随着这两位北宋政坛交锋最激烈的对手的离去，如何评价二人成了一个棘手的问题，肯定司马光，就不免对王安石有所微辞，反之亦然。老臣范镇在政治立场上跟司马光是一派的，与王安石水火不容，故他在给司马光写墓志铭时，便控制不住情绪，对王安石大加指斥：

　　天生斯民，乃作之君。君不独治，爱畀之臣。有忠有邪，有正有倾。天意若曰，待时而生。皇皇我宋，神器之重。卜年万亿，海内一统。而熙宁初，奸小淫纵。以朋以比，以闭以壅。乃于黎民，诞为愚弄。人不聊生，天下讻讻。险陂憸猾，唱和雷同。谓天不足畏，谓众不足从，谓祖宗不足法，而敢为诞谩不恭。①

　　"天不足畏，众不足从，祖宗不足法"乃王安石奏章中语。"熙宁奸小"明显指的是王安石，用语显然过于刻薄，苏轼认为缺乏忠厚仁爱之情，乃劝改作，范镇遂令苏轼为之易词：

　　范蜀公作温公墓志，乃是全用东坡《行状》，而后面所作铭，多记当时奸党事，东坡令改之，蜀公因令东坡自作，因皆出蜀公名，其后却无事。若范所作，恐不免被小人掘了。②

---

① （宋）邵博撰，刘德权、李剑雄点校：《邵氏闻见后录》，第117页。
② （宋）黎靖德编，王星贤点校：《朱子语类》，北京：中华书局，1986年3月版，第3104页。

与范镇相反的是,苏轼作为中书舍人所撰的《王安石赠太傅》一文则公正客观得多,尤其对王安石的才能、人品予以高度评价,完全超越了新旧党争的畛域,恐怕也与苏轼在金陵与王安石的真诚交流而有深入了解有直接关系:

式观古初,灼见天意。将有非常之大事,必生希世之异人。使其名高一时,学贯千载。智足以达其道,辩足以行其言。瑰玮之文,足以藻饰万物;卓绝之行,足以风动四方。用能于期岁之间,靡然变天下之俗。具官王安石,少学孔、孟,晚师瞿、聃。罔罗六艺之遗文,断以己意;糠粃百家之陈迹,作新斯人。属熙宁之有为,冠群贤而首用。信任之笃,古今所无。方需功业之成,遽起山林之兴。浮云何有,脱屣如遗。屡争席于渔樵,不乱群于麋鹿。进退之美,雍容可观。朕方临御之初,哀疚罔极。乃眷三朝之老,邈在大江之南。究观规模,想见风采。岂谓告终之问,在予谅暗之中。胡不百年,为之一涕。於戏。死生用舍之际,孰能违天;赠赗哀荣之文,岂不在我。宠以师臣之位,蔚为儒者之光。庶几有知,服我休命。①

与苏轼相比,范镇老成持重,政治上也老练成熟得多,但在评价王安石方面不免意气用事,而年岁稍晚的苏轼则中正和平得多,后人亦有相近的感受,如魏了翁《跋东坡辞免中书舍人稿真迹》云:"元祐垂帘,凡熙、丰法令有不便于民者罢之,唯恐后。诸公但知目前事势,不得不尔。然议之则曰是以子改父也,从而

---

① 《苏轼文集》,第 1077 页。

辟之，则又曰以母变子，此皆非真识事体者。惟坡公训辞，独能推本于神考欲为而未能之意……至于熙宁宰相之卒，不过曰'方观功业之成，遽起山林之兴'，亦未尝深诋之也……其词气和平而不戾也，其识虑深长而有托也。"①

前引苏洵《辨奸论》评王安石为"口诵孔、老之言，身履夷、齐之行，收召好名之士、不得志之人，相与造作言语，私立名字，以为颜渊、孟轲复出，而阴贼险狠，与人异趣"，"衣臣虏之衣，食犬彘之食，囚首丧面，而谈诗书"，我们与苏轼所撰《王安石赠太傅》合观，其实父子格局之高下亦不言自明。

纵观苏、王一生交往，除了变法期间二人因为政见歧异而产生明显的对立外，其他时候并无交恶。从才华上论，二人皆为唐宋八大家中要员，文学造诣皆臻极致，大多时候都相互欣赏和称道。尤其是王安石，以其独到的眼光，对苏轼的很多名作皆有称许，相关记载很多，如《苕溪渔隐丛话前集》引《潘子真诗话》载王安石推重苏轼的《表忠观碑》：

东坡作《表忠观碑》，荆公寘坐隅，叶致远、杨德逢二人在坐，有客问曰："相公亦喜斯人之作也。"公曰："斯作绝似西汉。"坐客叹誉不已。公笑："西汉谁人可拟？"德逢对曰："王褒。"盖易之也。公曰："不可草草。"德逢复曰："司马相如、扬雄之流乎？"公曰："相如赋《子虚》、《大人》洎《喻蜀文》、《封禅书》耳，雄所著《太玄》、《法言》，以准《易》、《论语》，未见其叙事典赡若此也。直须与子长驰骋上下。"坐客又从而赞之。公曰："毕竟似子长何语？"

---

① 　引自《三苏年谱》，第1682页。

坐客悚然。公徐曰：“《楚汉以来诸侯王年表》也。”①

宋人以西汉文章为最高境界，年长的王安石能如许看重苏
轼文章，除了其眼光之犀利外，胸襟亦让人称佩。他如《冷斋夜
话》记王安石欣赏苏轼《成都胜相院经藏记》云：

> 舒王居钟山，有客自黄州来，公曰：“东坡近日有何妙？”对
> 曰：“东坡宿于临皋亭，醉梦中而起，作《宝相藏记》千余言，点定
> 才一两字而已。有墨本，适留船中。”公遣健步取而至，时月出东
> 方，林影在地，公展读于风檐，喜见须眉，曰：“子瞻人中龙也。然
> 有一字未稳。”客请：“愿闻之。”公曰：“日胜日负，不若‘日胜日
> 贫’耳。”东坡闻之，抚掌大笑，以公为知言。②

抛开政见分歧的话，在文章方面二人堪称同代知音。王安
石对苏轼才华之推重是发自肺腑的，如《舆地纪胜》引《皇朝类
苑》载：

> 元丰中，王荆公在金陵，东坡自黄北迁，日与公游，尽论古昔
> 文字，闲则俱味禅悦。公叹息谓人曰：“不知更几百年，方有如此
> 人物。”③

---

① （宋）胡仔纂辑，廖德明校点：《苕溪渔隐丛话前集》，北京：人民文学出版社，1962
年 6 月版，第 257 页。
② （宋）惠洪：《冷斋夜话》，见张伯伟编校：《稀见本宋人诗话四种》，南京：江苏古籍
出版社，2002 年 4 月版，第 46 页。
③ （宋）王象之撰：《舆地纪胜》，台北：文海出版社，1962 年 4 月版，第 146 页。

苏轼作为晚辈，对王安石的才学更是推崇备至，宋人的诗话和笔记中记述很多：

> 东坡尝为余（王直方）书荆公诗云："径暖草如积，山晴花更繁。纵横一川水，高下数家村。卷憩鸡鸣午，荒寻犬吠昏。归来向人说，恐是武陵源。"①
>
> 东坡在黄州日，作《雪》诗云："冻合玉楼寒起栗，光摇银海眩生花。"人不知其使事也。后移汝海，过金陵，见王荆公，论诗及此。云："道家以两肩为玉楼，以目为银海，是使此否？"坡笑之，退谓叶致远曰："学荆公者，岂有如此博学哉！"②
>
> （荆公）在蒋山时，以近制示东坡，东坡云："若积李兮缟夜，崇桃兮炫昼，自屈、宋没世，旷千余年，无复《离骚》句法，乃今见之。"荆公曰："非子瞻见谀，自负亦如此，然未尝为俗子道也。"③
>
> 苏子瞻作翰林日，因休沐，邀门下士西至太乙宫，见王荆公旧题六言云云，子瞻讽咏再三，谓鲁直曰："座间惟鲁直笔力可及此尔。"对曰："庭坚极力为之或可追及，但无荆公之自在耳。"④

苏轼或者当面向王安石的学问才华表示敬意，或者在荆公卒后于自己的门生面前推重之，皆是出于真心实意。

值得一提的是，元祐以后苏轼主盟文坛，对熙宁以来王氏新

---

① （宋）阮阅撰，周本淳点校：《诗话总龟前集》，北京：人民文学出版社，1987 年 8 月版，第 98 页。
② （宋）赵令畤撰，孔凡礼点校：《侯鲭录》，北京：中华书局，2002 年 9 月版，第 50 页。
③ （宋）胡仔纂辑，廖德明校点：《苕溪渔隐丛话前集》，第 236 页。
④ （宋）何谿汶撰：《竹庄诗话》，见《文津阁四库全书》，第 1486 册，第 396 页。

学全面笼罩士人的局面颇为不满,苏轼主张百花齐放,不能由某一种僵化的学术控制士人思想。比如他与张耒的书信中,谈及王安石的新学,充分肯定它作为学术之一的存在合理性,但也明确表示王氏以权力为后盾而强行推广,明显过于武断:"文字之衰,未有如今日者也。其源实出于王氏。王氏之文,未必不善也,而患在于好使人同己。自孔子不能使人同,颜渊之仁,子路之勇,不能以相移。而王氏欲以其学同天下!地之美者,同于生物,不同于所生。惟荒瘠斥卤之地,弥望皆黄茅白苇,此则王氏之同也。"①这应该算是苏轼作为文坛主盟者肩负其使命的必然表现,持论比较公允,并不算是对王安石的一种攻讦。事实上,王氏新学的弊端在此一时期已经显露无遗,当时的有识之士皆有反对,比如因不满新学而拒绝参加进士考试的陈师道,一样认为王氏新学的推广结果就是使人千篇一律,缺乏活力:

　　度越周汉登虞唐,千载之下有素王。平陈郑毛视荒荒,后生不作诸老亡。文体变化未可量,万口一律如吃羌……探囊一试黄昏汤,一洗十年新学肠。老生塞口不敢尝,向来狂杀今尚狂,请公别试囊中方。(《赠二苏公》)②

　　"文体变化未可量"与苏轼主张学术、审美的包容性、多元化一致;"万口一律如吃羌"正是苏轼所谓"王氏之文,未必不善也,而患在于好使人同己"带来的后果。

---

① 《答张文潜书》,《苏轼文集》,第 1427 页。
② (宋)陈师道撰,(宋)任渊注,冒广生补笺:《后山诗注补笺》,北京:中华书局,1995年 6 月版,第 20 页。

　　与陈师道年岁相仿的毛滂,元祐二年来京师,与苏轼未见面之前的往来书信中,也痛斥新学,希望苏轼能力挽狂澜,补救文弊:

　　熙宁间,作新斯文,而丞相以经术文章为一代之儒宗,天下始知有王氏学,灏灏乎其犹海也。其执经下座,抠衣受业者,如百川归之海,于是百家之言,陈弊腐烂,学士大夫见必呕而吐之。呜呼,一旦取覆酱瓿矣。当时历金门,上玉堂,纡青拖紫朱丹其毂者,一出于王氏之学而已。……王氏之学,固未必人人知而好之,盖将以为进取之阶,宫室之奉,妻孥之养,餔啜之具耳,此某所以病今之学者为利,盖如此而已。(《上苏内翰》)[1]

　　总之,王安石卒后,有识之士对当时的学术风气普遍不满。苏轼元祐年间对王氏新学的指正,并不构成对王安石本人的诋毁,原因在于,王氏新学客观上存在着明显的问题,作为新时期的文坛盟主有义务指出其弊。

　　苏轼与王安石之间的矛盾、对立,因政治风潮而起,当政争结束,二人的误解、冲突也就随之烟消云散。二人皆算是有大胸襟的风流人物,能超越政治的狭隘性,化解旧怨,令人可钦可佩。

二、与章惇：他年相见话偏长

　　苏轼与章惇(子厚)的交往最富戏剧性,两人曾经惺惺相惜,

---

[1]　(宋)毛滂撰:《东堂集》,见《文津阁四库全书》,第 1127 册,第 809 页。

后因为政治取向不同,不仅分道扬镳,而且相互攻击,以致倾轧不断。值得一提的是,苏轼在经历一番混战和长年贬谪后,终于明白官场的险恶,所以在政治境遇翻天覆地变化之际更懂得同情、理解曾经的朋友兼政敌。

　　章惇(1035—1105),字子厚,祖籍建州浦城,其父章俞始徙苏州,后居于此。章惇出身比较特殊,其父年轻时放荡不羁,不拘礼法,与自己岳母私通而生之:

　　章俞者,郇公(得象)之族子,早岁不自拘检。妻之母杨氏,年少而寡,俞与之通,已而有娠生子。初产之时,杨氏欲不举,杨氏母勉令留之,以一合贮水,缄置其内,遣人持以还俞。俞得之云:"此儿五行甚佳,将大吾门。"雇乳者谨视之。既长登第,始与东坡先生缔交。后送其出守湖州诗,首云:"方丈仙人出渺茫,高情犹爱水云乡。"以为讥己,由是怨之。其子入政府,俞尚无恙,尝犯法,以年八十,勿论。事见《神宗实录》。绍圣相天下,坡渡海,盖修报也。①

　　章惇少时也如其父一样风流放浪,曾与族父之妻私通,事发,翻墙逃跑过程中曾误伤一老妪,为此还吃了官司,判案的正是被后世称为包青天的包拯:

　　章惇者,郇公之疏族,举进士,在京师,馆于郇公之第。报族父之妻为人所掩,逾垣而出,误践街中一妪,为妪所讼。时包希

---

① （宋）王明清撰:《挥麈后录·余话》,第 293 页。

仁知开封府，不复深探其狱，赎铜而已。①

　　尽管章惇个性不淑，但其人极有天赋，聪明早慧，与苏轼同年考中进士，自视甚高，以为当名列榜首，而非仅仅中第而已，更兼此榜状元为其侄儿章衡，叔在侄后，视为大辱，遂弃置不顾。嘉祐四年（1059）再次参考，果然高中状元，其胆识才学自非凡俗之辈可比：

　　章惇字子厚，建州浦城人，父俞徙苏州。起家至职方郎中，致仕，用惇贵，累官银青光禄大夫，年八十九卒。惇豪俊，博学善文。进士登名，耻出侄衡下，委敕而出。再举甲科，调商洛令。②

　　可以说章惇有非常之才而乏世俗称道之德，显然只有像敢用"盗嫂受金"之徒的曹操辈人物才算他的知音。后来熙宁变法过程中，需要大批有真才实干的执行者，遂被王安石不次擢用，看重的自然也是章惇身上的胆识和才华：

　　熙宁初，召试馆职，御史言其无行，罢之。及介甫用事，张峋、李承之荐惇，介甫曰："闻惇无行。"承之曰："承之所荐者，才也。顾惇可用于今日耳，素行何累焉？公试召与语，自当爱之。"

---

① （宋）司马光撰，李裕民校注：《司马光日记校注》，北京：中国社会科学出版社，1994年5月版，第185页。
② （元）脱脱等撰：《宋史·章惇本传》，第13709页。《司马光日记》亦有相关记载："既而及第，在五六人间，惇大不如意，诮让考校官。友人请观其敕，掷地以示之，士论皆忿其不恭。"

介甫乃召见,惇素口辩,又善迎合,介甫大喜,擢用,数年间至两制、三司使。①

　　苏轼与章惇应该是在京师参加科举时初识②,但真正开始交往则是在入仕以后。据苏轼《与章子厚书》:"轼始见公长安,则语相识,云:'子厚奇伟绝世,自是一代异人。至于功名将相,乃其余事。'方是时,应轼者皆忧然。"③苏轼初仕为凤翔府签判,而章惇在同期则为商洛令,应该是嘉祐中相会于长安的。嘉祐七年(1062)十月苏轼与苏辙诗《病中闻子由得告不赴商州三首》其二云"近从章子闻渠说,苦道商人望汝来",苏轼自注:"章子,惇也。"④苏辙在回信《次韵子瞻闻不赴商幕三首》其二亦云"南商西洛曾虚署,长吏居民怪不来",这里的"长吏"当指商洛令章惇,说明苏轼确曾与章惇相见过。从现有诗文中看,二人在长安的见面,相从甚欢。

　　治平元年(1064)正月十九日,苏轼循行至盩厔,二十日章惇应约自长安来见,二人同游楼观、五郡、大秦寺、延生观、仙游潭等地,从章惇的《游终南题名》:"惇自长安率苏君旦、安君师孟至终南谒苏君轼,因与苏游楼观、五郡、延生、大秦、仙游,旦、师孟二君留终南回,遂与二君过渼陂。……甲辰正月二十三京兆章

---

① (宋)司马光撰,李裕民校注:《司马光日记校注》,第 185 页。
② 刘克庄《跋章援致平与东坡书》云:"苏、章本布衣交。"(见《宋人题跋·后村题跋》,台北:世界书局,2009 年 10 月版,下册,第 418 页。)
③ 《苏轼文集》,第 1411 页。
④ 《苏轼诗集》,第 155 页。

惇题。"①游仙游潭时，章惇曾冒险攀援悬崖题壁，且以此夸耀于苏轼：

　　（仙游潭）下临绝壁万仞，岸甚狭，横木架桥。子厚推子瞻过潭书壁，子瞻不敢过。子厚平步而过，用索系树，蹑之上下，神色不动，以漆墨大书石壁上曰："章惇、苏轼来游。"子瞻拊其背曰："子厚必能杀人。"子厚曰："何也？"子瞻曰："能自拼命者，能杀人也。"子厚大笑。②

　　二人个性差异于此亦可见一斑，仙游潭在苏轼眼里一直视为畏途，实际上两年前即嘉祐七年（1062）三月苏轼亦曾来游，诗集中《留题仙游潭中兴寺寺东有玉女洞洞南有马融读书石室过潭而南山石益奇潭上有桥畏其险不敢渡》，末云："犹有爱山心未至，不将双脚踏飞梯。"③此次来游，苏轼当为向导，作为游客的章惇如履平地，而苏轼仍只能兴叹而已。可以想见，苏轼在调侃之余，对章惇还是不无称赞的。

　　此期除了同游险地仙游潭外，还于酒后一同观虎，情况相似的是，苏轼畏惧而去，章惇则明知山有虎偏向虎山行：

---

①　曾枣庄、刘琳主编：《全宋文》，上海：上海辞书出版社、合肥：安徽教育出版社，2006年8月版，第82册，第374页。

②　（宋）曾慥著：《高斋漫录》，见《景印文渊阁四库全书》，总册1038、子部第344册，第318页。这段记载对展现章惇个性极有意义，后被史家采入正史，如《宋史·章惇本传》载："（章惇）与苏轼游南山，抵仙游潭，潭下临绝壁万仞，横木其上，惇揖轼书壁，轼惧不敢书。惇平步过之，垂索挽树，摄衣而下，以漆墨濡笔大书石壁曰：'苏轼、章惇来。'既还，神彩不动，轼拊其背曰：'君他日必能杀人。'惇曰：'何也？'轼曰：'能自判命者，能杀人也。'惇大笑。"（见《宋史》，第13710页。）

③　《苏轼诗集》，第131页。

子厚为商州推官，子瞻为凤翔幕签。因差试官开院，同途小饮山寺，闻报有虎者。二人酒狂，同勒马同往观之。去虎数十步外，马惊不敢前。子瞻……乃转去，子厚独鞭马向前去……取铜锣于石上擿响，虎即惊窜。归谓子瞻曰："子定不如我。"①

青年章惇对自己表现之自负溢于言表，同时也可以看出二人关系非同一般，类似记载如：

章子厚与苏子瞻少为莫逆交。一日，子厚坦腹而卧，适子瞻自外来，摩其腹以问子瞻曰："公道此中何所有？"子瞻曰："都是谋反底家事。"子厚大笑。②

青年时期二人皆意气风发，调侃与争长较短成为相处的常态。治平元年（1064）十二月十七日苏轼任满还京，自凤翔经长安，在王颐家观看《醉道士图》，苏轼因为不能饮酒，故随手跋曰："仆素不喜酒，观正父《醉士图》，以甚畏执杯持耳翁也。"③后章惇路过长安亦曾观玩此图，看到苏轼题跋不觉发笑，亦作《题东坡题跋醉道士》："仆观《醉道士图》，展卷末诸君题名，至子瞻所题，发噱绝倒。子厚书。"④其中"发噱绝倒"自是缘于对苏轼之了解，个中缘由二人自是心领神会。有意思的是熙宁元年

①　（宋）陈鹄撰，孔凡礼点校：《西塘集耆旧续闻》，北京：中华书局，2002 年 8 月版，第 330 页。
②　（宋）王玮撰：《道山清话》，见《景印文渊阁四库全书》，总第 1037 册、子部第 343 册，第 658 页。
③　《跋醉道士图》，《苏轼文集》，第 2220 页。
④　曾枣庄、刘琳主编：《全宋文》，第 82 册，第 366 页。

（1068）十二月二十九日苏轼结束服父丧，赴京途中再过长安，见章惇题跋，争胜之意隐忍不住，故又随手再题，云："熙宁元年十二月二十九日，再过长安，会正父于母清臣家。再观《醉士图》，见子厚所题，知其为予噱也。持耳翁余固畏之，若子厚乃求其持而不得者。他日再见，当复一噱。时与清臣、尧夫、子由同观。子瞻书。"①此题，如其诗作一样大作翻案文章，有意与章惇较劲，调侃章惇酒量虽大，有时候却临酒"求其持而不得"。可能连苏轼没想到的是，次年五月六日章惇调任武当县县令，又一次过长安，看到题跋后，又作《题东坡再跋醉道士图后》："酒中固多味，恨知之者寡耳。若持耳翁已太苟矣。子瞻性好山水，尚不肯渡仙游潭，况于此而知味乎？宜其畏也。正父赴丰国时，子厚令武进，复题此以继子瞻之后。己酉端午后一日。"②章惇揭苏轼之短，谓其虽好山水，却知难而退，实未玩味过风光之美，类推之，则虽好酒而不敢狂饮，实不知酒中真味。

　　治平末年苏轼守丧在家，熙宁初回朝后不久外任，故这段时间内苏轼与章惇几无往还。熙宁八年（1075）十月章惇因朝廷内斗被迫出使湖州，心情不免抑郁，需要找人倾诉，故作诗一首远寄给正在密州太守任上的苏轼：

　　君方阳羡卜新居，我亦吴门葺旧庐。身外浮云轻土苴，眼前陈迹付籧篨。涧声山色苍云上，花影溪光卷画余。他日扁舟约来往，共将诗酒狎樵渔。

---

①　《苏轼文集》，第 2220 页。
②　曾枣庄、刘琳主编：《全宋文》，第 82 册，第 366 页。

诗中表达自己高蹈远引，希望早日离开官场，过上悠闲隐居生活的想法，并希望与苏轼一同归隐，相互唱和，苏轼接到来诗后，随即作了《和章七出守湖州二首》答之：

> 方丈仙人出淼茫，高情犹爱水云乡。功名谁使连三捷，身世何缘得两忘。早岁归休心共在，他年相见话偏长。只因未报君恩重，清梦时时到玉堂。

> 绛阙云台总有名，应须极贵又长生。鼎中龙虎黄金贱，松下龟蛇绿骨轻。雪水未浑缨可濯，卉峰初见眼应明。两厄春酒真堪美，独占人间分外荣。①

第一首诗首联高度赞扬章惇的为人，推许为世外仙人，出知湖州，有山水之乐，可谓相得益彰。颔联则推许章惇熙宁初的赫赫战功。王安石秉政，锐意开疆拓土，重用章惇。章惇在平蛮方面取得不小胜利，如《宋史·神宗本纪》：载"（熙宁五年十一月）章惇开梅山，置安化县……（熙宁六年十月）章惇平懿、洽州蛮。""冬十月辛未，章惇平懿、洽州蛮。辛巳，以复熙、河、洮、岷、叠、宕等州，御紫宸殿受群臣贺。"《宋史·地理志》载："大抵宋有天下三百余年，繇建隆初讫治平末，一百四年，州郡沿革无大增损。熙宁始务辟土，而种谔先取绥州，韩绛继取银州，王韶取熙河，章惇取懿、洽，谢景温取徽、诚，熊本取南平，郭逵取广源，最后李宪取兰州，沈括取葭芦、米脂、浮图、安疆等砦。"《宋史·章惇本传》亦云："熙宁初，王安石秉政，悦其才，用为编修三司条例官，加集

---

① 《苏轼诗集》，第 649 页。

贤校理、中书检正。时经制南、北江群蛮,命为湖南、北察访使。提点刑狱赵鼎言,峡州群蛮苦其酋剥刻,谋内附,辰州布衣张翘亦言南、北江群蛮归化朝廷,遂以事属惇。惇募流人李资、张竑等往招之,资、竑等淫于夷妇,为酋所杀,遂致攻讨,由是两江扇动。神宗疑其扰命,安石戒惇勿轻动,惇竟以三路兵平懿、洽、鼎州。以蛮方据潭之梅山,遂乘势而南。"①颈联回应章惇的归隐想法,末联劝慰章惇以回报君恩为重,继续为国家建功立业。第二首主要就章惇的炼丹喜好而论②。

　　第一首诗由于以讹传讹,在后世遂引起了误解,认为这是调侃、讽刺章惇的身世,最早的记载见于王玮的《道山清话》:

　　章子厚,人言初生时,父母欲不举,已纳水盆中,为人救止。其后,朝士颇闻其事。苏子瞻尝与子厚诗,有'方丈仙人出渺茫,高情犹爱水云乡'之语,子厚谓其讥己也,颇不乐。

　　事实上,苏轼在此诗中并无挖苦章惇不可告人身世的用意,之所以在苏轼去世后产生此误传,实因章惇在绍圣年间秉持国政,执迷于党争,得罪了不少人,仇家捏合章惇的不齿身世与苏轼的诗歌以中伤章惇,殊不知虽到达了目的,却让苏轼承受了不白之冤。

　　乌台诗案是苏轼人生的一次转折点,政敌来势凶猛,除了年岁较高的重量级人物如司马光、范镇、张方平等人敢上书为苏轼

---

① 《宋史》,第 282、284、2095、13710 页。
② （宋）魏泰撰,李裕民点校:《东轩笔录》:"章枢密惇少喜养生,性尤真率,尝云:'若遇饥则虽不相识处,亦须索饭;若食饱时,见父亦不拜。'在门下省及枢密,益喜丹灶、饵茯苓以却粒,骨气清粹,真神仙中人。苏子瞻赠之诗云:'鼎中龙虎黄金贱,松下龟蛇绿骨轻。'盖谓是也。"(第 148 页)

辩护和求情外,同辈人几乎吓得噤若寒蝉,即使有怜惜和叫屈之意,也不敢伸张。在此情况下,章惇的胆识与勇气又一次充分发挥出来,挺身而出,为救助苏轼而不惜得罪权臣。

乌台诗案不能说全是捉风捕影,苏轼有些诗确实表达了对变法的不满和对底层民众的同情,苏轼本人希望这些诗能上达天庭,让神宗能借此了解民间的疾苦,而有补于社稷江山。只是,苏轼过于理想,殊不知神宗才是变法的总后台与最大支持者,在神宗支持下的变法就是大局,所有反对新法的人自然就是不顾大局和对抗时政的人。为了治理典型,借打击苏轼而将反对派一网打尽的变法派人士,刻意笺释苏诗,置苏诗对民情之反映于不顾,认为这些诗都是对新法的讽刺和挖苦,一味认为苏轼别有用心。值得注意的是,其中的部分苏诗既没有反映民情,也没有讽刺新法,却被当权者刻意曲解,反倒暴露这些人才是真正的别有用心。比如苏轼的两首咏物诗:

吴王池馆遍重城,闲草幽花不记名。青盖一归无觅处,只留双桧待升平。

凛然相对敢相欺,直干凌空未要奇。根到九泉无曲处,世间惟有蛰龙知。①

王复钱塘人,是苏轼在杭州通判任上的朋友,苏轼偶至王复家,见其门口的双桧枝干挺拔,别有韵致,便写下了这两首诗。明眼人一读即知,此诗无论如何与时局扯不上关系,却也成了治

---

① 《王复秀才所居双桧二首》,《苏轼诗集》,第 412 页。

罪的依据。《苕溪渔隐丛话后集》载："东坡在御史狱，狱吏问云：'《双桧诗》：根到九泉无曲处，世间惟有蛰龙知。有无讥讽？'答曰：'王安石诗：天下苍生待霖雨，不知龙向此中蟠。此龙是也。'吏亦为之一笑。"①狱吏一笑之后并没有了事，宰相王珪（字禹玉）仍穷究不已：

> 元丰间，苏子瞻系大理狱。神宗本无意深罪子瞻，时相进呈，忽言苏轼于陛下有不臣意，神宗改容曰："轼固有罪，然于朕不应至是，卿何以知之？"时相因举轼《桧诗》"根到九泉无曲处，世间惟有蛰龙知"之句，对曰："陛下飞龙在天，轼以为不知己，而求之地下之蛰龙，非不臣而何？"神宗曰："诗人之词，安可如此论？彼自咏桧，何预朕事！"时相语塞。章子厚亦从旁解之，遂薄其罪。子厚尝以语余，且以丑言诋时相，曰："人之害物，无所忌惮有如是也！"（注：时相，王珪也。）②

叶梦得的记载得于章惇的口授耳传，当非妄语。与苏轼同时而稍后的王巩记录更详：

> 王和甫尝言苏子瞻在黄州，上数欲用之，王禹玉辄曰："轼诗有'世间惟有蛰龙知'之句，陛下龙飞在天而不敬，反欲求蛰龙乎？"章子厚曰："龙者非独人君，人臣皆可以言龙也。"上曰："自

---

① （宋）胡仔纂辑，廖德明点校：《苕溪渔隐丛话后集》，北京：人民文学出版社，1962年版，第 223 页。
② （宋）叶梦得撰：《石林诗话》，见吴文治主编：《宋诗话全编》，南京：江苏古籍出版社，1998 年 12 月版，第 2691 页。

古称龙者多矣,如荀氏八龙,孔明卧龙,岂人君耶?"及退,子厚诘
之曰:"相公乃欲覆人家族耶?"禹玉曰:"闻舒亶言尔。"子厚曰:
"亶之唾亦可食乎?"①

　　这条记载声情并茂,形貌毕现,要知道宰相为百官之首,一
人之下、万人之上,权势之重仅次于皇帝一人而已,像"你难道想
让人断子绝孙吗","别人的唾液你也要吃吗"这样的质问,即使
施于普通人亦属不敬,何况是宰相,章惇为了营救苏轼可以说是
两肋插刀,早置个人仕宦荣禄于不顾了。
　　章惇也直接上书皇帝,为苏轼求情,见周紫芝《诗谳》:

　　初,东坡以《湖州谢表》获罪于朝,监察御史何正臣、舒亶辈
交章力诋,皆以公愚弄朝廷,妄自尊大,宜大明诛罚,以厉天下,
于是始有杀公之意焉。神宗皇帝以英明果断之资,回群议于恼
恼中,赖以不死。余顷年尝见章丞相论事表云:"轼十九擢进士
第,二十三应直言极谏科,擢为第一。仁宗皇帝得轼,以为一代
之宝,今反置在图圄,臣恐后世以谓陛下听谀言而恶讦直也。"②

　　尽管苏轼后来还是遭贬,但毕竟没如李定、舒亶等人所想的
那样被杀,应该说政治倾向上偏向变法的章惇的积极营救和开
解还是起了一定作用的。
　　从元丰三年(1080)开始,以后二十多年,章惇与苏轼政治分

---

① （宋）王巩撰:《闻见近录》,见《文津阁四库全书》,第1041册,第215页。
② （宋）周紫芝撰:《诗谳》,北京:中华书局,1985年版,第4页。

歧日渐明显，而且每次的仕宦升沉几乎都是刚好相反，这也为二人最终由友变敌埋下了伏笔。元丰三年二月苏轼刚抵达黄州贬所，章惇即由翰林学士，拜参知政事，不过这时他们还是很好的朋友，刚刚升任的章惇并没有高高在上，相反主动写信安慰苏轼。章惇的书信今已不传，但从苏轼的回信中可以看出，章惇的态度是极诚恳的：

轼顿首再拜子厚参政谏议执事。去岁吴兴，谓当再获接奉，不意仓卒就逮，遂以至今。即日，不审台候何似？轼自得罪以来，不敢复与人事，虽骨肉至亲，未肯有一字往来。忽蒙赐书，存问甚厚，忧爱深切，感叹不可言也。恭闻拜命与议大政，士无贤不肖，所共庆快。然轼始见公长安，则语相识，云："子厚奇伟绝世，自是一代异人。至于功名将相，乃其余事。"方是时，应轼者皆怃然。今日不独为足下喜朝之得人，亦自喜其言之不妄也。

轼所以得罪，其过恶未易以一二数也。平时惟子厚与子由极口见戒，反覆甚苦，而轼强狠自用，不以为然。及在图圄中，追悔无路，谓必死矣。不意圣主宽大，复遣视息人间，若不改者，轼真非人也。来书所云："若痛自追悔往咎，清时终不以一眚见废。"此乃有才之人，朝廷所惜。如轼正复洗濯瑕垢，刻磨朽钝，亦当安所施用，但深自感悔，一日百省，庶几天地之仁，不念旧恶，使保首领，以从先大夫于九原足矣。轼昔年粗亦受知于圣主，使少循理安分，岂有今日。追思所犯，真无义理，与病狂之人蹈河入海者无异。方其病作，不自觉知，亦穷命所迫，似有物使。及至狂定之日，但有惭耳。而公乃疑其再犯，岂有此理哉？然异时相识，但过相称誉，以成吾过，一旦有患难，无复有相哀者。惟子厚平居遗我以药石,及困急又有以收恤之,真与世俗异矣。①

　　章惇在信中劝勉苏轼"痛自追悔往咎",并相信"清时终不以一眚见废",以章惇当时的身份大概只能这么说,言语中不失真诚。反倒是苏轼用语过于谦卑,显得对刚刚升任的章惇有些许的提防。

　　元祐初苏轼结束黄州的贬谪生活回到京师,与章惇相见,二人依然保持着年轻时候的调侃、戏谑状态,相处甚欢,从其《记所作诗》可以窥知一二:

　　吾有诗云:"日日出东门,步寻东城游。城门抱关卒,怪我此何求。吾亦无所求,驾言写我忧。"章子厚谓参寥曰:"前步而后驾,何其上下纷纷也?"仆闻之曰:"吾以尻为轮,以神为马,何曾上下乎?"参寥曰:"子瞻文过有理似孙子荆(楚)。子荆曰:'所以枕流,欲洗其耳;所以漱石,欲砺其齿。'"②

　　"日日出东门"一诗乃苏轼在黄州时期所作,其中"驾言"并无实义,在魏晋诗作中经常出现,以章惇之才学自然不会真的误解此诗。为了增加点交游乐趣,苏轼也将错就错,遂化用《庄子》中"浸假而化予之尻以为轮,以神为马,予因以乘之,岂更驾哉!且夫得者,时也;失者,顺也"之语应之。这些戏谑中可见二人久别重逢后友情仍在。

---

① 《与章子厚参政书》,《苏轼文集》,第 1411 页。
② 《苏轼文集》,第 2130 页。

二人交恶与元祐更化的大背景有极大关联。元丰八年（1085）神宗病卒，哲宗即位，因年岁尚幼，由高太后垂帘听政，高氏政治上倾向于保守，于是大量起用旧臣，一批反对新法的老臣纷纷回到朝廷，而支持新法的重臣则先后被排挤出京。章惇与苏轼的交恶和苏辙关系尤大。苏辙元丰八年八月召还至京，十月改除右司谏，掌管言路，开始他一生政治上最为活跃的弹劾生活。元祐元年二月十八日上《乞罢章惇知枢密院状》：

> 臣窃见知枢密院章惇，始与三省同议司马光论差役事，明知光所言事节有疏略差误，而不推公心即加详议，待修完成法然后施行。而乃雷同众人，连书札子，一切依奏。及其既已行下，然后论列可否，至纷争殿上，无复君臣之礼。然使惇因此究穷利害，立成条约，使州县推行，更无疑阻，则惇之情状犹或可恕。今乃不候修完，便乞再行指挥，使诸路一依前件札子施行，却令被差人分户具利害实封闻奏。臣不知陛下谓惇此举，其意安在？惇不过欲使被差之人有所不便，人人与司马光为敌，但得光言不效，则朝廷利害更不复顾。用心如此而陛下置之枢府，臣窃惑矣。尚赖陛下明圣，觉其深意，中止不行，若其不然，必害良法。且差役之利，天下所愿，贤愚共知。行未逾月，四方鼓舞。惇犹巧加智数，力欲破坏。臣窃恐朝廷缓急有边防之事，战守之机，人命所存，社稷所系，使惇用心一一如此，岂不深误国计？故臣乞陛下，早赐裁断，特行罢免，无使惇得行巧智，以害国事。谨录奏闻，伏候敕旨。①

---

① 《栾城集》，第809页。

　　我们今天远离当时的党争环境,平心而论,苏辙这封弹劾章惇的奏状有太多刻意扭曲的地方:第一,元祐初,司马光为代表的保守派全面主政,力主全面废除王安石曾推行的所有法令,章惇此时虽为新党首领,但在王安石远离朝政且行将病卒、高太后垂帘听政的大背景下,自然不是司马光的对手。所以司马光主政的差役法很快被推行,而过去王安石主张、也是章惇竭力支持的免役法很快被废。然活生生的事实很快证明司马光、苏辙主张的差役法实不如王安石、章惇所支持的免役法。面对比较尴尬的现实,苏辙却在奏状中反诬章惇的真实目的是"欲使被差之人有所不便,人人与司马光为敌"。我们认为,苏辙的政论技巧很高,但与事实却相去甚远。第二,"差役之利,天下所愿,贤愚共知,行未逾月,四方鼓舞",也完全不符事实。前述,元祐初苏轼与司马光争论的焦点之一就是存废差役法,苏轼为了保留王安石变法中的免役法而不惜跟司马光闹翻,其原因就是苏轼深感差役法不是"天下所愿,贤愚共知"。所以苏辙为了打击章惇,既不顾事实,也顾不得与其兄苏轼的主张相矛盾,足见党争之狭隘。

　　继苏辙之后,刘挚、王觌、朱光庭、王岩叟、孙升等上章弹劾,章惇被迫外任汝州①,远离权力中心。在章惇被逐过程中苏辙出力最多,苏辙所为既是谏官的分内之事,同时确实也有党争的

———————————

①　本传载:"哲宗即位……刘挚、苏辙、王觌、朱光庭、王岩叟、孙升交章击之,黜知汝州。"(《宋史》,第13710页)另外,王称《东都事略·章惇传》亦载:"章惇于帝前与司马光争论,其言不逊,谏官苏辙论其奸恶,惇与(蔡)确皆逐去。"(第814页)另外《宋史·王觌传》载:"哲宗立,吕公著、范纯仁荐其可大任,擢右正言,进司谏。上疏言:'国家安危治乱,系于大臣。今执政八人,而奸邪居半,使一二元老,何以行其志哉?'因极论蔡确、章惇、韩缜、张璪朋邪害正。章数十上,相继斥去。"(第10942页)

因素，元祐年间苏辙弹劾驱逐的变法派人物非止章惇一人，然数章惇与苏轼关系最为特殊，故苏辙所为严重伤害到章惇的感情，绍圣以后章惇入相，开始报复打击二苏。后世的苏轼研究者也都普遍认为苏轼与章惇的交恶始于此，如施元之曾云："子厚时知枢密院，以子由论罢，致怨。子厚绍圣初相哲宗，东坡遂谪岭海。"[①]王文诰云："公（指苏轼）与章惇自来交厚，时子由既奏逐之，公复形于奏牍，自是为不解之雠矣。"[②]绍圣年间章惇对苏轼的打击，既有党争因素的裹挟，也有因苏辙元祐初的弹劾而发泄不满于苏轼身上的意思。

元祐年间苏轼与章惇之间并无直接的过从，元祐七年苏轼在颍州任上曾与人谈及章惇临摹《兰亭》事：

客有自丹阳来，过颍，见东坡先生，说章子厚学书日临《兰亭》一本。坡笑云："从门入者非宝，章七终不高耳。"[③]

就书法心得而论，出语中肯，亦未有偏见。

经历数年的元祐更化之后，由于旧党人士拒绝调和，新党重臣几乎皆被贬斥出京，两党斗争发展至新的高潮，元丰八年倾向保守的高太后去世，而力主绍述父志的哲宗亲政，预示着朝局必

---

① （宋）施元之、顾禧、施宿注，彭文良辑校：《施顾注苏轼诗集》，2021 年 12 月版，第 417 页。
② （宋）苏轼撰，（清）王文诰辑订：《苏文忠公诗编注集成总案》，台北：学生书局，1987 年 10 月影印嘉庆二十四年(1819)镌武林韵山堂藏版刻本，第 2135 页。
③ （宋）赵令畤撰，孔凡礼点校：《侯鲭录》，第 203 页。相近的记载又见（宋）曾行敏撰：《独醒杂志》："客有谓东坡曰：'章子厚日临兰亭一本。'坡笑云：'工摹临者，非自得。章七，终不高尔。'予尝见子厚在三司北轩所写兰亭两本，诚如坡公之言。"（上海：商务印书馆，1937 年 6 月版，第 33 页。）

有新的变动。绍圣元年章惇为尚书左仆射兼门下侍郎，标志着新党重新得势。与元祐更化时期的手段近似，新党秉政以后也大肆对旧党进行打击和排挤，在苏轼身上的直接反应就是本年四月落端明殿学士、翰林侍读学士，以左朝奉郎知英州，又贬惠州。需要注意的是，章惇对苏轼的打击并非简单的私人恩怨，主要还是两党分歧和对立的结果，章惇也并非只打击苏轼兄弟，而是试图扫除整个元祐党人的势力。《宋史·食货志》云："哲宗元祐更化，斯民稍望休息；绍圣而后，章惇倡绍述之谋，秕政复作。"说明元祐与绍圣之别，本质上是政见之别。新党对旧党领袖之打击体现了不遗余力的努力，如《宋史·刑法志》云："绍圣间，章惇、蔡卞用事，既再追贬吕公著、司马光，及谪吕大防等岭外，意犹未快，仍用黄履疏、高士京状追贬王珪，皆诬以'图危上躬'，其言浸及宣仁，上颇惑之。最后，起同文馆狱，将悉诛元祐旧臣。"[①]《宋史·常同传》云："自元丰新法之行，始分党与，邪正相攻五十余年。章惇唱于绍圣之初，蔡京和于崇宁之后，元祐臣僚，窜逐贬死，上下蔽蒙，酿成夷虏之祸。"[②]手段之刻薄也是前所未有的，明显胜过元祐党人之前的表现，如打击司马光，《宋史·司马光传》云："绍圣初，御史周秩首论（司马）光诬谤先帝，尽废其法。章惇、蔡卞请发冢斫棺，帝不许，乃令夺赠谥，仆所立碑。而惇言不已，追贬清远军节度副使，又贬崖州司户参军。"[③]主张"发冢斫棺"，简直骇人听闻！元祐党籍的确立标志着这一

---

①　（元）脱脱等撰：《宋史·刑法志》，第 4999 页。
②　（元）脱脱等撰：《宋史·常同传》，第 11623 页。
③　（元）脱脱等撰：《宋史·司马光传》，第 10769 页。

轮的党争内斗达到了巅峰①。司马光卒后，苏轼成为旧党的中坚人物，自然会成为政敌章惇的打击对象，只是因为出于回击苏辙元祐初年的弹劾，加害手段会显得残忍和刻薄一些而已。

苏轼绍圣元年（1094）十月初抵达惠州，章惇随即命程之才（正辅）为广南东路提点刑狱，程之才授命后马不停蹄赴任，于次年一月到任。章惇任命程之才是有深意的，程为苏轼的表哥兼姐夫，却因为苏轼姐姐在程家被虐待至死，两家遂成世仇，数十年间不曾往来，章惇作为苏轼的旧友当然知其详情，遂起借刀杀人之念：

东坡先谪黄州，熙宁执政妄以陈季常乡人任侠，家黄之岐亭，有世仇；后谪惠州，绍圣执政，妄以程之才姊之夫有宿怨，假以宪节，皆使之甘心焉。②

黄庭坚曾云："子瞻谪岭南，时宰欲杀之。"（《跋子瞻和陶诗》）③"时宰"即章惇。令章惇失望的是，程之才到惠州后不仅没有加害苏轼，相反，二人化解了两家四十多年的恩怨，握手言欢、同归于好，故绍圣三年（1096）三月即召程之才回京。绍圣四年苏轼再贬儋州，昌化军安置，盛传此次遭贬仍是因为作诗而

---

① 如（清）潘永因辑：《宋稗类钞》："绍圣间章子厚为相，立元祐党籍，初止七十三人，其间已自相矛盾，如川洛二党之类，未始同心也。及蔡元长为政，使其徒弁行编类党人，刊之于石，名之曰元祐奸党，播告天下。但与元长异意者，人无贤否，官无大小，悉列其中，屏而弃之，殆三百余人。"（1911年上海黎光社刊行，第99页。）
② （宋）邵博撰，刘德权、李剑雄点校：《邵氏闻见后录》，第159页。
③ （宋）彭乘撰，孔凡礼点校：《墨客挥犀》："东坡在惠州，尽和渊明诗。时鲁直在黔南，闻之，作偈云：'子瞻谪海南，时宰欲杀之。饱吃惠州饭，细和渊明诗。渊明千载人，子瞻百世士。出处固不同，风味亦相似。'"（第365页）

获祸：

　　苏轼谪惠州，有诗云：“为道先生春睡美，道人轻打五更钟。”传至京师，章惇笑曰：“苏子尚快活耶？”复贬昌化。①

　　东坡海外《上梁文口号》云：“为道先生春睡美，道人轻打五更钟。”章子厚见之，遂再贬儋耳。以为安稳，故再迁也。②

　　是否真因诗而南迁尚需考证，但继续加害之意则是很明显的。此次与苏轼同时遭贬的还有：苏辙贬雷州，刘挚（莘老）贬新州，黄庭坚（鲁直）贬新州。关于四人的被贬情况，宋人有很多说法，如陆游《老学庵笔记》卷四载：

　　绍圣中，贬元祐人苏子瞻儋州，子由雷州，刘莘老新州，皆戏取其字之偏旁也。时相之忍忮如此。③

　　罗大经《鹤林玉露》：

　　苏子瞻谪儋州，以“儋”与“瞻”字相近也。子由谪雷州，以“雷”字下有“田”字也。黄鲁直谪宜州，以“宜”字类“直”字也。此章子厚骇谑之意。当时有术士曰：“儋”字，从立人，子瞻其尚能北归乎！“雷”字，“雨”在“田”上，承天之泽也，子由其未艾乎！

---

① （宋）欧阳忞著，李勇先校注：《舆地广记》，成都：四川大学出版社，2003 年 7 月版，第 1103 页。
② （宋）曾季貍撰：《艇斋诗话》，见吴文治主编：《宋诗话全编》，南京：江苏古籍出版社，1998 年 12 月版，第 2648 页。
③ （宋）陆游著，李剑雄、刘德权点校：《老学庵笔记》，第 50 页。

"宜"字，乃"直"字，有盖棺之义也，鲁直其不返乎！后子瞻北归，至毗陵而卒。子由退老于颍，十余年乃终。鲁直竟卒于宜。[①]

这两则材料带有传闻色彩，可能更多地表达后人对章惇的厌恶而已。

苏轼贬谪到海南后，章惇意犹未尽，派程之才前往广东按察没有达到目的，于是决定派为人险恶刻薄，并且与苏轼有仇的吕惠卿之弟吕升卿以及董必前往两广，伺机加害苏轼。据《续资治通鉴长编》云：

曾布："近闻遣吕升卿、董必察访二广，中外疑骇，以谓恐朝廷遣此两人往处置已窜黜者，人言殊讻讻……况升卿兄弟与轼、辙乃切骨仇雠，天下所知，轼、辙闻其来，岂得不震恐？万一望风引决，朝廷本无杀之之意，使之至此，岂不有伤仁政。兼升卿凶焰，天下所畏，又济之以董必，此人情所以尤惊骇也。必在湖南按孔平仲殊不当，今乃选为察访，众论深所不平。"上改容曰："甚好。"

次升又言："陛下初欲保全元祐臣僚，今乃欲杀之耶？"上曰："无杀之之意，卿何为出此语？"次升曰："今以吕升卿为广南按察，岂非杀之耶？升卿乃惠卿之弟，元祐中尝监真州转般仓负罪，恐外台按发，尝托疾致仕。太皇太后上升，自真州泛小舟，隐姓名，不七日至京师，投匦上书。其人资性惨刻，善求人过失，今将使指于元祐臣僚迁谪之地，理无全者。"于是升卿罢其行。[②]

---

① （宋）罗大经撰，王瑞来点校：《鹤林玉露》，第 315 页。
② 《续资治通鉴长编》，第 11764、11769 页。

尽管狠毒的吕升卿最终没有被派往两广,而派出的董必仍然是章惇的忠实爪牙。苏轼作为天下名士,尽管在贬谪之中,但乐于帮助他的人还是很多,他初到海南,一位名为张中的军官以其他名义为由,派兵将官驿修葺一番后留给苏轼暂时居住。董必按察之后,将张中降职,后竟然贬谪死在雷州监司任上,相关的长官也遭受了处罚:

> (元符二年四月)丙子,朝散大夫、直秘阁、权知桂州、广南西路都钤辖程节降授朝奉大夫。户部员外郎谭掞降授承议郎。朝散郎、提点荆湖南路刑狱梁子美降授朝奉郎。先是,昌化军使张中役兵修伦江驿,以就房店为名,与别驾苏轼居。察访董必体究得实,而节等坐不觉察,故有是命。①

张中被降职外调后,苏轼随即亦被逐出官舍:

> 潭州彭子民,随董必察访广西,时苏子瞻在儋州。董至雷,议遣人过儋。彭顾董,泣涕下曰:"人人家各有子孙。"董遂感悟,止遣一小使臣过儋,但有逐出官舍之事。②

苏轼只好在桄榔林中仓促立一茅庵。所幸的是,又获当地的年轻学生相助,暂时有一寄居之所:

> 初至,僦官屋数椽,近复遭迫逐,不免买地结茅,仅免露处,而

---

① 《续资治通鉴长编》,第 12100 页。
② (宋)王巩撰:《甲申杂记》,见《文津阁四库全书》,第 1041 册,第 192 页。

囊为一空。困厄之中，何所不有，置之不足道也，聊为一笑而已。①

近与小儿子结茅数椽居之，仅庇风雨，然劳费已不赀矣。赖十数学生助工作，躬泥水之役，愧之不可言也。②

初赁官屋数间居之，既不可住，又不欲与官员交涉。近买地起屋五间一龟头，在南污池之侧，茂木之下，亦萧然可以杜门面壁少休也。③

这一时期对苏辙的打击也是一样很严厉。苏辙至雷州，郡守张逢出钱替租房屋亦被停职，苏辙为此再移循州：

东坡自惠迁儋耳，子由自筠迁海康，二公相遇于藤，因同行。将至雷之境，郡守张逢以书通殷勤，逮至郡，延入馆舍，礼遇有加。东坡将渡海，逢出送于郊。复官出钱僦居以馆子由。帅臣段讽闻之大怒，劾逢馆留党人苏轼，及为苏辙赁屋等事，逢坐除名勒停。子由移循州。④

在皇权至上的时代，每次皇位易主几乎都会带来政局的相应变动，元符三年（1100）正月处于盛年时期的哲宗突然病逝，新旧两党的对立形势也悄然跟着发生了变化。本年九月在相位长达七年之久的章惇遭罢，不久出知越州，未至，而远在岭海的苏轼兄弟则量移内地，有重新起用的可能。至建中靖国元年

① 《与程全父》，《苏轼文集》，第 1626 页。
② 《与程秀才》，《苏轼文集》，第 1628 页。
③ 《与郑靖老》，《苏轼文集》，第 1674 页。
④ （宋）曾行敏撰：《独醒杂志》，上海：商务印书馆，1937 年 6 月版，第 29 页。

(1101)二月,章惇谪为雷州司户参军,而苏轼已经度过大庾岭,彻底告别了贬谪生涯。真是风水轮流转,短短数年间两党升沉发生了翻天覆地的变化。具有讽刺意味的是,章惇曾煞费苦心地把苏辙贬到雷州,并剥夺苏辙租用民宅的权利,没想到数年后章惇到来,竟然无人敢租房与他:

> 苏子由谪雷州,不许占官舍,遂僦民屋。章子厚又以为强夺民居,下本州追民究治,以僦券甚明乃已。不一二年,子厚谪雷州,亦问舍于民。民曰:"前苏公来,为章丞相几破我家,今不可也。"其报复如此。①

因为章惇的打击,苏轼在岭海度过了七年的贬谪生活,其间,红颜知己王朝云病卒于贬所。对于苏轼来说七年贬谪不无伤痛,故对章惇的感情也应该很复杂。二人曾经是最好的朋友,而且乌台诗案中曾挺身相助过,如果说元祐更化中苏辙的弹劾伤害了章惇,那么绍圣间章惇的回击也伤害了苏轼;如果说章惇的报复,置友情于不顾了的话,那么苏辙当年的奏论又何曾顾及过。经历了这么多的宦海沉浮,苏轼对士人内斗已经厌倦之极,

---

① (宋)邵博撰,刘德权、李剑雄点校:《邵氏闻见后录》,第 172 页。另参叶寘《爱日斋丛钞》卷二:"公子虔告商君欲反,商君亡,至关下,欲舍客舍,客人不知是商君也,曰:'商君之法,舍人无验者坐之。'商君喟然叹曰:'嗟乎!为法之弊,一至此哉!'桓蔚之败,投牛牧寺,僧昌保藏之,刘毅杀昌,及刘毅被裕讨,夜走投寺,寺僧曰:'昔亡师客桓蔚,为刘卫军所杀,今实不敢容异人。'毅叹曰:'为法自弊,一至於此。'苏子由责雷州,不许占官舍,遂僦民屋,而章子厚以为强夺民居,下郡按治。及子厚责雷州,亦问舍於民,民曰:'前苏公来,为章丞相几破我家,今不可也。'当鞅辈快其令之行,指拗如意,假令知有后灾,犹将不恤,正如索元礼铁笼、周兴火瓮,不得辞矣。东坡云:'及其出亡而无所舍,然后知为法之弊。夫岂独鞅悔之,秦亦悔矣,子谓鞅无及也。'章子厚事尤似刘毅,独不传其悔与否尔。"(北京:中华书局,1983 年版,第 33 页)

对章惇已无怨恨可言，反倒多了几分同情[1]，不过已经多年不通问讯，很难直接修书问候了，于是他给章惇的外甥黄寔（师是）写了封信，借此劝慰章惇：

子厚得雷，闻之惊叹弥日。海康地虽远，无瘴疠，舍弟居之一年，甚安稳。望以此开譬太夫人也。[2]

黄寔与苏辙是姻亲，两个女儿分别嫁给苏辙两个儿子，黄寔的母亲即章惇的姐姐。因为这层特殊关系，相信章惇一定能知道苏轼的善意，只是不知道他内心又作何感想。

六月苏轼抵达仪真，渴慕拜访的士人不计其数，同在城中的章援（致平）一度进退两难，极其尴尬。章援是章惇的儿子，元祐三年（1088）苏轼知贡举时考中的进士，论关系算是苏轼的门生[3]。

---

① （宋）彭乘撰，孔凡礼点校：《墨客挥犀》："（苏轼）寻又迁儋耳，久之，天下传闻子瞻已仙去矣。后七年北归时，章丞相方贬雷州。东坡至南昌府，太守叶公祖洽问曰：'世传端明已归道山，今尚尔游戏人间邪？'坡曰：'途中见章子厚，乃回反耳！'"（北京，中华书局，2002 年 9 月版，第 360 页。）虽然曾拿贬谪中的章惇来调侃，但并无挖苦之意，苏轼向来戏谑幽默，随口玩笑。

② 《与黄师是》，《苏轼文集》，第 1743 页。

③ 关于章援靠作弊考中进士宋人有多处记载，如罗大经《鹤林玉露》甲编卷五："元祐中，东坡知贡举，李方叔就试。将锁院，坡缄封一简，令叔党持与方叔，值方叔出，其仆受简置几上。有顷，章子厚二子曰持曰援者来，取简窃观，乃'扬雄优于刘向论'一篇。二章惊喜，携之以去。方叔归，求简不得，知为二章所窃，怅惋不敢言。已而果出此题，二章皆模仿坡作，方叔几于阁笔。及拆号，坡意魁必方叔也，乃章援。第十名文意与魁相似，乃章持。坡失色。二十名间，一卷颇奇，坡谓同列曰：'此必李方叔。'视之，乃葛敏修。时山谷亦预校文，曰：'可贺内翰得人，此乃仆宰太和时，一学子相从者也。'而方叔竟下第。"（北京：中华书局，1983 年 8 月版，第 92 页。）《老学庵笔记》卷十："东坡素知李廌方叔。方叔赴省试，东坡知举，得一卷子，大喜，手批数十字，且语黄鲁直曰：'是必吾李廌也。'及拆号，则章致平，而廌乃见黜。"（北京：中华书局，1979 年 11 月版，第 125 页。）以上记载未必可靠，但章援于元祐三年考中进士一事则是毋庸置疑的。

从师生礼仪上论，自然该前去拜访苏轼，但这位座主同时又是自己父亲的政敌，怎么平衡师友和亲情，确实让章援痛苦不止，思前想后，章援最终决定修书一封，以表明心迹，同时亦表问候。这封信完整保留在《云麓漫钞》中：

某惶恐再拜端明尚书（台座）：某伏闻旌旆还自南越，扬舲江海，蹑屐岭峤，执事者良苦，数岁以来，艰险备至，殆昔人之所未尝，非天将降大任者岂易堪此？窃惟达人大观，俯仰陈迹，无复可言。不审即日尊体动止何似？伏念某离远门墙，于今九年，一日三月，何可数计？传闻车马之音，当欢欣鼓舞，迎劳行色，以致其积年慕恋，引领举足，崎岖瞻望之诚。今乃不然。近缘老亲重被罪谴，忧深虑切，忘寝与食，始闻后命，方在浙东，即欲便道省觐，又顾幼稚须携挈，致之所居，今暂抵此，治任裹粮，旦暮远行，交亲往来，一切皆废，此则自侪于众人，宜其所以未获进见者。某于门下，岂敢用此为解？舍馆定，然后求见长者，是为有罪，况于不克见者乎？逡巡犹豫，事为老亲，固当审思耳。迩来闻诸道路之言，士大夫日夜望尚书进陪国论，今也使某得见，岂得泊然无意哉？尚书固圣时之蓍龟，窃将就执事者，穆卜而听命焉。

南海之滨，下潦上雾，毒气薰蒸，执事者亲所经历，于今回想，必当可畏，况以益高之年，齿发尤衰，涉乎此境，岂不惴惴？但念老亲性疏豁，不护短，内省过咎，仰戴上恩，庶有以自宽，节饮食，亲药物，粗可侥幸岁月。不然者，借使小有悒滞之情，悴于胸次，忧思郁结，易以伤气，加以瘴疠，则朝夕几殆，何可忍言？况复为淹久计哉？每虑及此，肝胆摧落，是以不胜犬马之情，子私其父，日夜觊幸圣上慈仁，哀矜耆老，沛然发不世之恩诏，稍弛罪罟，尚得东归田里，保养垂年，此微贱之祷，悲伤涕泣，斯须颠沛，不能忘也。倘问焉而执事者以为未然，使某也将何以为怀？诚不若勿卜而徒自然，庶几之为愈也。倘以为可觊也，固愚情所欲闻，然而旬数之间，尚书奉尺一，还朝廷，登廊庙，地亲责重，所忖度者幸而既中，又不若今日之不克见，可以远迹避嫌，杜谗慝之机，思患而预防之为善也。若乃思世故多端，纷纭鏐辖，虽弥日信宿，未可尽剖勃鞮，所谓君其知之矣，宁须多言。

　　独恨九年之间，学不益博，文不益进，以此负门下。然古人有"闻之而不言，能之而不为，存之而不论"者，窃尝留意焉，未若面得之也。请俟它日，仰叩绪余论，不胜拳拳之情，敢言之执事者，伏惟财幸。暑溽异甚，伏望保护寝兴，万万珍重。不宣。某惶恐再拜。①

　　章援不愧为当年的状元，信中恭敬有礼、谦卑有度，兼顾父子之情、师友之义，苏轼"得书大喜，顾谓其子叔党（即幼子苏过）曰：'斯文，司马子长之流也。'命从者伸楮和墨，书以答之"：

　　某顿首致平学士：某自仪真得暑毒，困卧如昏醉中，到京口，自太守以下皆不能见，茫然不知致平在此，辱书乃渐醒悟。伏读来教，感叹不已。某与丞相定交四十余年，虽中间出处稍异，交情固无增损也。闻其高年寄迹海隅，此怀可知，但以往者更说何益，惟论其未然者而已。主上至仁至信，草木豚鱼所知。

────────────

① （宋）赵彦卫撰，傅根清点校：《云麓漫钞》，北京：中华书局，1996年版，第152页。

建中靖国之意，又恃以安。海康风土不甚恶，寒热皆适中，舶到时四方物多有，若昆仲先于闽客川广舟中准备家常要用药百千去，自治之余，亦可及邻里乡党。又丞相知养内外丹久矣，所以未成者，正坐大用故也。今兹闲放，正宜成此，然可自内养丹，切不可外服物也。某在海外，曾作《续养生论》一首，甚愿写寄，病因未能，到毗陵定叠检获，当录呈也。所云穆卜，反覆究绎，必是误听纷纷，见及已多矣。得安此行为幸，幸更徐听其审。又见今病状，死生未可必，自半月来，日食米不半合，见食即先饱。今且归毗陵，聊自欺：此我里，庶几且少休，不即死。书至此困惫，放笔太息而已。某顿首再拜，致平学士阁下。六月十四日。①

此信之后，苏轼又别写一纸《白术方》，请章援转致其父，授其用药之方。②

观章惇与苏轼四十余年的交往中，应该说绍圣以前，特别是乌台诗案中章惇挺身救助苏轼，足够仗义豪侠；绍圣年间，章惇因记恨苏辙元祐初的排挤而殃及苏轼，手段稍显残忍，但苏轼一直并没有因此口出恶语，大概也是顾及之前章惇对自己的友情。至建中靖国初年章惇遭贬，苏轼没有落井下石，以苏轼平生为人之宽容与厚重而言，算是应有之义，并不算意外。以章惇之聪慧绝识，相信完全能领会到苏轼的好意。如果上天假年，他们有机会再相处，相信会像与王安石在金陵相遇一样，笑泯恩仇，前嫌

---

① （宋）赵彦卫撰，傅根清点校：《云麓漫钞》，第 154 页。
② 案：苏轼与章惇关系可另参刘昭明先生论文《苏轼与章惇之交游及相关诗文考论》，载《编译馆馆刊》1998 年 6 月第 1 期；以及刘昭明先生专著《苏轼与章惇关系考》（台北：新文丰出版社股份有限公司，2011 年 6 月版）。

尽弃。遗憾的是，章惇南迁不久，苏轼即在宜兴病逝，自然也就无缘再续友情了。

三、与程之才：笃爱不复相疵瑕

程之才，字正辅，为苏轼表兄兼姐夫，本来按照封建时代的说法，两家应该是亲上加亲的关系，但由于苏轼的姐姐八娘在夫家被虐致死，使两家反目成仇，中间长达四十余年断绝往还，后来也是在苏轼的主动言和下，才重修旧好。

《宋诗纪事补遗》程之才小传云："眉山人，嘉祐进士，官广南东路提刑，苏轼母成国太夫人程氏之侄，初娶东坡女兄，早卒，老苏公以为恨事，大不咸，东坡兄弟以念母之故，相与释憾。坡之南迁，时宰闻其先世之隙，以正辅为本路宪，将使之甘心，而正辅笃中外之谊，周旋甚至。"[①]

苏洵与妻子程氏共育子女六人，故苏洵在《祭亡妻程氏文》中曾云："有子六人，今谁在堂？唯轼与辙，仅存不亡。"[②]其中长子景先和长女皆在四岁前即夭折，次女十四岁时卒，幼女八娘即为妻兄程濬长子程之才之妻。八娘聪慧过人，知书识礼，然出嫁后两年被夫家虐待致死，遂使苏程两家结怨成仇。对八娘之死，苏洵一直耿耿于怀，其诗文中均有涉及。《自尤》诗序云：

---

① （清）陆心源撰：《宋诗纪事补遗》，见《续修四库全书》，上海：上海古籍出版社，2002年版，第1709册，卷十六，第14页。
② （宋）苏洵著，曾枣庄、金成礼笺注：《嘉祐集笺注》，第429页。

予生而与物无害。幼居乡间，长适四方，万里所至，与其君子而远其不义。是以年五十有一，而未始有尤于人，而人亦无以我尤者。盖壬辰之岁而丧幼女，始将以尤其夫家，而卒以自尤也。女幼而好学，慷慨有过人之节，为文亦往往有可喜。既适其母之兄程濬之子之才，年十有八而死。而濬本儒者，然内行有所不谨，而其妻子尤好为无法。吾女介乎其间，因为其家之所不悦。适会其病，其夫与其舅姑遂不之视而急弃之，使至于死。始其死时，余怨之，虽吾之人亦不直濬。独余友人闻而深悲之，曰："夫彼何足尤者！子自知其贤，而不择以予人，咎则在子，而尚谁怨？"予闻其言而深悲之。其后八年，而予乃作《自尤》诗。①

诗序云"（程）濬本儒者，然内行有所不谨，而其妻子尤好为无法。吾女介乎其间，因为其家之所不悦。适会其病，其夫与其舅姑遂不之视而急弃之，使至于死"，可知幼女八娘卒于病，而其中"内行有所不谨"则似有所避讳而语焉不详。八娘的病卒情况在诗中有所描写：

五月之日兹何辰？有女强死无由伸。嗟余为父亦不武，使汝孤冢埋冤魂。生死寿夭固无定，我岂以此辄尤人？当时此事最惊众，行道闻者皆酸辛。余家世世本好儒，生女不独治组纴。读书未省事华饰，下笔矗矗能属文。家贫不敢嫁豪贵，恐彼非偶难为亲。汝母之兄汝叔舅，求以厥子来结姻。乡人皆嫁重母族，虽我不肯将安云？生年十六亦已嫁，日负忧责无欢欣。归宁见

---

① 《嘉祐集笺注》，第 511 页。

我拜且泣，告我家事不可陈。舅姑叔妹不知道，弃礼自快纷如纭。人多我寡势不胜，只欲强学非天真。昨朝告以此太甚，掩耳不听生怒嗔。余言如此非尔事，为妇何不善一身？嗟哉尔夫任此责，可奈狂狼如痴麇。忠臣汝不见泄冶，谏死世不非陈君。谁知余言果不妄，明年会汝初生孙。一朝有疾莫肯视，此意岂尚求尔存？忧怛百计惟汝母，复有汝父惊且奔。此时汝舅拥爱妾，呼卢握槊如隔邻。狂言发病若有怪，里有老妇能降神。呼来问讯岂得已，汝舅责我学不纯。急难造次不可动，坚坐有类天王尊。导其女妻使为孽，就病索汝襦与裙。衣之出看又汝告，谬为与汝增殷勤。多多扰乱莫胜记，咎汝不肯同其尘。经旬乳药渐有喜，移病余舍未绝根。喉中喘息气才属，日使勉强餐肥珍。舅姑不许再生活，巧计窃发何不仁！婴儿盈尺未能语，忽然夺取词纷纷。传言姑怒不归觐，急抱疾走何眼询。病中忧恐莫能测，起坐无语涕满巾。须臾病作状如故，三日不救谁缘因？此惟汝甥汝儿妇，何用负汝漫无恩？嗟予生女苟不义，虽汝手刃我何言？俨然正直好礼让，才敏明辨超无伦。正应以此获尤谴，汝可以手心自扪。此虽法律所无奈，尚可仰首披苍旻。天高鬼神不可信，后世有耳尤或闻。只今闻者已不服，恨我无勇不复冤。惟余故人不责汝，问我此事久叹呻。惨然谓我子无恨，此罪在子何尤人？虎咆牛触不足怪，当自为计免见吞。深居高堂闭重键，牛虎岂能逾墙垣？登山入泽不自爱，安可侥幸遭麒麟？明珠美玉本无价，弃置沟上多缁磷。置之失地自当尔，既尔何咎荆与榛？嗟哉此事余有罪，当使天下重结婚！

全诗规模宏大，情感激愤，层次井然，从开篇至"日负忧责无欢欣"叙幼女之贤淑及婚嫁缘由；"归宁见我拜且泣"至"明年会汝初生孙"叙婚后不乐；"一朝有疾莫肯视"至"三日不救谁缘因"叙生病而夫家不管；"此惟汝甥汝儿妇"至篇末责程家之无情，以此警醒世人应谨慎婚嫁。诗中云"此时汝舅拥爱妾，呼卢握矟如隔邻。狂言发病若有怪，里有老妇能降神"，说明作为舅父的程濬置病中的侄女、儿媳于不顾，但诗中对程濬的个人行为并未责难太多。可能是积怨太深，不吐不快的原因，苏洵在其他的作品集中火力对程濬的人品进行了责难：

　　匹夫而化乡人者，吾闻其语矣。国有君，邑有大夫，而争论者诉于其门。乡有庠，里有学，而学道者赴于其家。乡人有为不善于室者，父兄辄相与恐曰："吾夫子无乃闻之。"呜呼！彼独何修而得此哉？意者，其积之有本末，而施之有次第耶？今吾族人犹有服者，不过百人，而岁时蜡社不能相与尽其欢欣爱洽，稍远者，至不相往来。是无以示吾乡党邻里也。乃作《苏氏族谱》，立亭于高祖墓茔之西南而刻石焉。既而告之曰："凡在此者，死必赴；冠、娶妻必告；少而孤，则老者字之；贫而无归，则富者收之；而不然者，族人之所共诮让也。"

　　岁正月，相与拜奠于基下，既奠，列坐于亭，其老者顾少者而叹曰：是不及见吾乡邻风俗之美矣。自吾少时，见有为不义者，则众相与疾之，如见怪物焉，慄焉而不宁。其后少衰也，犹相与笑之。今也则相与安之耳，是起于某人也。夫某人者，是乡之望人也，而大乱吾俗焉，是故其诱人也速，其为害也深。自斯人之逐其兄之遗孤子而不恤也，而骨肉之恩薄。自斯人之多取其先人之赀田而欺其诸孤子也，而孝悌之行缺。自斯人之为其诸孤子之所论也，而礼义之节废。自斯人之以妾加其妻也，而嫡庶之别混。自斯之人笃于声色而父子杂处、欢哗不严也，而闺门之政乱。自斯人之渎财无厌，惟富者之为贤也，而廉耻之路塞。此六行者，吾往时所谓大惭而不容者也。今无知之人皆曰："某人，何人也，犹且为之。"其舆马赫奕，婵妾靓丽，足以荡惑里巷之小人，其官爵货力足以摇动府县，其矫诈修饰言语足以欺罔君子，是州里之大盗也。吾不敢以告乡人而私以戒族人焉。仿佛于斯人之一节者，愿无过吾门也。予闻之惧而请书焉，老人曰："书其事而阙其姓名，使他人观之，则不知其为谁。而夫人之观之，则面热内惭，汗出而食不下也。且无彰之，庶其有悔乎！"予曰："然。"乃记之。①

　　该文开篇为本族定族规，自是族谱亭记应有之义，然下段话锋一转，指斥大乱乡里风俗者，与本《记》似文不对题，实乃怨恨压抑到不吐不快的程度了，文中没有明言此人为谁，但据"某人者是乡之望人也，而大乱吾俗焉，是故其诱人也速，其为害也深"，则非程濬莫属。南宋周密的记载证实了这种推断：

　　沧洲先生程公许字季与，眉山人，仕至文昌，寓居雪上，与先子从容谈蜀中旧事，历历可听。其言老泉《族谱亭记》，言乡俗之薄，起于某人，而不著其姓名者，盖苏与其妻党程氏大不成，所谓某人者，其妻之兄弟也。老泉有《自尤》诗，述其女事外家，不得

---

① 　《苏氏族谱亭记》见《嘉祐集笺注》，第 390—392 页。

志以死，其辞甚哀，则其怨隙不平也久矣。①

　　自皇祐四年（1052）苏轼姐姐卒后，两家断绝往来，遂成世仇。嘉祐二年（1057）苏轼母亲程氏卒于眉山，三苏父子归葬程氏，程家亦未派任何人来吊唁。自程氏卒后，两家失去了联系纽带，至苏洵卒前，与程濬没有过书面往还；从此年后至绍圣二年（1095）间，苏轼与程之才间也看不到文字交往。

　　绍圣元年十月苏轼抵达贬所惠州，时任宰相、已由友变敌的章惇试图利用苏程两家的世仇，借程之才之手加害苏轼，所以命之才为广南东路提点刑狱，按察广东：

　　程正辅于坡为表弟，坡之南迁，时宰闻其先世之隙，遂以正辅为本路宪将，使之甘心焉。②

　　程之才为苏轼表兄，周密误记为表弟。

　　绍圣二年（1095）正月，程之才到任，并巡视广州，这让苏轼很惶恐。论私人关系，他们本是亲人，可中间已经反目，数十年间早已断绝往还；论职场关系，程之才是上司，自己作为下级，应该主动问候，但同时他又可能是章惇派来加害自己之人，程之才本人的立场到底如何，苏轼揣摩不透：是挟世仇而坚定执行章惇之意而来呢，还是念在两家的亲戚关系而会对章惇的意图阳奉阴违呢？苏轼想修书以表问候，又担心程之才本无和好之意，

---

① 　（宋）周密撰，张茂鹏点校：《齐东野语》，北京：中华书局，1983 年 11 月版，第 235 页。
② 　（宋）周密撰，张茂鹏点校：《齐东野语》，第 235 页。

反倒落下了白纸黑字的把柄；如无丝毫反应，又恐因有违官场俗礼而被怪罪。正在左右为难之际，程乡令侯晋叔因公务往广州，遂托晋叔代为问候，并转达和好之意。刚开始，兄弟俩都很谨慎，程之才也没有写信让侯晋叔带回，只是向侯晋叔口头转达了愿意与苏轼相见的善意。闻讯，苏轼欣喜万分，立即修书一封寄给程之才：

近闻使旆少留番禺，方欲上问，侯长官来，伏承传诲，意旨甚厚，感怍深矣。比日履兹新春，起居佳胜。知车骑不久东按，傥获一见，慰幸可量。未间，伏冀以时自重。①

刚寄走前一封信，苏轼还是不能确定程之才是否前来，同时也出于自尊，又修书一封，表明自己将不能前往迎接：

窜逐海上，渴况可知。闻老兄来，颇有佳思。昔人以三十年为一世，今吾老兄弟，不相从四十二年矣，念此，令人悽断。不知兄果能为弟一来否？然亦有少拜闻。某获谴至重，自到此旬日，便杜门自屏，虽本郡守，亦不往拜其辱，良以近臣得罪，省躬念咎，不得不尔。老兄到此，恐亦不敢出迎。若以骨肉之爱，不责末礼而屈临之，余生之幸，非所敢望也。其余区区，殆非纸墨所能尽。惟千万照悉而已。②

---

① 《与程正辅》，《苏轼文集》，第 1589 页。
② 《苏轼文集》，第 1589 页。

　　程之才自非愚鲁之辈，收到书信深悟苏轼本意，于是匆忙结束在番禺的按察后，于三月初赶往惠州，这算是对苏轼盛情邀请的积极回应。苏轼前一封信中已明言自己省躬念咎，不便亲迎，为了周全礼仪，于是派幼子苏过乘船相迎：

　　轼深欲出迎郊外，业已杜门，知兄知爱之深，必不责此，然愧悚甚矣。专令小儿去舟次也。知十秀才侍行，喜得会见，不及别奉书。①

　　与程之才同行的还有其小儿子十郎，程之才的用心亦算良苦，此次携十郎来访，意在告诉苏轼，自从父辈结怨以来，已经两代不曾交往，这样的仇怨终该结束。不仅如此，他希望下一代之间能开创更好的友谊，来化解前辈的恩恩怨怨。三月五日苏过接到表伯兼姑父。程之才随江而行，心情爽朗，见江边桃花正盛，一时诗兴大发，随即口吟一首，由人飞报苏轼，轼见诗，不及酝酿即次韵一首：

　　曲士赋怀沙，草木伤莽莽。德人无荆棘，坐失岭峤阻。我兄瑚琏姿，流落瘴江浦。净眼见桃花，纷纷堕红雨。萧然振衣裓，笑问散花女。我观解语花，粉色如黄土。一言破千偈，况尔初不语。可怜一转话，他日如何举。故复此微吟，聊和鸥鸦橹。江边闲草木，闲客当为主。尔来子美瘦，正坐作诗苦。袖手焚笔砚，

————————

① 《苏轼文集》，第 1591 页。

清篇真漫与。愿兄理北辕，六辔去如组。上林桃花开，水暖鸿北翥。①

有了文字交往，说明中断了四十二年的关系又重新开启了。六日苏轼与程之才终于见面，二人把酒言欢，其乐融融，苏洵与程濬间中断的亲情，在此刻由苏轼与程之才重又恢复。程之才给苏轼带了最爱吃的蜂蜜等珍贵赠品，苏轼开心地收下：

昨日辱临，款语倾尽，感慰深矣。经宿起居佳胜。所贶皆珍奇，物意两重，敢不拜赐。少顷面谢。②

苏过与程正辅儿子十郎相处甚欢，让苏轼尤感欣慰："两甥相聚多日，备见孝义之诚，深慰所望。"③

在惠州与苏轼相聚近十日，程之才将按察他处，苏轼万分不舍，一直相送至博罗。前面程之才未来惠州前，苏轼曾言自己省躬念咎不能远迎，而此刻却相送几十里，全忘了自己仍是罪废之人，可见苏轼对程之才此行之欢心与重视。十四日在博罗一僧舍饯别程之才，苏轼即席作诗两首，期盼表哥不日再来：

孤臣南游堕黄菅，君亦何事来牧蛮。舣舟蜑户龙冈窟，置酒椰叶桄榔间。高谈已笑衰语陋，杰句尤觉清诗孱。博罗小县僧舍古，我不忍去君忘还。君应回望秦与楚，梦涉汉水愁秦关。我

---

① 《次韵正辅表兄江行见桃花》，《苏轼诗集》，第 2107 页。
② 《苏轼文集》，第 1591 页。
③ 《苏轼文集》，第 1592 页。

亦坐念高安客,神游黄蘖参洞山。何时旷荡洗瑕谪,与君归驾相
追攀。梨花寒食隔江路,两山遥对双烟鬟。归耕不用一钱物,惟
要两脚飞屐颜。玉床丹镓记分我,助我金鼎光斓斑。①

　　乐天霜鬓如霜菅,始知谢遣素与蛮。我兄绿发蔚如故,已了
梦幻齐人间。蛾眉劝酒聊尔耳,处仲太忍茂弘孱。三杯径醉便
归卧,海上知复几往还。连娟六幺趁蹋鞠,杳眇三叠萦阳关。酒
醒梦断何所有,落花流水空青山。忽惊铙鼓发半夜,明月不许幽
人攀。赠行无物惟一语,莫遣瘴雾侵云鬟。罗浮道人一倾盖,欲
系白日留君颜。应知我是香案吏,他年许缀蓬莱班。②

　　别后,程之才一路按循至韶州再折回广州,一路上跟苏轼诗
书流连,唱和不断。苏轼对表哥诗才亦是赞赏不已:

　　和示《香积》诗,真得渊明体也。某喜用陶韵作诗,前后盖有
四五十首,不知老兄要录何者? 稍间,编成一轴附上也。③
　　咏史等诗高绝,每篇乃是一论,屈滞他作绝句也。④
　　某启。别来三得书教,眷抚愈重,感慰深矣。《桃花诗》,再
蒙颁示,诵咏不能释手。"菅"字韵拙句,特蒙垂和,句句奇警,谨
用降服,幸甚! 幸甚!《一字》虽戏剧,亦人所不逮也。⑤
　　"纵"字韵诗,和得尤奇,诵咏不已。⑥

————————

①　《追饯正辅表兄至博罗赋诗为别》,《苏轼诗集》,第 2109 页。
②　《再用前韵赋》,《苏轼诗集》,第 2109 页。
③　《苏轼文集》,第 1593 页。
④　《苏轼文集》,第 1594 页。
⑤　《苏轼文集》,第 1618 页。
⑥　《苏轼文集》,第 2489 页。

六月间程之才不断托人再送来茶果等物：

近检法行奉书，未达间，伏蒙赐教，并寄惠柑子，此中虽有，似此佳者，即不识也。①

寄贶酥梨、猫笋、五味煎、榴枣等北方珍奇，物意两重，感佩无穷。②

惠新茶绝品，石耳异味，感荷之极也。③

此月间程之才按察过程中游碧落洞，作诗一首，远寄苏轼，轼复次韵：

空山不难到，绝境未易名。何时谪仙人，来作钧天声。胸中几云梦，余地多恢宏。长庚与北斗，错落缀冠缨。黄公献紫芝，赤松馈青精。溪山久寂寞，请续《离骚经》。抱枝寒蜩咽，绕耳飞蚊清。谪仙抚掌笑，笑此羽皇铭。我顷尝独游，自适孤云情。君今又继往，雾雨愁青冥。感君兄弟意，寻羊问初平。玉床分箭镞，不忍独长生。诗成辄寄我，妙绝陶、谢并。孤鸿方避弋，老骥犹在坰。鸟兽如可群，永寄檮木形。何山不堪隐，饮水自修龄。④

八月初闻程之才妻寿安君有疾，苏轼致信问候：

---

① 《苏轼文集》，第 1592 页。
② 《苏轼文集》，第 1595 页。
③ 《苏轼文集》，第 1606 页。
④ 《次韵程正辅游碧落洞》，《苏轼诗集》，第 2124 页。

　　某启。昨日附来使，上状，必达。稍凉，起居佳胜。见严推言，邑君尝服药，寻已平愈，今想益康健。秋色渐佳，惟冀倍加寝膳。不宣。①

　　程妻旋卒，这是程之才的第二任妻子，对于苏轼来说，情绪很复杂，难以掩抑地想起嫁到程家而早卒的幼姐，自然很难过。而联想到自己两位妻子的离世又不免同情程之才，所以先后不断写信安慰程节哀顺变：

　　某启。近奉慰必已达。比日悼念之余，起居如宜。吾兄学道久矣，必不使无益之悲，久留怀抱。但劣弟未克面论，不免悬情，惟深察此理。宽中强饭，不胜区区。再奉手启布闻。②
　　某慰疏言。不意变故，表嫂寿安县君遽捐馆舍，闻讣悲怛，感涕并怀。切惟恩义深笃，追悼割裂，哀痛难堪，日月流速，奄毕七供，感动逾远，奈何。某限以谪居，莫缘奔诣吊问，愧恨千万。幸冀省节悲悼，强食自重，不胜区区。③
　　某启。不谓尊嫂忽罹此祸。惟兄四十年恩好，所谓老身长子者，此情岂易割舍。然万般追悼，于亡者了无丝毫之益，而于身有不赀之忧，不即拂除，譬之露电，殆非所望于明哲也。谪地不敢辄舍去，无缘面析此理，愿兄深照痛遣，勿留丝毫胸中也。惟有速作佛事，升济幽明，此不可不信也，惟速为妙。老弟前年悼亡，亦只汲汲于此事，亦不必尽之。佛僧拯贫苦尤佳，但发为

---

① 《苏轼文集》，第 1606 页。
② 《苏轼文集》，第 1607 页。
③ 《苏轼文集》，第 1615 页。

亡者意，则俯仰之间，便贯幽显也。忝至眷，必不讶。草次。①

苏轼第二任妻子王闰之于元祐八年（1093）在京师离世，故有"前年悼亡"之说。苏轼以自己"汲汲于此事，亦不必尽之"的现身说法加以劝慰，真实，真诚，令人动容。

九月初广东全境遭遇特大飓风，官民房屋倒塌无数，很多古木亦折断，民众损失惨重，心系民情的苏轼希望程之才能及时循行，视察灾情，以解民之困，同时也能顺便一见：

广倅书报，近日飓风异常，公私屋倒二千余间，大木尽拔。乾明诃子树已倒，此四百年物也。父老云："生平未见此异。"老兄莫缘此一到南海，拊视为佳，惠人亦望使车一到。若早来，民受赐多矣。必察此意。②

苏轼为了能说动程之才尽快出行视察，一方面命苏过作《飓风赋》一篇呈之，以说明风灾之巨；另一方面，以自己所酿酒相召，希望能帮助程化解新丧之痛：

老兄近日酒量如何？弟终日把盏，积计不过五银盏尔。然近得一酿法，绝奇，色香味皆疑于官法矣。使旆来此有期，当预酝也。③

---

① 《苏轼文集》，第 1615 页。
② 《苏轼文集》，第 1606 页。
③ 《苏轼文集》，第 1590 页。

重九后程之才将从广州往东一路视察，苏轼接到来信，很想前去迎接，但是程的行程并不确定，所以只能静候：

> 某启。近四奉状，必一一达。比日起居何似？闻东行已决，但未闻离五羊的日，故未敢往迎。旦夕闻的耗，即轻舟径前也。区区，并俟面道。①

信中所云与第一次见面前自谓省躬念咎，不能远迎，已经明显有区别，能感觉到兄弟二人间的信任感正在加深。为了表达自己对再次见面的渴慕，苏轼又作诗一首，以迎之才：

> 生逢尧舜仁，得作岭海游。虽怀蹙然喜，岂免跕堕忧。暮雨侵重腿，晓烟腾郁攸。朝盘见蜜唧，夜枕闻鹋鹠。几欲烹郁屈，固尝馔钩辀。舌音渐獠变，面汗尝骍羞。赖我存黄庭，有时仍丹丘。目听不任耳，踵息殆废喉。稍欣素月夜，遂度黄茅秋。我兄清庙器，持节瘴海头。萧然三家步，横此万斛舟。人言得汉吏，天遣活楚囚。惠然再过我，乐哉十日留。但恨参语贤，忽潜九原幽。万里傥同归，两鳏当对棸。强歌非真达，何必师庄周。②

"两鳏当对棸"句下，苏轼自注云："轼丧妇已三年矣，正辅近有亡嫂之戚，故云。"显然，苏轼一直担心程之才沉浸在妻子去世

---

① 《苏轼文集》，第 1612 页。
② 《闻正辅表兄将至以诗迎之》，《苏轼诗集》，第 2142 页。

的悲痛中无法自拔。

中旬程之才抵达惠州，稍作停留便往东视察河源、循州等地。归途经惠，按察完毕，终于有空闲和轻松的心情与苏轼好好团聚。在当地向导的带领下，兄弟二人畅游白水山、香积寺，浴汤池，苏轼皆有诗作，成为这一时期兄弟交好的明证：

伟哉造物真豪纵，攫土抟沙为此弄。劈开翠峡走云雷，截破奔流作潭洞。因随化人履巨迹，得与仙兄蹑飞鞚。曳杖不知岩谷深，穿云但觉衣裳重。坐看惊鸟投霜叶，知有老蛟蟠石瓮。金沙玉砾粲可数，古镜宝奁寒不动。念兄独立与世疏，绝境难到惟我共。永辞角上两蛮触，一洗胸中九云梦。浮来山高回望失，武陵路绝无人送。筠篮撷翠爪甲香，素绠分碧银瓶冻。归路霏霏汤谷暗，野堂活活神泉涌。解衣浴此无垢人，身轻可试云间凤。①

只知楚越为天涯，不知肝胆非一家。此身如线自萦绕，左旋右转随缫车。误抛山林入朝市，平地咫尺千崴斜。欲从稚川隐罗浮，先与灵运开永嘉。首参虞舜款韶石，次谒六祖登南华。仙山一见五色羽，雪树两摘南枝花。赤鱼白蟹箸屡下，黄柑绿橘筐常加。糖霜不待蜀客寄，荔支莫信闽人夸。恣倾白蜜收五棱，细劚黄土栽三桠。朱明洞里得灵草，翩然放杖凌苍霞。岂无轩车驾熟鹿，亦有鼓吹号寒蛙。山人劝酒不用勺，石上自有樽罍洼。径从此路朝玉阙，千里莫遣毫厘差。故人日夜望我归，相迎欲到长风沙。岂知乘槎天女侧，独倚云机看织纱。世间谁似老兄弟，

① 《同正辅表兄游白水山》，《苏轼诗集》，第2147页。

笃爱不复相疵瑕。相携行到水穷处,庶几一见留子嗟。千年枸杞常夜吠,无数草棘工藏遮。但令凡心一洗濯,神人仙药不我遐。山中归来万想灭,岂复回顾双云鸦。①

越山少松竹,常苦野火厄。此峰独苍然,感荷佛祖力。茯苓无人采,千岁化琥珀。幽光发中夜,见者惟木客。我岂无长镵,真赝苦难识。灵苗与毒草,疑似在毫发。把玩竟不食,弃置长太息。山僧类有道,辛苦常谷汲。我惭作机舂,凿破混沌穴。幽寻恐不继,书板记岁月。②

从"念兄独立与世疏,绝境难到惟我共","世间谁似老兄弟,笃爱不复相疵瑕"等语看,二人相从甚乐,往日仇怨早已抛之云外。程之才回到广州后,二人时常互赠礼物:

惠及佳面,感怍。适有河源干菌少许,并香篆一枚,颇大,谩纳去,作笑。有肉苁蓉,因便寄示少许,无即已也。③

天下没有不散的宴席,苏轼与程之才在广东相见,化解两代人的恩怨,重归旧好,完全出乎章惇的意料。可能早有耳目告知章惇,至绍圣三年(1096)春天,程之才被召还京,苏轼闻讯免不了牢落万分,只能期待有朝一日自己也被召回,京师重见:

谪居穷寂,谁复顾者。兄不惜数舍之劳,以成十日之会,惟

---

① 《次韵正辅同游白水山》,《苏轼诗集》,第 2148 页。
② 《与正辅游香积寺》,《苏轼诗集》,第 2150 页。
③ 《苏轼文集》,第 1597 页。

此恩意，如何可忘。别后不免数日牢落，窃惟尊怀亦怅然也。但凝望沛泽北归，将复会见尔。①

　　苏轼与程之才之间的交往，止于此，次年苏轼再次南迁儋州，从现有文字上看，二人此后再无往还。章惇原本想利用苏程二家四十多年间的恩怨来迫害苏轼，没想到仇人相见，没有分外眼红，而是握手言欢，应该是章惇始料未及的。

---

① 　《苏轼文集》，第 1591 页。

第四章

心系民瘼：穷年蒿目忧黔黎

中国两千余年的封建时代,就社会组织形式而言,是一个家国同构的结构,以亲情血缘为纽带的家是最基本的社会组织单元,家是缩小的国,国是放大的家,君主是国家的最高代表,所以忠君与爱国往往是一个整体。作为君王意志和国家政策的执行者的士人阶层,忠君与爱国的执政表现就是替君王牧养、爱护天下平民。至宋张载提出了"民胞物与"的命题,即民皆吾胞,物皆吾类,将孔孟"亲亲"、"老吾老以及人之老,幼吾幼以及人之幼"的人伦要求,推广到社会管理层面,极大地丰富了儒家思想。终宋之世,苏轼可谓是心系民瘼,始终与民同呼吸、共患难的典范。

一、反 对 修 陵

凤翔签判任,乃苏轼平生首入仕途,处于仕宦上升期,他并没有以个人升迁为己任,心中首先想到的是天下苍生的疾苦,对那些劳民伤财的事情,哪怕涉及皇室权要,也不假辞色,总是直言鞭挞。嘉祐八年(1063)仁宗卒后,英宗即位,以韩琦为山陵使修永昭陵,全国动用民夫达数万人之巨,凤翔地区亦奉命助修陵

墓,尽管次年苏轼即面临磨勘,要过英宗一关,但以民生为重的
苏轼,目睹劳民伤财的事实,还是忍不住行诸笔端:

> 桥山日月迫,府县烦差抽。王事谁敢愬,民劳吏宜羞。中间
> 罹旱暵,欲学唤雨鸠。千夫挽一木,十步八九休。渭水涸无泥,
> 蕡堰旋插修。对之食不饱,余事更遑求。①

王注引次公注云:"嘉祐八年,仁宗皇帝三月上仙,十月葬永
昭陵。方秋时,府县应副山陵事所需也。"②诗中所叙正是英宗
即位初为仁宗大兴山陵一事。据《续资治通鉴长编》载嘉祐八年
夏四月"三司奏乞内藏库钱百五十万贯、绅绢二百五十万匹、银
五万两助山陵及赏赍。从之。宣庆使石全彬提举制造梓宫",同
时"发诸路卒四万六千七百八十人修奉山陵"。治平元年(1064)
三月初一,"诏三司用内藏库钱三十万贯修奉仁宗山陵"。山陵
使韩琦言:"嘉祐八年山陵所役卒四万六千四百余人。"③诗中
"桥山日月迫,府县烦差抽"、"千夫挽一木,十步八九休",正指府
县负责督促伐木修陵一事。"王事谁敢愬,民劳吏宜羞",明显流
露出作者对政府劳民伤财行为的不满,以及对底层民众的同情,
展现年轻的苏轼之正义与良知。《续资治通鉴长编》载,英宗为
仁宗修建陵墓,扰民过甚,当时即引起一些朝臣的不满,如时任
右司谏、直集贤院、同修起居注的郑獬曾上言:"大行山陵依乾兴
(按:真宗最后一个年号)制度,虽未为过多,以今校昔,盖有不

---

① 《和子由闻子瞻将如终南太平宫溪堂读书》,《苏轼诗集》,第179页。
② 《苏轼诗集》,第180页。
③ 《续资治通鉴长编》,第4794—4795、4852、5076页。

同。乾兴帑藏充积，财力有余，故可以溢祖宗之旧制。今国用空乏，财赋不给……山陵制度，乃取乾兴最盛之时为准，独不伤先帝节俭之德乎！臣以为宜敕有司条具名数，再议减节。"①嘉祐八年四五月间，正当修陵进行时苏轼上书请求缩减规模："方今山陵事起，日费千金，轼乃于此时议以官榷与民，其为迂阔取笑可知矣。然窃以为古人之所以大过人者，惟能于扰攘急迫之中，行宽大闲暇久长之政……山陵之功，不过岁终。一切之政，当讫事而罢。明年之春，则陛下逾年即位改元之岁，必将首行王道以风天下。及今使郡吏议之，减定其数，当复以闻，则言之今其时矣。"②

英宗即位初年，除了兴建仁宗陵墓外，还大肆新修宫室，大兴所谓的"竹木纲"，这也是苏轼此诗的背景。这从治平初年司马光的奏章中可以得到佐证："伏见近日以来，修造稍多，只大内中几及九百余间，以至皇城诸门、并四边行廊及南薰门之类，皆非朝夕之所急，无不重修者。役人极众，费财不少……修造劳费，不可胜数，臣请且言诸州买木一事，扰民甚多。衙前皆厚有产业之人，每遇押竹木纲，散失赔填，无有不破家者……修造倍多，诸场材木渐就减耗，有司于外州科买，百端营制，尚恐不足，而工匠用之，贱如粪土……今诸场前后所积竹木，何啻十家之产！"③其中"千夫挽一木，十步八九休"，正是"役人极众，费财不少"之注脚。青年苏轼即表现出对民生的强烈关注。

---

①　《续资治通鉴长编》，第 4803 页。
②　《上韩魏公论场务书》，《苏轼文集》，第 1395 页。
③　《续资治通鉴长编》，第 4945 页。

二、因 法 便 民

　　熙宁二年在王安石主导下，展开轰轰烈烈的变法，其本意是要富国强兵，但由于所用非人，实际操作过程中，逐渐背离初衷，变成对民众的盘剥、压榨。苏轼从一开始就旗帜鲜明地反对变法，被王安石排挤至地方后，目睹时艰，亲历新法给民众带来难以言传的不便与灾难。在当时高压环境下，大部分官员选择配合，或者沉默的时候，仗义执言的苏轼写了大量的诗作对时政进行讽喻，他希望能够上达天庭，能解民于倒悬。尽管苏轼没有成功，甚至这些作品成为后来乌台诗案的证据，但他心系民瘼，敢于为民呼号的精神却与世长存。

　　王安石变法对税收进行了改革，由收实物，改为收钱，导致了物贱伤民，很多家庭为了交税甚至家破人亡，对此苏诗皆有反映，并作了深刻地批判，如《吴中田妇叹》：

　　今年粳稻熟苦迟，庶见霜风来几时。霜风来时雨如泻，杷头出菌镰生衣。眼枯泪尽雨不尽，忍见黄穗卧青泥。茅苫一月陇上宿，天晴获稻随车归。汗流肩赪载入市，价贱乞与如糠粞。卖牛纳税拆屋炊，虑浅不及明年饥。官今要钱不要米，西北万里招羌儿。龚黄满朝人更苦，不如却作河伯妇。①

　　该诗前八句写自然原因影响粳稻收成，以及农民之苦况，还停留在现象的描述上；后八句写人为因素导致物贱伤农，直刺时

---

① 《苏轼诗集》，第 404 页。

政，尤其是"官今要钱不要米"一句直指当时的政策。熙宁初实行所谓的坐仓籴米政策："自熙宁以来，和籴、入中之外，又有坐仓、博籴、结籴、兑籴、俵籴、寄籴、括籴、劝籴、均籴等名，其曰坐仓。熙宁二年，令诸军余粮愿籴入官者，计价支钱，复储其米于仓。"①其本意是要在稻米盛产地收购余粮，待其适当时候再卖给商贾，以其钱供京师。而新法开始后改为纳钱输税，这样就导致钱贵物贱，农民稻米有余，却卖不出价钱，本来缺钱，而官府却穷究无尽，即司马光所谓的"民有米而官不用米，民无钱而官必使之出钱"，"不籴米而漕钱，弃其有余，取其所无，农末皆病"。严重的时候就出现所谓的"钱荒"现象："公私上下，并苦乏钱，百货不通，万商束手。又缘青苗、助役之法，农民皆变转谷帛，输纳见钱，钱既难得，谷帛益贱，人情窘迫，谓之钱荒。"②当然所谓"钱荒"主要是指政府对农民压榨过甚，农民缺钱，并不是指朝廷缺钱，当时的实际情况是农民日益贫穷，而朝廷搜刮过多以至"无宣泄之道"。我们看看苏辙的奏章可知："然方是时（熙宁间），东南诸郡犹苦乏钱，钱重物轻，有钱荒之患。自熙宁以来，民间出钱免役，又出常平息钱，官库之钱贯朽而不可较，民间官钱搜索殆尽……而钱积于官，无宣泄之道，民无见钱，百物益贱，譬如饥人，虽已得食，而无所取饮，久渴不治，亦能致死。"③苏轼在诗中表现的不仅是对农民的简单同情，重要的是他在追寻深刻的社会原因。

　　熙宁变法内容非常广泛，有青苗、募役、方田均税、农田水利

---

① 　（元）脱脱等撰：《宋史·食货志》，第 4243 页。
② 　《续资治通鉴长编》，第 6593 页。
③ 　《续资治通鉴长编》，第 9165 页。

等法,给民众带来的矛盾和不便在苏轼诗中都有不同程度的反映。新法中的盐法最为严苛,对农民带来的盘剥与伤害也最为严重,苏轼对此法的指刺也最为集中。苏诗中至少有五首反映盐法不便,第一首为《李杞寺丞见和前篇复用元韵答之》:

　　兽在薮,鱼在湖,一入池槛归期无。误随弓旌落尘土,坐使鞭箠环呻呼。追胥连保罪及孥(自注:近屡获盐贼,皆坐同保,徙其家),百日愁叹一日娱……岁荒无术归亡逋,鹄则易画虎难摹。①

　　此诗成为舒亶、李定等弹劾苏轼的证据之一。苏轼元丰二年入狱后,于御史台对此诗进行招供时说:"熙宁六年内,游孤山,诗寄(王)诜,除无讥讽外,有'误随弓旌落尘土,坐使鞭箠环呻呼',以讥讽朝廷新法行后,公事鞭箠之多也。又曰:'追胥连保罪及孥,百日愁叹一日娱',以讥讽朝廷盐法,收坐同保妻子移乡,法太急也。"②

　　第二首为《戏子由》:

　　宛丘先生长如丘,宛丘学舍小如舟……平生所惭今不耻,坐对疲氓更鞭箠。道逢阳虎呼与言,心知其非口诺唯。居高志下真何益,气节消缩今无几。文章小技安足程,先生别驾旧齐名。如今衰老俱无用,付与时人分重轻。③

———————————

① 《苏轼诗集》,第 319 页。
② (宋)朋九万:《东坡乌台诗案》,第 6 页。
③ 《苏轼诗集》,第 324 页。

苏轼在御史台对此诗的供词如下："'平生所惭今不耻,坐对疲氓更鞭箠',是时多配徒贩盐之人,例皆饥贫,言鞭箠此等贫民,轼平生所惭,今不耻矣！以讥讽朝廷盐法太急也。"①

第三首为《汤村开运盐河雨中督役》：

居官不任事,萧散羡长卿。胡不归去来,滞留愧渊明。盐事星火急,谁能恤农耕。薨薨晓鼓动,万指罗沟坑。天雨助官政,泫然淋衣缨。人如鸭与猪,投泥相溅惊。下马荒堤上,四顾但湖泓。线路不容足,又与牛羊争。归田虽贱辱,岂失泥中行。寄语故山友,慎毋厌藜羹。②

苏轼在御史台对此诗的供词是："轼为是时卢秉提举盐事,擘画开运盐河,差夫千余人。轼于大雨中部役,其河只为搬盐,既非农事,而役农民,秋田未了,有妨农事。又其河中间,有涌沙数里,轼宣言开得不便。轼自嗟泥雨劳苦,羡司马长卿,居官而不任事;又愧陶渊明,不早弃官归去也。"③诗中"薨薨晓鼓动,万指罗沟坑","人如鸭与猪,投泥相溅惊","线路不容足,又与牛羊争",足见新法扰民之甚、民众遭受奴役之苦。无独有偶,在《盐官部役戏呈同事兼寄述古》中也反映了相同的惨状：

新月照水水欲冰,夜霜穿屋衣生棱。野庐半与牛羊共,晓鼓却随鸦鹊兴。夜来履破裘穿缝,红颊曲眉应入梦。千夫在野口

① （宋）朋九万：《东坡乌台诗案》,第7页。
② 《苏轼诗集》,第388页。
③ （宋）朋九万：《东坡乌台诗案》,第8页。

如林,岂不怀归畏嘲弄。我州贤将知人劳,已酿白酒买豚羔。耐寒努力归不远,两脚冻硬须公软。①

诗中"野庐半与牛羊共"、"千夫在野口如林",形象反映了盐官部役之繁重,普通民众就像牲畜一般被野蛮对待,也反映了苏轼对生民的同情。对新法中的扰民现象苏轼除了正面嘲讽外,在一些咏物诗中也以隐曲的方式加以影射,如《和述古冬日牡丹四首》:

一朵妖红翠欲流,春光回照雪霜羞。化工只欲呈新巧,不放闲花得少休。(其一)

花开时节雨连风,却向霜余染烂红。漏泄春光私一物,此心未信出天工。(其二)

不分清霜入小园,故将诗律变寒暄。使君欲见蓝关咏,更倩韩郎为染根。(其四)②

诗中"化工只欲呈新巧,不放闲花得少休","漏泄春光私一物,此心未信出天工","使君欲见蓝关咏,更倩韩郎为染根"等语,明显话外有音,断不可只作咏物语观。苏轼自己也承认其中另有深意:"熙宁六年任杭州通判,时知州系知制诰陈襄字述古,是年冬十月内,一僧寺开牡丹数朵,陈襄作诗四绝,轼尝和此诗歌,皆讥讽当时执政大臣以比化工,但欲出新意擘画,令小民不

①　《苏轼诗集》,第 391 页。
②　《苏轼诗集》,第 525 页。

得暂闲也。"①

　　第四、五两首为熙宁六年春苏轼至辖地新城县巡行作的《山村五绝》中的两首。其二云：

　　烟雨濛濛鸡犬声，有生何处不安生。但教黄犊无人佩，布谷何劳也劝耕。②

　　苏轼在御史台的供词如下："轼意言是时贩私盐者，多带刀杖，故取前汉龚遂令人卖剑买牛、卖刀买犊，曰：'何为带牛佩犊'，意言但将盐法宽平，令人不带刀剑而买牛犊，则自力耕，不劳劝督也。以讥讽朝廷，盐法太峻不便也。"③

　　《山村五绝》其三：

　　老翁七十自腰镰，惭愧春山笋蕨甜。岂是闻韶解忘味，迩来三月食无盐。④

　　苏轼在御史台的供词如下："意山中之人，饥贫无食，虽老犹自采笋蕨充饥；时盐法峻急，避远之人无盐食，动经数月。若古之圣人，则能闻韶忘味，山中小民，岂能食淡而乐乎？以讥讽盐

---

①　（宋）朋九万：《东坡乌台诗案》，第 23 页。
②　《苏轼诗集》，第 438 页。
③　（宋）朋九万：《东坡乌台诗案》，第 7 页。
④　《苏轼诗集》，第 438 页。

法太急也。"①

　　苏轼所谓"朝廷盐法太急",绝非虚语,有很多材料证明盐法扰民之深重。比如关于民众犯盐法而起大狱的史料甚多。《宋史·卢秉传》:"检正吏房公事,提点两浙、淮东刑狱,专提举盐事。持法苛严,追胥连保,罪及妻孥,一岁中犯者以千万数。"②又《宋史·张璪传》:"卢秉行盐法于东南,操持峻急,一人抵禁,数家为颧徙,且破产以偿告捕,二年中犯者万人。"③《续资治通鉴长编》载:"(卢秉)与著作佐郎曾黙往淮南、两浙询究厉害……煮盐地什伍其民,以相稽察,及募酒坊户愿占课额,取盐于官卖之,月以钱输官,毋得越所酤地,而又严捕盗贩者。凡私煎、盗贩及私置煎器罪不至配者,虽杖罪皆同妻子迁五百里,擅还者编隶。"④

　　类似记录还有很多,如《续资治通鉴长编》熙宁七年九月癸亥纪事引《吕惠卿日录》记载:光是熙宁六年八月一日之内,遭两浙提举盐事司拘押入狱的官员就多达百余人,遭判决罪责的两浙平民多达八百多人;沈括到两浙察访民情后回朝廷向神宗汇报也说,因为触犯盐法遭判刑的百姓,数量一年多达数千人。《续资治通鉴长编》又载卢秉为了打击贩卖私盐,鼓励军民检举私盐,可获得赏钱,赏钱由犯盐禁者缴纳。越州有一户人家被举发触犯盐法,因为家贫无财产可以充检赏钱,遭盐监催迫,其母

①　(宋)朋九万:《东坡乌台诗案》,第 7 页。
②　(元)脱脱等撰:《宋史》,第 10670 页。
③　《宋史》,第 10569 页。
④　《续资治通鉴长编》,第 6027 页。

畏罪惧罚，竟然亲手杀了儿子。①

　　苏诗提到当时因为官盐价高，盐枭运售私盐有利可图，遂铤而走险，成群结队、佩刀带剑，全副武装，以武犯禁，公然跟官府对抗，也可找到相关史料。如《续资治通鉴长编》中记载："官卖（盐）岁止百万余斤，冒禁之人，本轻利厚，挟刀鸣鼓，千百为群，劫掠村疃，官不能制，余二十年，朝廷患之。"②关于盐贩武力对抗官府的事情，详查苏文也有内证。熙宁八年，苏轼在密州作《上文侍中论榷盐书》中说："轼在余杭时，见两浙之民以犯盐得罪者，一岁至七千而莫能止。奸民以兵仗护送，吏士不敢近者，常以数百人为辈，特不为他盗，故上下通知，而不以闻耳。"③贩卖私盐，兵杖以抗官府，官府必然要加强兵力，《续资治通鉴长编》熙宁六年十月庚申纪事条即有明确记载："两浙转运盐事司乞益兵千人，诏发开封府界、京东兵各五百人。时以盐法未行，盗贩者众故也。"④

　　关于官盐价高，平民买不起盐的现实，苏文中也有记载，熙宁八年，苏轼在密州作《上文侍中论榷盐书》中说："食之无盐，非若饥之无五谷也。五谷之乏，至于节口并日。而况盐乎？故私贩法重而官盐贵，则民之贫而懦者或不食盐。往在浙中，见山谷之人，有数月食无盐者。"⑤

　　以上诗文，以盐法为例，从相关史料到苏轼诗文内证，皆可

①　《续资治通鉴长编》，第 6265 页。
②　《续资治通鉴长编》，第 5178 页。
③　《苏轼文集》，第 1400 页。
④　《续资治通鉴长编》，第 6026—6027 页。
⑤　《苏轼文集》，第 1400 页。

见其对民生问题有深切的关注。这些诗文形象生动地反映了深刻的社会现实。

三、收 养 弃 婴

人口是一个国家综合实力的重要组成部分，在农业社会人更是生产力的源泉，但遗憾的是由于封建时代整个生产水平和养育能力低下，婴儿存活率一直比较低下；更悲惨的是，由于缺乏社会和国家投入，经常出现人为的弃婴、溺婴这样的人间悲剧，官府为了推卸责任，往往对这样的行为听之任之。苏轼在任内经常在力所能及的范围内解决这些问题。他在密州太守任上时，由于蝗害和旱灾频发，该地区经常发生弃婴现象，他曾组织官员在城内定期寻找："何人劝我此间来，弦管生衣甑有埃。绿蚁沾唇无百斛，蝗虫扑面已三回。磨刀入谷追穷寇，洒涕循城拾弃孩。为郡鲜欢君莫叹，犹胜尘土走章台。"①为了更好地解决这些弃婴的收养问题，除了动用官府支持外，他还广泛动员地主富户参与，责成这些有能力的大户捐助粮食，然后定期支给收养人家，成功地救养了大批孩子：

轼向在密州，遇饥年，民多弃子，因盘量劝诱米，得出剩数百石别储之，专以收养弃儿，月给六斗。比期年，养者与儿，皆有父

---

① 《次韵刘贡父李公择见寄》，《苏轼诗集》，第 646 页。

母之爱，遂不失所，所活亦数十人。①

　　弃婴、溺婴的事情在当时并非孤例，苏轼贬谪黄州时候，黄州和南面的鄂州地区也经常发生这样的事情：

　　昨日武昌寄居王殿直天麟见过，偶说一事，闻之酸辛，为食不下。念非吾康叔之贤，莫足告语，故专遣此人。俗人区区，了眼前事，救过不暇，岂有余力及此度外事乎？天麟言：岳鄂间田野小人，例只养二男一女，过此辄杀之，尤讳养女，以故民间少女，多鳏夫。初生，辄以冷水浸杀，其父母亦不忍，率常闭目背面，以手按之水盆中，咿嘤良久乃死。有神山乡百姓石揆者，连杀两子，去岁夏中，其妻一产四子，楚毒不可堪忍，母子皆毙，报应如此，而愚人不知创艾。天麟每闻其侧近有此，辄驰救之，量与衣服饮食，全活者非一。既旬日，有无子息人欲乞其子者，辄亦不肯。以此知其父子之爱，天性故在，特牵于习俗耳。闻鄂人有秦光亨者，今已及第，为安州司法。方其在母也，其舅陈遵，梦一小儿挽其衣，若有所诉。比两夕，辄见之，其状甚急。遵独念其姊有娠将产，而意不乐多子，岂其应是乎？驰往省之，则儿已在水盆中矣，救之得免。鄂人户知之。②

　　苏轼当时的身份是罪人，不得签书公判，且事情发生在鄂州，自己更不得过问，但他没有漠然视之，他给时任鄂州太守的

---

① 《与朱鄂州书》，《苏轼文集》，第 1417 页。
② 《与朱鄂州书》，《苏轼文集》，第 1416 页。

好友朱寿昌写信，建议他以官府法令的形式，严令禁止溺婴、弃婴：

准律，故杀子孙，徒二年。此长吏所得按举。愿公明以告诸邑令佐，使召诸保正，告以法律，谕以祸福，约以必行，使归转以相语，仍录条粉壁晓示，且立赏召人告官，赏钱以犯人及邻保家财充，若客户则及其地主。妇人怀孕，经涉岁月，邻保地主，无不知者。若后杀之，其势足相举觉，容而不告，使出赏固宜。若依律行遣数人，此风便革。公更使令佐各以至意诱谕地主豪户，若实贫甚不能举子者，薄有以赒之。人非木石，亦必乐从。但得初生数日不杀，后虽劝之使杀，亦不肯矣。自今以往，缘公而得活者，岂可胜计哉。佛言杀生之罪，以杀胎卵为最重。六畜犹尔，而况于人。俗谓小儿病为无辜，此真可谓无辜矣。悼耄杀人犹不死，况无罪而杀之乎？公能生之于万死中，其阴德十倍于雪活壮夫也。昔王濬为巴郡太守，巴人生子皆不举。濬严其科条，宽其徭役，所活数千人。及后伐吴，所活者皆堪为兵。其父母戒之曰：“王府君生汝，汝必死之。”古之循吏，如此类者非一。居今之世，而有古循吏之风者，非公而谁。此事特未知耳。①

朱寿昌年幼时生母被出，承受过骨肉分离的苦痛。后来为了寻找母亲，“弃官走天下求之，刺血书佛经，志甚苦”。苏轼深知其身世，清楚以朱寿昌之孝道和怜悯，肯定不会让其他孩子再承受失却父子之爱的切肤之痛，所以写了很长的书信，苦口婆心

---

① 《与朱鄂州书》，《苏轼文集》，第 1417 页。

地劝他积极解决治下的弃婴、溺婴问题。

对于黄州地区的溺婴问题，苏轼则以个人身份发动身边的朋友一起救助。如让长江南岸经营酒务、小有资产的处士好友古耕道带头出资，同时向本地区的富人募捐，所有粮食和财物由古耕道收集，然后交由安国寺僧人继莲，由他掌握账务和支出。就这样每年收养了数百弃婴：

> 近闻黄州小民贫者生子多不举，初生便于水盆中浸杀之，江南尤甚，闻之不忍。会故人朱寿昌康叔守鄂州，乃以书遗之，俾立赏罚以变此风。黄之士古耕道，虽椎鲁无它长，然颇诚实，喜为善。乃使率黄人之富者，岁出十千，如愿过此者，亦听。使耕道掌之，多买米布绢絮，使安国寺僧继莲书其出入。访问里田野有贫甚不举子者，辄少遗之。若岁活得百个小儿，亦闲居一乐事也。吾虽贫，亦当出十千。①

尽管身处逆境，苏轼仍能充分发动各种公私关系力所能及地解决弃婴、溺婴问题，可谓功德无量。

四、医治病民

封建时代，百姓的医疗问题，几乎全靠民间的自我救助，官方仍然处于不作为状态，苏轼一生对民间医疗也倾注了自己心

---

① 《黄鄂之风》.《苏轼文集》，第 2316 页。

血。元祐中苏轼守杭,当时水潦和瘟疫横行,百姓死伤严重,朝廷束手无策,苏轼与当地医生合作发明了"糜粥",相当于今天板蓝根水一样的汤药,无偿分发给灾民,成功地挽救了无数灾民生命:

> （苏轼）眉州人,自翰林学士乞郡,三月丁亥得旨,以龙图阁学士知。轼熙宁四年通判杭州,后十六年为守,岁适水潦饥疫相仍,为请于朝得减上供米三之一,故谷不翔踊,复以所赐度牒,益市粟济饥殍。明年贱粜常平米,又作糜粥遗人,命医官分治疾病,赖以全活者甚众。[①]

水潦和瘟疫过去后,苏轼深感有设置专门的医疗机构进行救治的必要,于是他和几位杭州僧人在艮山附件的交通要道上设立安乐坊,无偿医治本地病民:"艮山门外,又有善化坊四所,先是守苏文忠公尝于城中创置病坊,名曰安乐,以僧主之。"[②]这大概算是较早的免费公立医院和医保组织了。为了提高主事僧人的医疗救助积极性,同时也为了保障此制度长期坚持下去,苏轼特向朝廷请求,以三年为期进行考核,考核期内免费治疗的病人超过千人,则赐紫衣及度牒一道,朝廷很快批准这一合理请求。苏轼开创的公私、官民结合的医保制度很快被官方认可,北宋后期一度向全国推广,所以在杭州的这一创举多被记载:

---

① （宋）潜说友撰:《咸淳临安志》,杭州:浙江古籍出版社,2012年6月版,第1649页。
② （宋）潜说友撰:《咸淳临安志》,第3219页。

诏杭州管病坊僧人每三年医较千人以上特赐紫衣及度牒一道。元祐六年八月从苏轼请也。①

苏轼仍请于朝三年医愈千人乞赐紫衣并度牒一道，诏从之。②

（崇宁元年）五月二十六日，两浙转运司言：“苏轼知杭州日，城中有病坊一所，名安乐，以僧主之。三年医愈千人，与紫衣。乞自今管勾病坊僧，三年满所医之数，赐紫衣及祀部牒各一道，从之。仍改为安乐坊。”③

苏轼除了确立这一制度外，还不断给予资金上的支持，元祐六年离杭前夕有朋友赠金五两、银一百五十两，苏轼悉数赠给杭州病坊，《咸淳临安志》完整保存了苏轼给这位朋友的回信：

苏公有与某宣德书云：蒙遣人致金五两、银一百五十两为贶，轼自黄迁汝亦蒙公厚饷，当时邻于寒踣，尚且辞避；今忝近臣尚有余沥，未即枯竭，岂可冒受。又恐数逆盛意，非朋友之义，辄已移杭州作公意舍之病坊。此盖某在杭日所置，今已成伦理，岁收租米千斛，所活不赀，故用助买田以养天民之穷者，此公家家法，故推而行之，以资公之福寿，某亦与有荣焉，想必不讶，至于感佩之意，与收之囊中了无异也。④

---

① （宋）潜说友撰：《咸淳临安志》，第 1467 页。
② （宋）潜说友撰：《咸淳临安志》，第 3219 页。
③ （清）徐松辑：《宋会要辑稿·食货志》，北京：中华书局，1957 年 11 月版，第 5000 页。
④ （宋）潜说友撰：《咸淳临安志》，第 3221 页。

苏轼晚年贬谪海南时也特别注意救助当地百姓。从苏轼此期与友人的书信中可知海南的医疗条件比北方内地落后很多，如《与王庠》云："海隅风土甚恶，亦有佳山水，而无佳寺院，无士人，无医无药。"①《答程秀才》云："此间食无肉，病无药，居无室，出无友，冬无炭，夏无寒泉，然亦未易悉数，大率皆无耳。"②因为无医无药，所以苏轼得求助内地的朋友，但有书信往还者，必要求多寄药物来，如《与程全父》："久不得毗陵信，如闻浙中去岁不甚熟，曾得家信否？彼土出药否？有易致者，不拘名物，为寄少许。此间举无有，得者即为希奇也。间或有粗药，以授病者，入口如神，盖未尝识尔。"③

海南医疗条件固然落后，但更糟糕的是当地的落后观念，他们普遍不相信医学，而相信巫术，生病不吃药，只杀牛祈祷，直到人、牛皆亡，人财两空。苏轼在海南期间除了广施药物外，还跟这里比较开化的士人交往，开导他们改变陋习：

岭外俗皆恬杀牛，而海南为甚。客自高化载牛渡海，百尾一舟，遇风不顺，渴饥相倚以死者无数。牛登舟皆哀鸣出涕。既至海南，耕者与屠者常相半。病不饮药，但杀牛以祷，富者至杀十数牛。死者不复云，幸而不死，即归德于巫。以巫为医，以牛为药。间有饮药者，巫辄云："神怒，病不可复治。"亲戚皆为却药，禁医不得入门，人、牛皆死而后已。地产沉水香，香必以牛易之黎。黎人得牛，皆以祭鬼，无脱者。中国人以沉水香供佛，燎帝

① 《苏轼文集》，第 1821 页。
② 《苏轼文集》，第 1628 页。
③ 《苏轼文集》，第 1627 页。

求福；此皆烧牛肉也，何福之能得，哀哉！予莫能救，故书柳子厚《牛赋》以遗琼州僧道赟，使以晓喻其乡人之有知者，庶几其少衰乎？庚辰三月十五日记。①

　　苏轼在海南除了力所能及地医治病民外，更重要的是慢慢改变了本地民众的愚昧观念。苏轼在医治民众方面，一生坚持不辍，据《春渚纪闻》载："先生自海外还至赣上，寓居水南，日过郡城，携一药囊，遇有疾者必为发药，并疏方示之。"②以致有人感叹苏轼"无病而多蓄药，不饮而多置酒"③。

　　苏轼在推广医疗过程中，自己也积累了一下医学经验，对传统的一些药方有所体认，一旦他确认有用的药方，他总是想方设法去推广，希望惠及更多的人。这里有一则关于《圣散子》药方的趣谈：该方本得自乡人巢谷，巢谷惜之如命，甚至连自己的儿子都不传授。苏轼谪守黄州时，巢谷远道来访，苏轼苦求得之，但仍被告知，不许外传。苏轼觉得巢谷过于狭隘，遂秘授黄州医生庞安时，黄州发生瘟疫时，凭此救活许多人：

　　　昔尝览《千金方·三建散》云："风冷痰饮，症癖疠疟，无所不治。"而孙思邈特为著论，以谓此方用药节度不近人情，至于救急，其验特异。乃知神物效灵，不拘常制，至理开惑，智不能知。今仆所蓄《圣散子》，殆此类耶？自古论病，惟伤寒最为危急，其表里虚实，日数证候，应汗应下之类。差之毫厘，辄至不救，而用

---

① 《书柳子厚牛赋后》，《苏轼文集》，第 2058 页。
② （宋）何薳撰，张明华点校：《春渚纪闻》，北京：中华书局，1983 年 1 月版，第 92 页。
③ （明）陶宗仪撰：《说郛》，见《文津阁四库全书》，第 881 册，第 707 页。

《圣散子》者,一切不问。凡阴阳二毒,男女相易,状至危急者,连饮数剂,即汗出气通,饮食稍进,神守完复,更不用诸药连服取差,其余轻者,心额微汗,正尔无恙。药性微热,而阳毒发狂之类,服之即觉清凉,此殆不可以常理诘也。若时疫流行,平旦于大釜中煮之,不问老少良贱,各服一大盏,即时气不入其门。平居无疾,能空腹一服,则饮食倍常,百疾不生。真济世之具,卫家之宝也。其方不知所从出,得之于眉山人巢君谷,谷多学,好方秘,惜此方不传其子。余苦求得之。谪居黄州,比年时疫,合此药散之,所活不可胜数,巢初授余,约不传人,指江水为盟。余窃隘之,乃以传蕲水人庞君安时,安时以善医闻于世。又善著书,欲以传后,故以授之,亦使巢君之名,与此方同不朽也。①

　　本来与巢谷"约不传人",且"指江水为盟",不过苏轼为了救治更多的人,遂把巢谷秘而不宣的神秘方子给了善医懂医的庞安时,让更多的人受惠,发挥了药方最大的作用。

　　后来苏轼出守杭州期间,遇到大疫,亦曾使用此方医治杭州病民,后回到京师,他又主动将此方书授陆广秀才,广施于京师:

《圣散子》主疾,功效非一。去年春,杭之民病,得此药全活者,不可胜数。所用皆中下品药,略计每千钱即得千服,所济已及千人。由此积之,其利甚博。凡人欲施惠而力能自办者,犹有所止,若合众力,则人有善利,其行可久,今募信士就楞严院修制,

---

① 《圣散子叙》,《苏轼文集》,第331页。

自立春后起施，直至来年春夏之交，有入名者，径以施送本院。①

从杭州到京师"得此药全活者，不可胜数"，足见苏轼之无私与仁厚。

苏轼泛爱众生，爱博心劳，其关爱非止于普通无辜无助平民，对囚犯的医疗问题，他认为也应该一视同仁，予以关注。元丰二年正月在徐州任上上状请求救助病囚，他认为囚犯在狱中病卒，对于狱方而言，形同杀人，如能加以救治，则足以调阴阳之和，善莫大焉：

囚以掠笞死者法甚重，惟病死者无法，官吏上下莫有任其责者。苟以时言上，检视无他，故虽累百人不坐。其饮食失时，药不当病而死者，何可胜数。若本罪应死，犹不足深哀，其以轻罪系而死者，与杀之何异。积其冤痛，足以感伤阴阳之和。②

在具体操作方面，主张建立一支专门的狱中医疗队伍，其费用由公家宽剩役钱与坊场钱提供：

臣愚欲乞军巡院及天下州司理院各选差衙前一名，医人一名，每县各选差曹司一名，医人一名，专掌医疗病囚，不得更充他役，以一周年为界。量本州县囚系多少，立定佣钱，以免役宽剩钱或坊场钱充，仍于三分中先给其一，俟界满比较，除罪人拒捕

---

① 《圣散子后叙》，《苏轼文集》，第 332 页。
② 《乞医疗病囚状》，《苏轼文集》，第 764 页。

及斗致死者不计数外,每十人失一以上为上等,失二为中等,失三为下等,失四以上为下下。上等全支,中等支二分,下等不支,下下科罪,自杖六十至杖一百止,仍不分首从。其上中等医人界满,愿再管勾者听。人给历子以书等第。若医博士助教有阙,则比较累岁等第最优者补充。如此,则人人用心,若疗治其家人,缘此得活者必众。且人命至重,朝廷所甚惜,而宽剩役钱与坊场钱,所在山积,其费甚微,而可以全活无辜之人,至不可胜数,感人心,合天意,无善于此者矣。①

构想细致缜密,也可见苏轼的吏治能力。

五、锐 于 赈 济

遇到区域性灾难,非个人所解决的情况,苏轼则总是积极向朝廷禀报,为灾民力所能及地争取到最大程度的支持。苏轼元祐四年(1089)七月出守杭州,抵达任所时即遇上浙江地区水旱相仍,他四处走访,广泛视察灾情,详尽了解受灾情况后,十一月奏《乞赈济浙西七州状》,详报受灾情况:"勘会浙西七州军,冬春积水,不种早稻,及五六月水退,方插晚秧,又遭干旱,早晚俱损,高下并伤,民之艰食,无甚今岁。见今米斗九十足钱,小民方冬已有饥者。两浙水乡,种麦绝少,来岁之熟,指秋为期,而熟不熟又未可知。深恐来年春夏之交,必有饥馑盗贼之忧。"请求朝廷

---

① 《乞医疗病因状》,《苏轼文集》,第 765 页。

酌情减免税收："且起一半或三分之二，其余候丰熟日，分作二年，随年额上供钱物起发，所贵公私稍获通济。"①次月二十七日再上《上执政乞度牒赈济因修廨宇书》，奏言："浙中无麦，青黄之交，当在来秋，而熟不熟，又未可知。民惩熙宁流殍之祸，上户有米者，皆靳惜不肯出，其势非大出官米，不能救此患。"②请求度牒募人于诸县纳米，然后减价出卖，以接济灾民。次年二月初又上《乞降度牒召人入中斛出粜济饥等状》，奏言："本州倚郭略已足用外，其余七县，见缺三万余石。"希望能全面救助浙江地区，并"乞早奏陈，特许给上件度牒二百道"，以"召募苏、湖、常、秀人户，令于本州缺米县分入中。斛斗以优价入中，减价出卖"③，以惠及无钱购粮的下等灾户。

　　元祐五年（1090）二月朝廷令叶温叟具体分配两浙地区的度牒数量，其中杭州分到三十道，苏轼认为叶温叟分配不公，受灾较轻的苏州、润州反而分得更多，十八日即上《论两浙转运使叶温叟分擘度牒不公状》，认为"杭州城内，生齿不可胜数，约计四五十万人。里外九县主客户口，共三十余万"，"转运使叶温叟自出私意，多少任情，以杭州众大，甲于两路，只分与三十道，吏民惊骇，莫晓其意。"请求朝廷"体念杭州元奏缺米三万石，本乞度牒二百道，方稍足用，今来不敢更望上件数目，只乞特赐指挥于三百道内支一百五十道与杭州"④。后朝廷从其请，将度牒增至一百道。此事见于叶温叟的侄孙叶梦得的《避暑录话》：

①　《苏轼文集》，第 849 页。
②　《苏轼文集》，第 1407 页。
③　《苏轼文集》，第 859 页。
④　《苏轼文集》，第 861 页。

叔祖度支讳温叟,与子瞻同年,议论每不相下。元祐末,子瞻守杭州,公为转运使浙西。适大水灾伤,子瞻锐于赈济,而告之者或施予不能无滥,且以杭人乐其政,阴欲厚之。公每持之不下,即亲行部,一皆阅实,更为条画,上闻朝廷主公议。会出度牒数百付转运司,易米给民。杭州遂欲取其半,公曰:"使者与郡守职不同,公有志天下,何用私其州,而使吾不得行其职?"卒视它州灾伤重轻,分与之。子瞻怒甚,上章诋公甚力,廷议不以为直,乃召公还,为主客郎中。子瞻之志固美,虽伤于滥,不害为仁,而公之守不苟其官,亦人所难,可见前辈居官,无不欲自行其志也。①

叶梦得为苏门四学士之一的晁补之的外甥,平生仰慕苏轼。此则材料涉及自己的叔祖与苏轼"议论不相下",其中不无祖护叔祖的地方,但认为苏轼为了给自己治下的民众争取更多好处,"虽伤于滥,不害为仁",也算是比较公允的了。我们认为,"虽伤于滥",苏轼毕竟是为民众争取好处,而不是窃朝廷救助纳入私囊,也算是真正的执政为民、权为民谋了。

苏轼为杭州灾民争取朝廷援助一事,在当时引起政敌的攻击,认为他夸大灾情,《续资治通鉴长编》详载有贾易就此事对苏轼的弹劾奏章:"专为姑息,以邀小人之誉;兼设欺弊,以窃忠荩之名。如累年灾伤不过一二分,轼则张大其言,以甚于熙宁七八年之患。彼年饥馑疾疫,人之死亡者十有五六,岂有更甚于此

---

① (宋)叶梦得撰:《避暑录话》,见《景印文渊阁四库全书》,总第 863 册,子部第 169 册,卷上,第 640 页。

者。"①有可能，苏轼为了多为辖区灾民争取到援助而把灾情稍作夸大，但这实不能构成被劾奏的罪证，毕竟苏轼争取到的任何好处皆未据为己有，后世有谚云"当官不为民，不如回家种红薯"，苏轼为自己的灾民争取利益，何罪之有？

对可能发生的灾害，苏轼主张提前筹划，故本年七月上《奏浙西灾伤第一状》，中云："臣闻事豫则立，不豫则废，此古今不刊之语也。至于救灾恤患，尤当在早。若灾伤之民，救之于未饥，则用物约而所及广，不过宽减上供，粜卖常平，官无大失，而人人受赐，今岁之事是也。若救之于已饥，则用物博而所及微，至于耗散省仓，亏损课利，官为一困，而已饥之民，终于死亡，熙宁之事是也。熙宁之灾伤，本缘天旱米贵，而沈起、张靓之流，不先事奏闻，但务立赏闭粜，富民皆争藏谷，小民无所得食。"要求朝廷"特与宽减转运司上供一半"，并"乞许于苏州、秀州寄粜"②。事实证明苏轼未雨绸缪是完全正确的，后来方勺在《泊宅编》记载："东坡为郡，尤急于荒政，元祐中守杭，米斗八十，已预行措置。常云：熙宁八年，只缘张、沈二守不知此策，致二浙灾荒疾疫，只西路死者五十余万人。是年本路放秋苗一百三十万硕，酒税亏六十七万贯。"③为了能成功说服朝廷支持自己积极防灾，九月七日奏《相度准备赈济第一状》提出具体的措施："乞圣慈特许宽减转运司今来上供额斛一半，仍依去年例，令折价钱，置场收买金银绸绢上供，则朝廷无所耗失，而浙中米价稍平，常平收粜得足，来年不至大段减价出卖，耗折常平本钱，一路之人，得免流

---

① 《续资治通鉴长编》，第 11056 页。

② 《苏轼文集》，第 882 页。

③ （宋）方勺撰，许沛藻点校：《泊宅编》，北京：中华书局，1983 年 7 月版，第 56 页。

殍，为惠不小。"并"特与截拨本路或发运司上供斛斗三十万石，令本路减价出粜，或用补军粮之阙"①。十天之后再奏《相度准备赈济第二状》，提出更详细的计划和要求："诸州粜常平米至多，所管常平司官钱万数不少，但有钱无米，坐视饥殍，为忧不细。欲乞圣慈，过为防虑，特敕发运司相度擘画钱本，于江淮近便丰熟州、军，差官置场，和籴白米五十万石，严赐指挥，须管数足，仍般运至真、扬州桩管。若令来春本路阙常平米出粜，即令发运司拨发，于逐州下卸，仍以本路常平钱充还。若至时本路常平米有备，不须般运上件米出粜，即就拨充本路转运司上供额斛，却以宽减折斛钱充还。如此，即于朝省钱物，无所耗损，而于本路生灵亿万性命，稍免沟壑之忧。"②

当时朝官报喜不报忧，故意隐瞒灾情，苏轼愤怒至极，遂向主政的吕大防上书痛斥这些不良官员的丑恶行为："争言无灾，或言有灾而不甚，积众口之验，以惑聪明，此轼之所私忧过虑也。八月之末，秀州数千人诉风灾，吏以为法有诉水旱而无诉风灾，闭拒不纳，老幼相腾践，死者十一人。由此言之，吏不喜言灾者，盖十人而九，不可不察也。"并恳请吕大防向皇帝建言"乞宽减额米，截赐上供"③。苏轼为了灾民不惜得罪朝官的做法赢得后世正义之士的肯定，洪迈就此事曾这样评价道："苏公及此，可谓仁人之言。岂非昔人立法之初，如所谓风灾、所谓早霜之类，非如水旱之田可以稽考，惧贪民乘时，或成冒滥，故不轻启其端。今日之计，固难添创条式。但凡有灾伤，出于水旱之外者，专委良

---

① 《苏轼文集》，第 892 页。
② 《苏轼文集》，第 894 页。
③ 《上吕仆射论浙西灾伤书》，《苏轼文集》，第 1402 页。

守令推而行之，则实惠及民，可以救其流亡之祸，仁政之上也。"①

　　苏轼为了争取到朝廷的积极支持可谓不达目的不罢休，十月二十一日再奏《相度准备赈济第三状》，要求"多籴常平以备来年出粜平准市价"②；十一月二十一日复奏《相度准备赈济第四状》，请求"更添钱籴米，以防开春米价翔踊"。③ 此外他还积极请求地方官员的支持，时任江淮荆浙等路发运使的钱勰是其好友，故致信钱勰，请求多作擘画，使粜场不绝：

　　漕任虽非众望，然有一事有望于公。浙江流殍之忧，来年秋熟乃免。日月尚远，恐来年春夏间可忧，赈之则无还，贷之则难索，皆官力所不逮，惟多擘画，使数郡粜场不绝，则公私皆蒙利，事甚易知，但才不逮，且无是心，敢以累公，况枌榆所在，当留念也。④

　　苏轼在浙江赈灾可谓倾其全力，后世有人看到这些奏章后不仅感慨："东坡先生论事，如陆宣公；刚直不容于朝，似颜太师。今观此帖云：'览其灾伤，肺肝如焚。'公忧国恤民之心，为可见矣。然士无功名分者，虽毫发细事，终不得一入手做，公之谓也。后又有云：'有闻，不惜频示。'及是，此老又待招人物议也。临风展玩，重为慨叹。"⑤

① （宋）洪迈撰，孔凡礼点校：《容斋随笔》，第 915 页。
② 《苏轼文集》，第 897 页。
③ 《苏轼文集》，第 899 页。
④ 《与钱穆父》，《苏轼文集》，第 2470 页。
⑤ 《秋涧先生大全文集·题东坡先生灾伤卷后》，引自孔凡礼撰：《三苏年谱》，第 2139 页。

苏轼对杭州充满了感情,对杭州民众一直充满了关切,元祐八年(1093)正月,苏轼在京师,时黄师是出为两浙刑狱,作诗送行,嘱咐以浙民疮痍为忧虑:"哀哉吴越人,久为江湖吞。官自倒帑廪,饱不及黎元。近闻海上港,渐出水底村。愿君五袴手,招此半菽魂。一见刺史天,稍忘狱吏尊,会稽入吾手,镜湖小于盆。比我东来时,无复疮痍存。"①为了一方百姓,苏轼自己能做的必须亲力亲为,不能做的则请朋友帮忙做。

苏轼在外任期间,但凡遇到饥民,总是想尽办法为他们排忧解难。元祐六年(1091)秋天苏轼出知颍州,本年淮浙等地普遍歉收,庐州、濠州、寿州等地尤为严重,饥民啃食树皮,杂用糠麸、马齿苋充饥。秋冬时候大量的饥民涌入颍州,苏轼于十一月二十五日上《乞赐度牒籴斛斗准备赈济淮浙流民状》,请求朝廷:"赐度牒一百道,委臣出卖,将钱兑买前件小麦、粟米、绿豆、豌豆四色,封桩斛斗,候有流民到州,逐旋支给赈济。"②朝廷从请,救济了大批饥民。十二月连日大雪,流浪灾民饥寒交迫,苏轼心急如焚,连夜召集幕僚赵令畤,商议赈济,广施柴米,此事详载于赵令畤的《侯鲭录》:

> 元祐六年,汝阴久雪。一日天未明,东坡来召议事,曰:"某一夕不寐,念颍人之饥,欲出百余千造饼救之。老妻谓某曰:'子昨过陈,见傅钦之言签判在陈赈济有功,何不问其赈济之法?'某遂相召。"余笑谢曰:"已备之矣。今细民之困,不过食与火耳。义仓

---

① 《苏轼诗集》,第 1962 页。
② 《苏轼文集》,第 949 页。

之积谷数千硕，可以支散以救下民；作院有炭数万称，酒务有余柴数十万称，依原价卖之，可济下民。"坡曰："吾事济矣。"遂草放积欠赈济奏，檄上台寺。教授陈履常闻之，有诗："掠地冲风敌万人，蔽天密雪几微尘。漫山塞壑疑无地，投隙穿帷巧致身。映积读书今已老，闭门高卧不缘贫。遥知更上湖边寺，一笑潜回万宝春。"坡次韵曰："可怜扰扰雪中人，饥饱终同寓一尘。老桧作花真强项，冻鸢储肉巧谋身。忍寒吟咏君堪笑，得暖欢呼我未贫。坐听屐声知有路，拥裘来看玉梅春。"予次韵曰："坎壈中年坐废人，老来貂鼎视埃尘。铁霜带面惟忧国，机阱当前不为身。发廪已康诸县命，蠲逋一洗几年贫。归来又扫宽民奏，惭愧毫端尔许春。"①

元祐八年（1093）冬苏轼抵达定州任，到任前定州遭遇罕见水灾，苏轼广泛走访后于次年正月即上《乞减价粜常平米赈济状》，请求朝廷允许低价将常平米卖给贫民："减钱出粜，不得减过十分之二，仍给与贫民历头，令每日零买，不得令近上人户顿买兴贩，仍限不得粜过本州县见管常平数目三分之一。"②朝廷从请。苏轼发现定州官仓所储陈米尚多，于二月又奏《乞将损弱米贷与上户令赈济佃客状》，请求"将两界见在陈损白米二万余石，分给借贷与乡村第一等第二等主户吃用。令上件两等人户，据客户人数，不限石斗，依此保借。候向去丰熟日，依元籴例并令送纳十分好白米入官。不惟乘此饥年，人户阙食，优加赈济，又使官中却得新好白米充军粮支遣，及免年深转至损坏，尽为土

---

① （宋）赵令畤撰，孔凡礼点校：《侯鲭录》，第 119 页。
② 《苏轼文集》，第 1034 页。

壤。"①此法甚便，公私两利，朝廷从请。可是地方官员在执行过程中却极为怠慢，拖沓延误，以致让灾民在等候过程中所花费用超过了所贷得财米，苏轼为此致简负责人滕希靖（兴公），请他约束有关官吏，尽快将粮食贷予饥民：

　　近晚访闻一事，请贷粮者几满城郭，多请不得，致有住数日所费反多于所请者。吾侪首虑此事，非不约束，而官吏惰忽如此，盖有司按劾之过也。切请兴公速为根究。为邑官告谕期会不明耶？为仓官不早入晚出、支遣乖方所致耶？切与根究取问施行。病中闻之，甚愧！甚愧！某手启。②

　　苏轼只要有机会，就会为民请愿，急民众之所急，并以此为乐。据赵令畤云："东坡先生言，平生当官有三乐：凶岁检灾，每自请行，放数得实，一乐也；听讼为人得真情，二乐也；公家有粟，可赈饥民，三乐也。居家亦有三乐：闺门上下和平，内外一情，一乐也；室有余财，可济贫乏，二乐也；客至即饮，略其丰俭，终日欣然，三乐也。"③苏轼所说的当官三乐、居家三乐至今仍不过时！

六、勇 于 为 义

　　纵观苏轼一生，无论顺境，还是逆境，总是心系天下苍生得

---

① 《苏轼文集》，第 1036 页。
② 《与滕兴公》，《苏轼文集》，第 2482 页。
③ （宋）赵令畤撰，孔凡礼点校：《侯鲭录》，第 164 页。

失。乌台诗案即是因为为民号呼而致祸，但这次打击并没有浇灭苏轼关心民间疾苦的热情，元丰三年正月他在前往黄州贬所的路上即作诗，写道："下马作雪诗，满地鞭箠痕。伫立望原野，悲歌为黎元。"[①]他在黄州贬谪期间，虽不得签书公判，但对官府欺压民众的事并未沉默过，当他了解到地方官府为了收税，对农民的压榨到了敲骨吸髓的程度时，毅然作诗进行客观鞭挞：

> 江淮水为田，舟楫为室居。鱼虾以为粮，不耕自有余。异哉鱼蛮子，本非左衽徒。连排入江住，竹瓦三尺庐。於焉长子孙，咸施且侏儒。擘水取鲂鲤，易如拾诸途。破釜不著盐，雪鳞芼青蔬。一饱便甘寝，何异獭与狙。人间行路难，踏地出赋租。不如鱼蛮子，驾浪浮空虚。空虚未可知，会当算舟车。蛮子叩头泣，勿语桑大夫。[②]

只要有机会，他就会主动去了解民间的甘苦，倾听民众的心声，并为他们积极呼号。元祐七年（1092）二月苏轼由颍州赴扬州任所，自舟行至楚州，沿途常屏去兵卒，访问民间疾苦，当他知道民间为了偿还积欠，常被催迫以至流离失所、家破人亡，不觉为之涕下：

> 顷知杭州，又知颍州，今知扬州，亲见两浙、京西、淮南三路之民，皆为积欠所压，日就穷蹙，死亡过半。而欠籍不除，以至亏

---

① 《正月十八日蔡州道上遇雪子由韵二首》其二，《苏轼诗集》，第 1020 页。
② 《鱼蛮子》，《苏轼诗集》，第 1124 页。

欠两税,走陷课利,农末皆病,公私并困。以此推之,天下大率皆
然矣。臣自颍移扬,舟过濠、寿、楚、泗等州,所至麻麦如云。臣
每屏去吏卒,亲入村落,访问父老,皆有忧色。云:"丰年不如凶
年。天灾流行,民虽乏食,缩衣节口,犹可以生。若丰年举催积
欠,胥徒在门,枷棒在身,则人户求死不得。"言讫,泪下。臣亦不
觉流涕。又所至城邑,多有流民。官吏皆云:"以夏麦既熟,举催
积欠,故流民不敢归乡。"臣闻之孔子曰:"苛政猛于虎。"昔常不
信其言,以今观之,殆有甚者。水旱杀人,百倍于虎,而人畏催
欠,乃甚于水旱。①

　　人溺己溺,人饥己饥,此之谓也。
　　对于朝廷或者民间因袭已久的扰民政策,苏轼一向主张顺
民之意,坚决取消,最典型的就是取消扬州万花会。据孔常父
《维扬芍药序》称:"扬州芍药名于天下,与洛阳牡丹俱贵于时,四
方之人尽皆齐携金帛,市种以归者多矣。"后蔡延庆为守,始作万
花会,每次用花多达十余万支,虽极繁华,然劳民伤财,公私疲
惫。苏轼守扬州,访得民间极恶此会,即罢之:

　　扬州芍药为天下冠,蔡延庆为守,始作万花会,用花十余万
枝。既残诸园,又吏因缘为奸,民大病之。予始至,问民疾苦,遂
首罢之。万花会,本洛阳故事,而人效之,以一笑乐为穷民之害。
意洛阳之会,亦必为民害也,会当有罢之者。钱惟演为洛守,始
置驿贡花,识者鄙之。此宫妾爱君之意也。蔡君谟始加法造小

团茶贡之。富彦国曰："君谟乃为此耶？"①

　　苏轼在《次韵林子中春日新堤书事见寄》诗中云："羡君湖上斋摇碧，笑我花时甑有尘。为报年来杀风景，连江梦雨不知春。"句下自注："来诗有'芍药春'之句。扬州近岁，率为此会，用花十万余枝，吏缘为奸，民极病之，故罢此会。"②可见他对自己此举亦颇为在意。苏轼此举赢得扬州市民和后世一致好评，据张邦基《墨庄漫录》载："西京牡丹闻于天下，花盛时，太守作万花会，宴集之所，以花为屏帐，至于梁栋柱拱，悉以竹筒贮水簪花钉挂，举目皆花也。扬州产芍药，其妙者不减于姚黄、魏紫，蔡元长知淮扬日，亦效洛阳，亦作万花会。其后岁岁循习而为，人颇病之。元祐七年，东坡来知扬州，正遇花时，吏白旧例，公判罢之，人皆鼓舞欣悦。作书报王定国云：'花会检旧案，用花千万朵，吏缘为奸，乃扬州大害，已罢之矣。虽杀风景，免造业也。'公之为政，惠利于民，率皆类此，民到于今称之。"③

　　除万花会外，取消"随船检税"，是苏轼在扬州所办的另一惠民要举。扬州乃大运河的中枢，商船往来频繁，其中不乏谋利之处，地方政府为了私利，设岗检船，严重影响了漕运速度，同时漕运纲兵在这过程中大量盗卖官米，于公于私皆不利，苏轼为扬州守日，上奏罢船检税，于是"江淮之弊，往往除焉"：

　　　国朝法：纲船不许住滞一时，所过税场，不得检税，兵梢口

---

① 《以乐害民》，《苏轼文集》，第 2293 页。
② 《苏轼诗集》，第 1872 页。
③ （宋）张邦基撰，孔凡礼点校：《墨庄漫录》，第 239 页。

食,许于所运米中计口分升斗借之,至下卸日折算,于逐人之俸粮除之。盖以舟不住则漕运甚速,不检则许私附商贩,虽无明条许人,而有意于兼容,为小人之啖利有以役之也。借之口粮,虽明许之,然漕运既速,所食几何,皆立法之深意也。自导洛司置舟,官载客货,沿路税场既为所并,而纲兵搭附遂止。迩来导洛司既废,然所过税场,有随船检税之滞,小人无所啖利,日食官米甚多,于是盗粜之弊兴焉。既食之,又盗之,而转搬纳入者,动经旬月,不为交量,往往凿窦自沉,以灭其迹。有司治罪,鞭配日众,大农岁计不充,虽令犯人逐月克粮填纳,岂可敷足。张文定为三司使日,云岁亏六万斛,今比年不啻五十余万斛矣,而其弊乃在于纲兵也。东坡为扬州,尝陈前弊于朝,请罢沿路随船检税,江淮之弊,往往除焉。然五十万之阙,未能遽复,数年之后,可见其效。淮南、楚、扬、泗数州,日刑纲吏,不啻百人,能救其弊,此刑自省,仁人之言,其利溥哉。[①]

有些事即使不在苏轼的管辖范围内,他也不会漠然视之。绍圣元年贬惠州,路经广州,得知广州商贸繁荣,但官府对商贾盘剥太甚,其中关于香药草尤其如此。次年正月他的好友章楶(质夫)除知广州,苏轼随即写信,恳请章楶上奏朝廷罢香药草,以解商贾之忧:"屡承下访刍荛,不肖岂复有所见出公之意表者。但窃闻一事,公会用香药,皆珍异之物,及其番商坐贾之苦。盖近岁始造此例,公若一奏罢之,虽不悦者众,然于阴德非小补也。某与公皆高年,实无复丝毫有求于人者,所孜孜慕望,唯及物之

---

① (宋)李廌撰,孔凡礼点校:《师友谈记》,第28页。

功，以资前路，不厌多尔。"①苏轼当时是个"高年"罪废之人，无意于仕进，"无复丝毫有求于人"，但为了底层民众的切身利益，不惜放低身段有求于人，今天读来仍令人感动不已。不仅如此，他还鼓励其他官员，不要计较个人得失，舍己为民："忘己为民，谁如君者。愿益进此道，譬如农夫不以水旱而废穑蓑也。"②

　　苏轼在惠州，与在黄州时候一样，不得签书公判，但苏轼仍心系惠州人民的生活安危。绍圣二年（1095）惠州秋田大熟，却发生米贱伤农、闹钱荒的事，苏轼暗地调查发现，原来是由于地方俗吏刻意压价的结果，苏轼感叹"何至作此违条害民之事乎？"他立即写信给时任两广提刑的程之才，希望他"痛加打骂郡中俗吏"③，同时请求程之才上奏朝廷，依市价实直折纳，朝廷准奏，惠州郡民为之欢呼不已。

　　"惠州之东，江溪合流，有桥，多废坏"④，"冬有覆溺之忧"⑤，绍圣二年（1095）秋苏轼遂与程之才、傅才元、詹范筹建新桥，修建过程中苏轼尝捐犀带助之，后来他在《东新桥》诗"不云二子劳，叹我捐腰犀"句下自注中曾云："二士造桥，余尝助施犀带。"他还发动苏辙夫妇捐钱赞助，《西新桥》诗"探囊赖故侯，宝钱出金闺"句下自注曾云："子由之妇史，顷入内，得赐黄金钱数千助施。"

　　惠州守詹范在城中搜聚枯骨为丛冢，苏轼参与其中，并积极

①　（宋）章定撰：《名贤氏族言行类稿》，见《文津阁四库全书》，第 937 册，第 3 页。
②　《与林天和长官》，《苏轼文集》，第 1631 页。
③　《与程正辅》，《苏轼文集》，第 1611 页。
④　《两桥诗（并引）》，《苏轼诗集》，第 2199 页。
⑤　《与程正辅》，《苏轼文集》，第 1599 页。

筹划。他在《与程正辅》中云："时走湖上，观作新桥。掩骼之事，亦有条理，皆粗慰人意。"①事毕并为作祭文、铭与疏。

　　与惠州邻近的广州城饮水咸苦，多致疾病，苏轼遂给州守建议引蒲涧山滴水岩甘凉水入广州城，并荐好友邓守安参与谋划引水事："广州一城人，好饮咸苦水，春夏疾疫时，所损多矣。惟官员及有力者得饮刘王山井水，贫下何由得。惟蒲涧山有滴水岩，水所从来高，可引入城，盖二十里以下耳。若于岩下作大石槽，以五管大竹续处，以麻缠之，漆涂之，随地高下，直入城中。又为一大石槽以受之，又以五管分引，散流城中，为小石槽以便汲者。"在事成前夕，他欣喜若狂地告诉朋友："一城贫富同饮甘凉，其利便不在言也。自有广州以来，以此为患，若人户知有此作，其欣愿可知。"②

　　广州是当时南部地区重要商贸中心，人口稠密，流动性极大，疾病频发，死伤甚多，苏轼建议以他曾在杭州时的模式，广设病院，推广保障性治疗："广州商旅所聚，疾疫之作，客先僵仆，因薰染居者，事与杭相类。莫可擘划一病院，要须有岁入课利供之，乃长久之利，试留意。"③

　　苏轼在岭南时期为民所做事情可圈可点，有很多记载，其中记叙详尽者如《梁溪漫志》卷四《东坡谪居中勇于为义》条：

　　　　陆宣公谪忠州，杜门谢客，惟集药方，盖出而与人交，动作言语之际，皆足以招谤，故公谨之。后人得罪迁徙者，多以此为法，

---

① 《苏轼文集》，第 1616 页。
② 《与王敏仲》，《苏轼文集》，第 1693 页。
③ 《与王敏仲》，《苏轼文集》，第 1692 页。

至东坡则不然，其在惠州也，程正辅为广中提刑，东坡与之中外，凡惠州官事悉以告之。诸军阙营房，散居市井，窘急作过。坡欲令作营屋三百间，又荐都监王约、指使蓝生同干，惠州纳秋米六万三千馀石，漕符乃令五万以上折纳见钱，坡以为岭南钱荒，乞令人户纳钱与米，并从其便。博罗大火，坡以为林令在式假，不当坐罪，又有心力可委，欲专牒令，修复公宇仓库，仍约束本州科配。惠州造桥，坡以为吏屠而胥横，必四六分分了钱，造成一座河楼桥，乞选一健干吏来了此事。又与广帅王敏仲书，荐道士邓守安，令引蒲涧水入城，免一城人饮咸苦水、春夏疾疫之患。凡此等事多涉官政，亦易指以为恩怨，而坡奋然行之不疑，其勇于为义如此。谪居尚尔，则立朝之际，其可以死生祸福动之哉？①

　　费衮概括为"勇于为义"，可谓精当。类似的感慨很多，如《陵阳先生集》云："东坡不以患难流落为戚，方且施药葬枯骨，造桥以济病涉，此与陆敬舆在南宾集名方同一意……使人慨然。"②苏轼一生无论穷达，总是以生民祸福为先。尤其是在逆境中，仍奋起为百姓得失呼号，不可谓不感人，所以范祖禹称道："先生海内文章伯，穷年蒿目忧黔黎。"（《谢子瞻尚书惠墨端溪砚》）③

①　（宋）费衮撰，金圆校点：《梁溪漫志》，上海：上海古籍出版社，1985 年 9 月版，第 37 页。
②　（宋）韩驹撰：《陵阳先生集》，引自孔凡礼撰：《三苏年谱》，2004 年 10 月版，第 2746 页。
③　（宋）范祖禹撰：《范太史集》，见《文津阁四库全书》，第 937 册，第 3 页。

第五章

奖掖后进：洗樽致酒招良士

苏轼少年得志，很快成为一代文宗，为了能够薪火相传，实现文坛的持久繁荣，他一生致力于人才培养，总是力所能及地援引才俊，为世人树立了良好榜样。

一、对举子：负重名而爱士类

苏轼在其位，尽量为士人争取较好的用人政策，营建良好的进人氛围。自隋唐以来，朝廷主要以科举取士，它调动了士人的入仕积极性，也维护了整个社会在用人方面的公平性，故宋代仍在沿用、并不断完善这一制度。但科举仍有不够完美的地方，毕竟士人各有所专，并非所有人皆适应这种取士方式，所以苏轼元丰元年（1078）十月向皇帝奏言，建议应该在科举之外，再开取士之门，以广泛地搜罗人才。他注意到京东、京西、河北、河东、陕西五路，乃豪杰之场，此地士人并不善声律经义，宜别开他途："昔者以诗赋取士，今陛下以经术用人，名虽不同，然皆以文词进耳。考其所得，多吴、楚、闽、蜀之人。至于京东、西、河北、河东、陕西五路，盖自古豪杰之场，其人沉鸷勇悍，可任以事，然欲使治声律，读经义，以与吴、楚、闽、蜀之士争得失于毫厘之间，则彼有不仕而已,故其得人常少。夫惟忠孝礼义之士,虽不得志,不失为君子,若德不足而才有余者,困于无门,则无所不至矣。故臣愿陛下特为五路之士,别开仕进之门。"为此他特别比较从汉至宋的取士之法:"汉法:郡县秀民,推择为吏,孝行察廉,以次迁补,或至二千石,入为公卿。古者不专以文词取人,故得士为多。黄霸起于卒史,薛宣奋于书佐,朱邑选于啬夫,丙吉出于狱吏,其余名臣循吏,由此而进者,不可胜数。唐自中叶以后,方镇皆选列校以掌牙兵。啬是时四方豪杰,不能以科举自达者,皆争为之,往往积功以取旄钺。虽老奸巨盗,或出其中。而名卿贤将如高仙芝、封常清、李光弼、来瑱、李抱玉、段秀实之流,所得亦已多矣。王者之用人如江河,江河所趋,百川赴焉,蛟龙生之,及其去而之他,则鱼鳖无所还其体,而鲵鳅为之制,今世胥史牙校皆奴仆庸人者,无他,以陛下不用也。今欲用胥史牙校,而胥史行文书,治刑狱钱谷,其势不可废鞭挞,鞭挞一行,则豪杰不出于其间。故凡士之刑者不可用,而用者不可刑。"最后主张:"采唐之旧,使五路监司郡守,共选士人以补牙职,皆取人材。心力有足过人,而不能从事于科举者,禄之以今之庸钱,而课之镇税场务督捕盗贼之类,自公罪杖以下听赎。依将校法,使长吏得荐其才者,第其功阀,书其岁月,使得出仕比任子,而不以流外限其所至。朝廷察其尤异者,擢用数人。则豪杰英伟之士,渐出于此途,而奸猾之党,可得而笼取也。"①应该说,这在宋代是最早从人才多样性角度出发,对科举制进行反思和有效完善,并为士人争取到更多进身途径的举措。

---

① 《徐州上皇帝书》,《苏轼文集》,第 761—762 页。

在苏轼看来，制度虽有常规，但为了士人切身利益，也是可以灵活变通的。宋代科举考试，成为士人生活中最重要的事情，牵系无数举子和家庭的心。从宋初以来，科举考试制度逐渐完善，时间方面，一般在正月进行礼部考试，三月殿试，随后放榜，确定最后的录取名单；规则方面，一般先糊名、誊录，然后经初考、覆考、编排、详定四个程序，最后确定成绩。元祐三年（1088）正月苏轼知贡举，然从元祐二年冬天至本年初，持续数月大雪不断，全国举子被阻在赴京路途上，苏轼心急如焚，遂上书要求推迟礼部考试，以便给各地举子足够的时间："臣窃见近者大雪方数千里，道路艰塞，四方举人赴省试者，三分中未有二分到阙。朝廷虽议展限，然迫于三月放榜，所展日数不多，至时，若隔下三五百人赴试不及，即恐孤寒举人，转见失所，亦非朝廷急才喜士之意。欲乞自今日已往，更展半月，方始差官，仍令礼部疾速雕印，出榜晓示旁近州郡，但未试以前到者，并许投保引试。"同时为了不至于耽误殿试及放榜，苏轼主张改变本年的阅卷规则："若虑放榜迟延，恐趁三月内不及，即乞省试添差小试官十人，却促限五七日出榜。臣又窃见自来御试差官，分为初考、覆考、编排、详定四处，日限既迫，考官又少，以此多不暇精详。又缘初、覆考官，不敢候卷子齐足，方定等第，只是逐旋据誊录所关到卷子三十五十卷，便定等第，以此前后不相照，所定高下，或寄于幸与不幸，深为不便。不若只依南省条式，聚众考官为一处，通用日限，候卷子齐足，众人共定其等第，不惟精详寡失，又御试放榜，亦可以速了。"①所幸朝廷允奏，按照苏轼的请求，展延开考

---

① 《大雪乞省试展限兼乞御试不分初覆考札子》，《苏轼文集》，第806页。

时日，成全了无数举子，改变了相当一部分人的人生。

元祐三年苏轼知贡举，全面主持全国性的士人选拔考试，在此过程中，他切实感受到考务过程存在很多不够尊重士人、损害举子利益的行为，及时上奏予以纠正。《贡院札子四首》其一《奏巡铺郑永崇举觉不当乞差晓事使臣交替》，起因是巡考官郑永崇押到举子王太初、王博雅十卷中有一十九字偶同，即以为二人作弊，强令逐出，而据苏轼详查，"别无违碍，显是巡铺官郑永崇举觉不当"，苏轼以为："若信令巡铺官内臣挟情罗织，即举人无由存济。欲望圣慈速赐指挥，或且勾回石君召、郑永崇两人，却差晓事使臣交替，所贵不致非理生事。"所幸，朝廷又从请，换回郑永崇等人，不至继续影响其他举子的正常考试。《贡院札子》其二《奏劾巡铺内臣陈愭》，乃因"巡铺官捉到怀挟进士共三人，依条扶出，逐次巡铺官并令兵士高声唱叫"，致使"在院官吏公人，无不惊骇，在场举人，亦皆恐悚不安"，"内臣陈愭乃敢号令众卒，齐声唱叫，务欲摧辱举人，以立威势，伤动士心，损坏国体"①，很显然这种粗暴行为既不尊重士人，也严重干扰了举子的正常发挥，苏轼上奏要求马上撤走监考官陈愭，朝廷亦从请。有鉴于此，此年贡举结束后他再上《乞裁减巡铺兵士重赏》，巡铺兵士"非理凌忽举人，遂致喧竞"，"诃察严细，如防盗贼"，"多辱士类，亏损国体"②，主张裁减巡铺兵士。《贡院札子》其三《申明举人卢君修王灿等》，乃因"巡铺官押领到进士卢君修、王灿"，"卢君修来就王灿问道，不知耿邓之洪烈，为复是'洪烈'，为复是'洪勋'"③，即

---

①　《苏轼文集》，第 809 页。
②　《苏轼文集》，第 811 页。
③　《苏轼文集》，第 809 页。

卢君修因为看不清试卷，问王灿试卷中的字到底是"洪勋"还是"洪烈"，被巡铺官逐出。苏轼认为"将问字便作传义，未为允当"，非为作弊行为，所以继续令卢君修就试。这些虽为细节，但无不关系举子的终身利益，苏轼力主在公正的前提下，充分保障举子的正当权利。

寒窗苦读，一举成名，这是无数举子的梦想，苏轼在鼓励读书人的同时，总是谆谆教导他们，要耐得住寂寞，积学沉潜，追求水到渠成、瓜熟蒂落的成功。比如给张嘉父的两封书信：

> 某启。君年少气盛，但愿积学，不忧无人知。譬如农夫，是穮是蓘，虽有饥馑，必有丰年。敢以为赠。
>
> 某启。公文章自已得之于心，应之于手矣。譬之百货，自有定价，岂小子区区所能贵贱哉。"潜虽伏矣，亦孔之章。"足下虽欲不闻于人，不可得。愿自信不疑而已。①

急功近利、急躁虚浮确实是很多士人未成功以前的通病，苏轼作为一个成功的上岸者，一边能理解举子渴望成功的迫切，一边能引导他们如何去实现真正的成功。

苏轼科场顺利，少年成名，但对失利举子却能真诚宽慰，鼓励他们再接再厉。元丰四年九月黄州举子潘原（昌宗）失解后，东坡与之相遇，并作诗慰之：

> 千金敝帚人谁买，半额蛾眉世所妍。顾我自为都眊矂，怜君

---

① 《苏轼文集》，第 1563 页。

欲斗小婵娟。青云岂易量他日，黄菊犹应似去年。醉里未知谁
得丧，满江风月不论钱。①

　　诗中以千金敝帚无人买，肯定潘原的才能，把失解的问题推
给考官；"顾我自为都瞑眩"，则设身处地地替潘原着想，毕竟无
论谁下第内心都不能平静。后两句则劝慰潘原勇敢面对现实，
暂时忘却得失，待以后重整旗鼓。

　　元丰七年堂兄不欺次子千之秋试不利，结束黄州贬谪生活
的苏轼知侄儿正在返乡途中，想必抑郁，作简慰之：

　　必强侄近在泗州，得书，喜知安乐。房眷子孙各无恙。秋试
又不利，老叔甚失望。然慎勿动心，益务积学而已。人苟知道，
无适而不可，初不计得失也。②

　　对举子生活中遇到的困难，苏轼亦是尽力解决。据传苏轼
守杭时候，有位叫吴味道的乡贡进士赴京省试，路上携建阳小纱
为川资，假苏轼之名以逃税，苏轼查到后，不仅不严责，而且还为
换真书：

　　先生元祐间，出帅钱塘。视事之初，都商税务押到匿税人南
剑州乡贡进士吴味道，以二巨卷作公名衔，封至京师苏侍郎宅。
显见伪妄。公即呼味道前，讯问其卷中果何物也。味道恐慄而

---

① 《与潘三失解后饮酒》，《苏轼诗集》，第 1087 页。
② 《与千之侄》，《苏轼文集》，第 1839 页。

前曰："味道今秋忝冒乡荐，乡人集钱，为赴都之赆。以百千就置建阳小纱，得二百端。因计道路所经，场务尽行抽税，则至都下不存其半。心窃计之，当今负天下重名而爱奖士类，唯内翰与侍郎耳。纵有败露，必能情贷。味道遂伪假先生台衔，缄封而来。不探知先生已临镇此邦，罪实难逃，幸先生恕之。"公熟视，笑呼掌笺奏书史，令去旧封，换题细衔，附至东京竹竿巷苏侍郎宅。并手书子由书一纸，付示谓味道曰："先辈这回将上天去也，无妨来年高选，当却惠顾也。"味道悚谢再三。次年果登高第，还具笺启谢殷勤，其语亦多警策，公甚喜，为延款数日而去。①

同样在杭州，有传苏轼替人写白扇卖钱还债：

先生临钱塘日，有陈诉负绫绢钱二万不偿者。公呼至询之，云："某家以制扇为业，适父死，而又自今春已来，连雨天寒，所制不售，非故负之也。"公熟视久之，曰："姑取汝所制扇来，吾当为汝发市也。"须臾扇至，公取白团夹绢二十扇，就判笔作行书草圣及枯木竹石，顷刻而尽。即以付之曰："出外速偿所负也。"其人抱扇泣谢而出。始踰府门，而好事者争以千钱取一扇，所持立尽，后至而不得者，至懊恨不胜而去。遂尽偿所逋，一郡称嗟，至有泣下者。②

苏轼有时候为了帮助人，不惜夸大其词，替人刻意鼓吹。如

① （宋）何薳撰，张明华点校：《春渚纪闻》，第98页。
② （宋）何薳撰，张明华点校：《春渚纪闻》，第93页。

《书潘衡墨》一文盛赞潘衡所制墨之精良：

> 金华潘衡初来儋耳，起灶作墨，得烟甚丰，而墨不甚精。予教其作远突宽灶，得烟几减半，而墨乃尔。其印文曰"海南松煤东坡法墨"，皆精者也。常当防墨工盗用印，使得墨者疑耳。此墨出灰池中，未五日而色已如此，日久胶定，当不减李廷珪、张遇也。元符二年四月十七日。①

李廷珪、张遇乃当时制墨高手，若潘衡自称过之，自无人相信，然经苏轼这么鼓吹后，效果可想而知。然而"海南松煤东坡法墨"的实际情况到底如何呢，据《避暑录话》载：

> 宣和初，有潘衡者卖墨江西，自言尝为子瞻造墨海上，得其秘法，故人争趋之。余在许昌见子瞻诸子，因问其季子过，求其法，过大笑曰："先人安有法，在儋耳无聊，衡适来见，因使之别室为煤，中夜遗火，几焚庐。翌日，煨烬中得煤数两，而无胶和，取牛皮胶以意自和之，不能挺，磊块仅如指者数十，公亦绝倒，衡因是谢去。"盖后别自得法，借子瞻以行也。衡今在钱塘，竟以子瞻故，售墨价数倍于前。然衡墨自佳，亦由墨以得名。尤用功，可与九华朱仅上下也。②

按照当事人苏过的说法，潘衡和苏轼一起制墨并不成功，不

---

① 《苏轼文集》，第 2229 页。
② （宋）叶梦得撰：《避暑录话》，见《景印文渊阁四库全书》，总第 863 册，子部第 169 册，卷上，第 615 页。

过"在儋耳无聊"，即使不成功也算聊慰寂寞，所以苏轼当时不觉失败，反为之"绝倒"。后来潘衡"自得法，借子瞻以行"，"售墨价数倍于前"，自然也是利用了苏轼大名而已。总之，潘衡和苏轼在海南"起灶作墨"，并没有达到"不减李廷珪、张遇"的效果，苏轼为了帮潘衡售墨不惜"造假"而已。

苏轼一生援引士人，乐此不疲，其中最著名的当然数苏门四学士，实际上，四学士之外，被苏轼援引举荐的尚多。比如元祐在朝期间，为推荐李之仪（端叔），尝频繁将其诗带至玉堂传阅，为其播扬声名，南宋刘克庄感叹："王右丞携孟浩然入禁中，苏公亦以李端叔呈玉堂前辈，欲成就士子声名类如此。然孟生竟以'不才明主弃'之句忤明皇意，放还山，端叔虽仕至尚书郎，晚节落魄甚矣，诗虽工，如命何！"①

苏轼会根据士人才华进行有针对性的推举，典型如援引何去非和贺铸。据苏轼所作《举何去非换文资状》知，何去非原为武将，然实以文学才华见长，苏轼遂荐其换文资：

右臣伏见左侍禁何去非，本以进士六举到省，元丰五年，以特奏名就御庭唱名。先帝见其所对策词理优赡，长于论兵。因问去非："愿与不愿武臣官？"去非不敢违圣意。遂除右班殿直，武学教授，后迁博士。今已八年。尝见其所著述，材力有余，识度高远，其论历代所以废兴成败，皆出人意表，有补于世。去非虽喜论兵，然本儒者，不乐为武吏。又其他文章，无施不宜。欲

---

① （宋）刘克庄撰：《后村题跋》，见《宋人题跋》，台北：世界书局，2009 年 10 月版，下册，第 439 页。

望圣慈特与换一文资，仍令充太学博士，以率励学者，稍振文律，庶几近古。①

　　《福建通志》有何去非传，知其颇有著述流传，足见苏轼知人之深："何去非字正通，浦城人，累举不第。元丰五年廷对论用兵之要，非通儒硕学不能，神宗异之，行即殿陛，问何以知兵，对曰：'臣闻文武一道，古之儒者未尝不知兵。'神宗喜授武学校谕，使校七书兵法。元祐中，苏轼见其文，曰：'此班马匹也。'荐于朝，诏加承奉郎，出为徐州教授，历判庐州，卒。有文集二十卷、《备论》四卷、《司马法讲义》三卷、《三略讲义》三卷。"②贺铸也是因苏轼推举，由西头供奉，改入文资，为承议郎，后为知名词人。

　　苏轼以援引士人为乐，经其举荐而得官者，从其文集可知有赵令畤、张举、毛滂、刘焘、陈师道等数十人。然苏轼并非毫无原则和底线地推举士人，比如元祐年间张商英（无尽）曾致简苏轼，希望其引为言官，然苏轼鄙薄其为人，即未加推荐，事见《曲洧旧闻》："元祐间，东坡在禁林，无尽以书自言曰：'觉老近来见解与往时不同，若得一把茅盖头，必能为公呵佛骂祖。'盖欲东坡荐为台谏也。温公颇有意用之，尝以问坡，坡云：'犊子虽俊可喜，终败人事。不如求负重有力而驯良服辕者，使安行于八达之衢，为不误人也。'温公遂止。"③

　　遇举荐失察，苏轼往往以自劾方式加以补救，比如关于周穜，曾因苏轼举荐而得官，后擅议配享，苏轼自劾道："臣忝备侍

①　《苏轼文集》，第836页。
②　（清）郝玉麟撰：《福建通志》，见《文津阁四库全书》，第529册，第657页。
③　（宋）朱弁撰、孔凡礼校点：《曲洧旧闻》，第199页。

从，谬于知人，至引此人以污学校，若又隐而不言，则罔上党奸，其罪愈大。谨自劾以待罪，伏望圣慈特赦有司，议臣妄举之罪，重赐责降，以儆在位。"①宋代举荐，需要承担责任，一旦被推荐人出事，推荐人也会受牵连，相关事件屡见不鲜，如王克臣因引荐郑侠，后"侠坐改送英州编管"，而"王克臣、杨永芳各夺一官"②。苏轼文集的举荐文中亦常见"若后不如所举，臣等甘伏朝典"等字样，所以苏轼的推荐，绝非老好人行为。

二、与秦观：一闻君语识君心

在众门人中，秦观与李廌相较而言，仕宦最为不顺，苏轼为他们付出的心血也最多，这里不妨重点梳理一下他们之间的交往，以见苏轼对后进之垂顾与提携。

秦观生皇祐元年（1049），少年早慧，博览诗书，却累第不中，在苏门中最晚考中进士，而最获苏轼偏爱。苏轼未见秦观其人，先读其文。苏轼熙宁七年（1074）十月赴密州任，离杭经高邮，与秦观的老师孙觉（莘老）相见，席间读秦观诗词，惊叹不已："东坡初未识秦少游，少游知其将复过维扬，作坡笔语题壁于一山中寺。东坡果不能辨，大惊。及见孙莘老，出少游诗词数百篇，读之，乃叹曰：'向书壁者岂此郎也？'"③元丰元年（1078）五月秦观

---

① 《论周穜擅议配享自劾札子》，《苏轼文集》，第 832 页。
② 《续资治通鉴长编》，第 6312 页。
③ （宋）惠洪：《冷斋夜话》，见张伯伟编校：《稀见本宋人诗话四种》，南京：江苏古籍出版社，2002 年 4 月版，第 9 页。

入京应举，过徐州，首次呈诗拜见苏轼：

> 人生异趣各有求，系风捕影只怀忧。我独不愿万户侯，惟愿一识苏徐州。徐州英伟非人力，世有高名擅区域。珠树三株讵可攀，玉海千寻真莫测。一昨秋风动远情，便忆鲈鱼访洞庭。芝兰不独庭中秀，松柏仍当雪后青。故人持节过乡县，教以东来偿所愿。天上麒麟昔漫闻，河东鸑鷟今才见。不将俗物碍天真，北斗已南能几人。八砖学士风标远，五马使君恩意新。黄尘冥冥日月换，中有盈虚亦何算。据龟食蛤暂相从，请结后期游汗漫。①

诗中高度赞赏苏轼的才华与人品，充分表达了此行见到苏轼的喜悦之情，苏轼亦次其韵，高度评价秦观：

> 夜光明月非所投，逢年遇合百无忧。将军百战竟不侯，伯郎一斗得凉州。翘关负重君无力，十年不入纷华域。故人坐上见君文，谓是古人吁莫测。新诗说尽万物情，硬黄小字临黄庭。故人已去君未到，空吟河畔草青青。谁谓他乡各异县，天遣君来破吾愿。一闻君语识君心，短李髯孙眼中见。江湖放浪久全真，忽然一鸣惊倒人。纵横所值无不可，知君不怕新书新。千金敝帚那堪换，我亦淹留岂长算。山中既未决同归，我聊尔耳君其漫。②

---

① （宋）秦观撰，徐培均笺注：《淮海集笺注》，上海：上海古籍出版社，1994年10月版，第135页。
② 《次韵秦观秀才见赠秦与孙莘老李公择甚熟将入京应举》，《苏轼诗集》，第827—828页。

诗中"故人坐上见君文，谓是古人吁莫测"即四年前与孙觉
会晤，读秦诗的感觉。遗憾的是秦观秋试失利，苏轼先后致简慰
之，并作诗为其鸣不平：

然见解榜，不见太虚名字，甚惋叹也。此不足为太虚损益，
但吊有司之不幸尔。①
秦郎文字固超然，汉武凭虚意欲仙。底事秋来不得解，定中
试与问诸天。
一尾追风抹万蹄，昆仑玄圃谓朝隮。回看世上无伯乐，却道
盐车胜月题。
得丧秋毫久已冥，不须闻此气峥嵘。何妨却伴参寥子，无数
新诗咳唾成。②

苏轼平生安慰过的失意举子很多，但很少说"有司之不幸"
之类的话，很显然对考官的有眼无珠极为不满。岁末，秦观复
简，感谢苏轼的安慰："慰悔勤至，殆如服役，把玩弥日，如晤玉
音，释然不知穷困憔悴之去也。即日伏惟尊候，动止万福，某鄙
陋不能脂韦婉娈，乖世俗之所好。比迫于衣食，强勉万一之遇，
而寸长尺短，各有所施，凿圆枘方，卒以不合，亲戚游旧，无比悯
其愚而笑之。此亦理之必然，无足叹者。殆以再世偏亲皆垂白，
而田园之入，殆不足奉裘葛，贡馈粥。犬马之情，不能无悒悒尔，
然亦命也，又将奚尤？惟先生不弃，而时赐之以书，使有以自慰。

---

① 《答秦太虚》，《苏轼文集》，第 1534 页。
② 《次韵参寥师寄秦太虚三绝句时秦君举进士不得》，《苏轼诗集》，第 904—905 页。

幸甚,幸甚!"(《与苏公先生》)①

　　元丰三年(1080)远谪黄州的苏轼仍关心秦观的举业,以自己的亲身经历,引导秦观如何进行考前准备:"寄示诗文,皆超然胜绝,亹亹焉来逼人矣。如我辈,亦不劳逼也。太虚未免求禄仕,方应举求之,应举不可必。窃为君谋,宜多著书,如所示论兵及盗贼等数篇,但似此得数十首,皆卓然有可用之实者,不须及时事也。但旋作此书,亦不可废应举,此书若成,聊复相示,当有知君者,想喻此意也。"②为文而"不须及时事",这是苏轼有切肤之痛的深刻体会,他希望秦观不要重蹈覆辙。

　　元丰四年冬天,苏轼尝致简,劝秦观应参加下一年的秋试,从回信可知,秦观正按苏轼指导积极准备,并且信心十足:"得公书,重以亲老之命,颇自摧折,不复如向来简慢。尽取今人所谓时文者读之,意谓亦不甚难及,试就其体作数首,辄有见推可者,因以应书,遂亦蒙见录,今复加工如求应举时矣。但恐南省所取又不同,傥只如此,恐十有一二可得也。前寄呈乱道,继亦作得十数篇,未敢附上。"(《与苏公先生》第四简)③遗憾的是元丰五年(1082)正月,秦观参加礼部试,再次落第。

　　元丰七年(1084),结束贬谪生活的苏轼,经过金陵与王安石相处月余。九月,苏轼在真州致简王安石,恳请王安石举荐秦观:

　　　　向屡言高邮进士秦观太虚,公亦粗知其人,今得其诗文数十

---

①　(宋)秦观撰,徐培均笺注:《淮海集笺注》,第984页。
②　《苏轼文集》,第1536页。
③　(宋)秦观撰,徐培均笺注:《淮海集笺注》,第991页。

首，拜呈。词格高下，固无以逃于左右，独其行义修饬，才敏过人，有志于忠义者，某请以身任之。此外，博综史传，通晓佛书，讲习医药，明练法律，若此类，未易以一二数也。才难之叹，古今共之，如观等辈，实不易得。愿公少借齿牙，使增重于世，其他无所望也。①

苏、王关系经历了熙宁、元丰初的紧张对立，至此刚刚缓和，苏轼便向曾经的政敌王安石请求帮助，一方面说明苏、王之间确实已无芥蒂可言，另一方面可见苏轼对秦观之照顾。苏轼很快收到了王安石的回复，王安石对秦观诗才亦极赏爱：

某启：承诲喻累幅，知尚盘桓江北，俯仰逾月，岂胜感怅。得秦君诗，手不能舍，叶致远适见，亦以为清新妩丽，与鲍、谢似之。不知公意如何？余卷正冒眩，尚妨细读，尝鼎一脔，旨可知也。公奇秦君，数口之不置，吾又获诗，手之不舍。然闻秦君尝学至言妙道，无乃笑我与公嗜好过乎？未相见，跋涉自爱，书不宣悉。（《回苏子瞻简》）②

"公奇秦君，数口之不置"，足见苏轼在王安石面前是如何的竭力称赞秦观。

想必王安石对秦观有积极推举，次年（1085）三月秦观终于考中进士。

---

① 《与王荆公》，《苏轼文集》，第 1444 页。
② （宋）王安石撰：《临川先生文集》，北京：中华书局，1959 年 1 月版，第 776 页。

元祐初苏轼回朝，处于他一生仕途最顺、权位最高的时期。九月，刚为翰林学士、知制诰的苏轼便以贤良方正荐秦观，准奏，秦观遂除太学博士①。

元祐期间党争四起，秦观屡遭论奏，苏轼除了正常辩解外，亦对秦观加以保护。元祐六年（1091）正月秦观除秘书省正字，八月初贾易、赵君锡即以薄行论奏秦观，事见《续资治通鉴长编》：

（八月戊子）又以赵君锡论秦观疏付三省。刘挚私志其事云：初，除（秦）观为正字，用君锡之荐，既而贾易诋观不检之罪。同日，君锡亦有一章曰："臣前荐观，以其有文学，今始知其薄于行，愿寝前荐，罢观新命。臣妄荐观罪，不敢逃也。"观亦有状辞免。今日君锡之疏曰："二十七日，观来见臣，言：'贾御史之章云，邪人在位，引其党类。此意是倾中丞也。今贾之遗行如观者甚多，中丞何不急作一章论贾，则事可解。'观之倾险如此，乞下观吏究治之。缘臣与贾易二十六日弹观，才一夕而观尽得疏中意，此必有告之者。朝廷之上不密如此。观访臣既去，是日晚有王遹来，苏轼之亲也，自言轼遣见臣有二事，其一则言观者，公之所荐也，今反如此；其一则两浙灾伤如此，而贾易、杨畏乃言传者过当，欲令朝廷考虚实，朝廷从其奏。于是给事、两谏官论驳，以谓当听其赈恤，不可先以核实之旨恐之。夫台谏之言不同如此，中丞岂可不为一言？臣以为观与遹皆挟轼之威势，逼臣言事，欲离间风宪。臣僚皆云奸恶，乞属吏施行。"夫君锡之荐观也，非本

---

① （元）脱脱等撰：《宋史·秦观传》，第 13113 页。

知观也，未拜中丞时，观多与王巩游饮，君锡在焉，缘此习熟。既为中丞，巩迫令荐之。观，轼之客也。故凡不喜轼者，皆咎君锡及易，至亦以君锡荐观为非。会观有正字之除，易率先一章，君锡遂翻然首之。首观可也，今日之章似乎太甚。君锡与轼极相友善，兼所传言无他祷请，遽白之，朋友之道缺矣；不白之，于义未有害也。挚谓君锡深惜此举，议者以君锡为易所凌劫，至于如此云。①

很显然，此中皆为党争的常用伎俩，有人欲借打击秦观而波及苏轼，苏轼不得已上书对相关事实进行澄清：

元祐六年八月初四日，翰林学士承旨左朝奉郎知制诰兼侍读苏轼札子奏。臣今月三日，见弟尚书右丞辙为臣言，御史中丞赵君锡言，秦观来见君锡，称被贾易言观私事，及臣令亲情王適往见君锡，言台谏等互论两浙灾伤，及贾易言秦观事。乞赐推究……秦观自少年从臣学文，词采绚发，议论锋起。臣实爱重其人，与之密熟。近于七月末间，因弟辙与臣言贾易等论浙西灾伤，乞考验虚实，行遣其尤甚者，意令本处官吏，观望风旨，必不敢实奏行下，却为给事中封驳谏官论奏。②

受此冲击，秦观很快被罢秘书省正字，被迫离京。党争太烈，苏轼亦爱莫能助，他在给参寥子的信中说："少游近致一场

---

① 《续资治通鉴长编》，第 11050 页。
② 《辨贾易弹奏待罪札子》，《苏轼文集》，第 935 页。

闹,皆群小忌其超拔也。"①秦观风流放荡的个性成为贾易等人攻击的把柄。尽管如此,苏轼还是尽力援引,这甚至成为后来卫道者攻击苏轼的证据之一,如朱熹曾云:"东坡荐秦少游,为后人所论,他书不载,只《丁未录》上有。尝谓东坡见识如此,若作相,也弄得成蔡京了。"②姑且不论朱熹所云苏轼作相会是否成为蔡京,但苏轼对秦观之提携与爱护则是一以贯之的。

三、与李廌:我惭不出君大笑

与秦观相比,李廌一生更加坎坷,苏轼对他的提携与爱护更深,所倾注的心血更多。苏轼与李廌之父李惇(宪仲)为同榜进士,李廌与苏轼长子苏迈同年出生,但六岁而孤,可能是因为这些原因,让苏轼觉得有责任帮助李廌解决困难。

李廌,字方叔,初名豸,后从苏轼游而改今名③,自号太华逸民,文集名《月岩集》④。据《石林诗话》载:"李廌,阳翟人,少以

---

① 《苏轼文集》,第 1861 页。
② (宋)黎靖德编,王星贤点校:《朱子语类》,第 3116 页。
③ (宋)马永卿撰《懒真子》卷二:"李方叔初名豸,从东坡游,东坡曰:'《五经》中无公名。'独《左氏》曰:'庶有豸乎!'乃音直氏切。故后人以为虫豸之豸。又《周礼》供具綷,亦音治,乃牛鼻绳也。唯《玉篇》有此豸字。非《五经》字不可用。今宜易名曰廌。方叔遂用之。秦少游见而嘲之曰:'昔为有角之狐乎? 今作无头箭乎?'豸以况狐,廌以况箭。方叔仓卒无以答之,终身以为恨。"(见《文津阁四库全书》,第 865 册,第 415 页。)
④ 周紫芝《书〈月岩集〉后》:"《月岩集》,太华逸民之所作。而太华逸民,则李廌方叔之自号也。端叔序其文,谓东坡尝言:吾评斯文,如大川东注,昼夜不息,不至于海不止也。今诵其诗,读其文,然后知此老之言为有旨焉。然而自非豪迈英杰之气,过人十倍,则其发为文词,何以若是其痛快耶! 绍兴壬申春,滑台刘德秀借本于妙香寮,乃书以还之。"(宋)周紫芝撰:《太仓稊米集》,见《文津阁四库全书》,第 1145 册,第 669 页。

文字见苏子瞻，子瞻喜之。"①可知李鷹很早即与苏轼相知。从今存苏轼文集看，二人文字往来始于元丰四年（1081）六月苏轼在黄州答李鷹简："今岁暑毒十倍常年。雨昼夜不止者十余日，门外水天相接，今虽已晴，下潦上烝，病夫气息而已。想足下闭门著述，自有乐事。间从诸英唱和谈论，此又可羡也。"（《答李方叔》第一简）②此后苏轼又有数简写予李鷹，第二封书信中问及秋试情况："秋试时，不审已从吉未？若可下文字，须望鼎甲之捷也。暑中既不饮酒，无缘作字，时有一二，辄为人取去，无以塞好事之意，亦不愿足下如此癖好也。"③第三封信中为李鷹介绍侄婿王适兄弟，希望他们能从游："侄婿王适子立，近过此，往彭城取解，或场屋相见。其人可与讲论，词学德性，皆过人也。其弟名通，字子敏，亦不甚相远。"④本年年底李鷹（方叔）来黄州拜谒苏轼，轼盛赞其才，并鼓励他不断砥砺气节，《宋史·李鷹传》载："李鷹，字方叔，其先自郓徙华。鷹六岁而孤，能自奋立，少长，以学问称乡里。谒苏轼于黄州，贽文求知。轼谓其笔墨澜翻，有飞沙走石之势，拊其背曰：'子之才，万人敌也，抗之以高节，莫之能御矣。'鷹再拜受教。"⑤年底李鷹旋离黄州，谋葬亲人，苏轼解衣为赠："（李鷹）家素贫，三世未葬，一夕，抚枕流涕曰：'吾忠孝焉是学，而亲未葬，何以学为！'旦而别轼，将客游四方，以葳其事。

---

① （宋）叶梦得撰：《石林诗话》，见吴文治主编：《宋诗话全编》，南京：江苏古籍出版社，1998年12月版，第2696页。
② 《苏轼文集》，第1576页。
③ 《苏轼文集》，第1577页。
④ 《苏轼文集》，第1577页。
⑤ （元）脱脱等撰：《宋史·李鷹传》，第13116页。

轼解衣为助，又作诗以劝风义者。"①

　　元丰五年（1082）冬天，李廌寄呈己作，并附致书信。苏轼阅毕李廌诗文，既欣慰其进步，但也敏锐感受到存在过于贪多、不够凝练的弊病，故回信委婉提出建议："惠示古赋近诗，词气卓越，意趣不凡，甚可喜也。但微伤冗，后当稍收敛之，今未可也。足下之文，正如川之方增，当极其所至，霜降水落，自见涯涘，然不可不知也"②李廌来信中还谈及父祖数辈因为没有名人为其写墓志，故仍殡而未葬。言下之意自然是希望苏轼为写之，苏轼向来以不随便为人写墓表铭诔自戒，故未率然应承，但回信中引据经典，耐心劝说先安葬前辈为宜："独所谓未得名世之士为志文则未葬者，恐于礼未安。司徒文子问于子思：'丧服既除然后葬，其服何服？'子思曰：'三年之丧，未葬，服不变，除何有焉。'昔晋温峤以未葬不得调。古之君子，有故不得已而未葬，则服不变，官不调。今足下未葬，岂有不得已之事乎？他日有名世者，既葬而表其墓，何患焉。辱见厚，不敢不尽。"（同前）李廌采纳其言，遂逐一安葬前辈。苏轼此时为戴罪之身，不能轻易离开，遂派在身边的长子苏迈前往吊慰："承持制甚苦，哀慕良深。便欲走诣，而自谪官以来，不复与往还庆吊，杜门省愆而已。谨遣小儿问左右，当以亮察。"③

　　苏轼谪黄期间也注意推扬李廌，尽量为其扩大交往和影响，如本年冬天给另外一位青年才俊李昭玘回信中主动以赞扬的口吻提及李廌："近有李豸者，阳翟人，虽狂气未除，而笔势澜翻，已

---

①　（元）脱脱等撰：《宋史·李廌传》，第 13117 页。
②　《答李方叔书》，《苏轼文集》，第 1430 页。
③　《苏轼文集》，第 1578 页。

有漂砂走石之势，尝识之否？"①

元丰七年苏轼结束黄州贬谪生活，改为汝州团练副使，三月离开黄州，后辗转北上。至次年三月停留南都，李廌（方叔）闻讯，携诗文自阳翟来见。经过一年多的学习，苏轼深感李廌学业精进，几可达到张耒、秦观水平，甚喜②。为了缓解李廌生活上的困难，苏轼将梁先所送的十匹绢、百两丝转赠给李廌③。临离开南都前，且为其父李惇作哀词：

大梦行当觉，百年特未满。遑哀已逝人，长眠寄孤馆。念我同年生，意长日月短。盐车困骐骥，烈火废圭瓒。后生有奇骨，出语已精悍。萧然野鹤姿，谁复识中散。有生寓大块，死者谁不窆。嗟君独久客，不识黄土暖。推衣助孝子，一溉滋汤旱。谁能脱左骖，大事不可缓。④

诗中高度赞扬李廌才华和风神，并希望有人能像孔子一样慷慨解骖，以助李廌。

元祐还朝，苏轼仕途一度顺风顺水。元祐元年（1086）九月

---

① 《与李昭玘》，《苏轼文集》，第1659页。

② 《宋史·李廌传》："益闭门读书，又数年，再见轼，轼阅其所著，叹曰：'张耒、秦观之流也。'"

③ 《李宪仲哀词（并叙）》："同年友李君讳惇，字宪仲。贤而有文，不幸早世，轼不及与之游也，而识其子廌有年矣。廌自阳翟见余于南京，泣曰：吾祖母边、母马、前母张与君之丧，皆未葬，贫不敢以饥寒为戚，顾四丧未举，死不瞑目矣。适会故人梁先吉老闻余当归耕阳羡，以绢十匹、丝百两为赆，辞之不可。乃以遗廌，曰：此亦仁人之馈也。既又作诗，以告知君与廌者，庶几皆有以助之。廌年二十五，其文晔然，气节不凡，此岂终穷者哉。"见《苏轼诗集》，第1333页。

④ 《李宪仲哀词（并叙）》，《苏轼诗集》，第1333页。

以试中书舍人为翰林学士、知制诰,李廌很高兴,作《金銮赋》
以贺:

> 惟超然之先生,冠百世而称杰,操忠而秉哲,执义而全节。
文章鲜丽于古今,德行争光于日月……濯之愈明,始鄙羽雪。于
穆皇王,登崇俊良。爰自谪逐,乃命作牧,乃命为郎,乃置紫薇,
乃居玉堂。佩服粲以有辉,舆卫俨以煌煌。润色太平,黼黻
玄黄。①

　　随后又作诗贺之:

> 佑圣生贤佐,天心在抚民。昌期应治运,谷旦降元臣。四
序功成晚,三台耀拱辰。严凝气刚劲,謇谔性忠纯。凛凛风霜
操,优优雨露仁。高才映今古,妙学洞天人。黼黻文华国,渊
源德润身。四朝师令望,百辟仰清尘。射策明三道,观光耀九
宾。咸知帝费说,复诵岳生申。视草金銮殿,登庸凤诏春。夔
龙名不陨,鲁卫政相因。交荫槐阴茂,联华棣萼亲。庙堂熙帝
载,衮绣并天伦。政柄劳无惮,侯邦逸久均。偃藩心固乐,调
鼎味宜新。上宰虚黄阁,除书下紫宸。百神怀景福,万化入鸿
钧。阴德施黎庶,休功格昊旻。自当侔带砺,讵止约松椿。贱
士睎高躅,趋风愧下陈。愿言千万寿,献颂敢辞频。(《上翰林
眉山先生苏公》)②

---

① (宋)李廌撰:《济南集》,见《文津阁四库全书》,第 1120 册,第 67 页。
② (宋)李廌撰:《济南集》,见《文津阁四库全书》,第 1120 册,第 50 页。

无论是赋作还是贺诗，很显然充满了溢美之词。经历了乌台诗案后的苏轼，很清楚在官场只有低调才是安全的，故先后两次致简李廌，既希望李廌以平常心看待其升迁，不应有过多的溢美，也希望他能引以为鉴，今后入仕不可张扬：

某以虚名过实，士大夫不察，责望逾涯，朽钝不能副其求，复致纷纷，欲自致省静寡过之地，以全余年，不知果得此愿否？故人见爱以德，不应更虚华粉饰以重其不幸。承示谕，但有愧汗耳。①

前日所贶高文，极为奇丽。但过相粉饰，深非所望，殆是益其病耳。无由往谢，悚汗不已。②

李廌经历太多的苦难，急切希望有机会迅速翻身，不免有些好名急进，苏轼在此间尝劝戒李廌要循分以进。李廌此时虽然才学颇有崭露，但声名不显，总希望找机会宣传自己，元祐元年年底时曾致简苏轼，请为其祖上作墓志铭、阡表，其用意当然是想借苏轼大名播扬先辈声名，以达到张扬自己的目的。苏轼希望年轻人通过勤勉努力，水到渠成地成功，而不是借助这些偶然因素，爆得大名，遂两次回简，加以婉拒：

示谕，固识孝心深切。然某从来不独不书不作铭、志，但缘子孙欲追述祖考而作者，皆未尝措手也。近日与温公作行状书

① 《答李方叔》，《苏轼文集》，第 1580 页。
② 《答李方叔》，《苏轼文集》，第 1580 页。

墓志者,独以公尝为先妣墓铭,不可不报耳。其他决不为,所辞者多矣,不可独应命。想必得罪左右,然公度某无他意,意尽于此矣。①

承遂举十丧,哀劳极矣。此古人之事,复见于君,恨不能兼助尔。不易! 不易! 阡表既与墓志异名而同实,固难如教,不罪! 不罪! 某暮归困甚,来人又立行,不复馈缕。②

当然这当中也有苏轼的原则在,他的文集中数次提及他坚持不为别人妄作行状墓铭,如《陈公弼传》中云:"轼平生不为行状墓碑,而独为此文,后有君子得以考览焉。"③《辞免撰赵瞻神道碑状》中云:"臣平生不为人撰行状、埋铭、墓碑,士大夫所共知。近日撰《司马光行状》,盖为光曾为亡母程氏撰埋铭。又为范镇撰墓志,盖为镇与先臣洵平生交契至深,不可不撰。及奉诏撰司马光、富弼等墓碑,不敢固辞,然终非本意。"④《答范蜀公》中云:"不肖平生不作墓志及碑者,非特执守私意,盖有先戒也。"⑤

另据李廌的《师友谈记》记载,苏轼曾语重心长地跟他交谈过求名进取之道:"廌少时有好名急进之弊,献书公车者三,多触闻罢,然其志不已,复多游巨公之门。自丙寅年,东坡尝诲之,曰:'如子之才,自当不没,要当循分,不可躁求,王公之门何必时曳裾也。'尔后常以为戒。自昔二三名卿已相知外,八年中未尝

---

① 《答李方叔》,《苏轼文集》,第 1579 页。
② 《答李方叔》,《苏轼文集》,第 1579 页。
③ 《苏轼文集》,第 419 页。
④ 《苏轼文集》,第 929 页。
⑤ 《苏轼文集》,第 1448 页。

一谒贵人。中间有贵人使人谕殷勤，欲相见，又其人之贤可亲，然鹰所守匹夫之志，亦未敢自变也。尝为太史公言之。公曰：'士人正当尔耳。士未为臣，进退裕如也。他日子仕于朝，欲如今日足以自如，未易得之矣。'李文正尝曰：'士人当使王公闻名多而识面少。'此最名言。盖宁使王公讶其不来，无使王公厌其不去。如子尚何求名，惟在养其高致尔。'鹰以此言如佩韦弦也。"①

虽然苏轼不帮助李鹰走捷径，但对李鹰的进步则总是积极肯定，以资鼓励。如曾读到李鹰所撰的鲜于侁行状，文辞极佳，致简云："录示《子骏行状》及数诗，辞意整暇，有加于前，得之极喜慰……如《李氏墓表》及《子骏行状》之类，笔势翩翩，有可以追古作者之道。"②并鼓励他安贫乐道，终当为世所用："承示新文，如子骏行状，丰容隽壮，甚可贵也。有文如此，何忧不达，相知之久，当与朋友共之。至于富贵，则有命矣，非绵力所能必致。姑务安贫守道，使志业益充，自当有获。鄙言拙直，久乃信耳。"③

同时苏轼在自己的交际范围内积极传播李鹰作品，希望为他引荐志同道合之士。李之仪为李鹰所作序中曾载，苏轼与李之仪谈论李鹰作品的情形：

吾宗方叔，初未相识，得其文于东坡老人之座。读之，如泛长江，溯秋月，直欲挐云上汉，不知其千万里之远也。为之愕眙久之而不能释目。东坡笑相谓曰："子何谛观之不舍耶？斯文足

---

① （宋）李鹰撰，孔凡礼点校：《师友谈记》，第15页。
② 《苏轼文集》，第1420页。
③ 《苏轼文集》，第1578页。

以使人如是。谢安蹈海，至于风涛荡潏而不知返，徐问舟人曰：
'去将何之？'子岂涉是境界以追谢公乎？"又曰："吾尝评斯文如
大川湍注，昼夜不息，不至于海不止。"余曰："不腆所得亦几然。"
东坡曰："闻之欧阳文忠公曰：文章如金玉，固有定价，不能异人
之目也。"已而曰："或者患其多，子颇觉乎？"余曰："觉则殆矣，惟
其不觉其殆，所以为斯文也。"(李之仪《济南月岩集序》)①

　　元祐二年(1087)秋天，李廌决定参加次年春天的礼部考试，
数次致简，希望苏轼能为他荐引明公，然皆被婉拒，李廌很不满，
但苏轼仍然语重心长地回长简，以积学不倦为勉："累书见责以
不相荐引，读之甚愧。然其说不可不尽。君子之知人，务相勉于
道，不务相引于利也……至若前所示《兵鉴》，则读之终篇，莫知
所谓。意者足下未甚有得于中而张其外者；不然，则老病昏惑，
不识其趣也。以此，私意犹冀足下积学不倦，落其华而成其实。
深愿足下为礼义君子，不愿足下丰于才而廉于德也。若进退之
际，不甚慎静，则于定命不能有毫发增益，而于道德有丘山之损
矣。古之君子，贵贱相因，先后相援，固多矣。轼非敢废此道，平
生相知，心所谓贤者则于稠人中誉之，或因其言以考其实，实至
则名随之，名不可掩，其自为世用，理势固然，非力致也……轼于
足下非爱之深期之远，定不及此，犹能察其意否？近秦少游有书
来，亦论足下近文益奇。明主求人如不及，岂有终汩没之理！足
下但信道自守，当不求自至。若不深自重，恐丧失所有。言切而

---

①　引自孔凡礼撰：《三苏年谱》，第 1890 页。

尽，临纸悚息。"①今天读来，仍感人至深！

秋天入京前，李廌为苏轼寄来狨皮等物，其意仍然是希望苏轼能尽力援引，这让苏轼感觉到李廌过于急切，略显有些功利，遂退还了所有惠物："意贶甚厚，非所敢当。又蒙教以不逮，非君子直亮，期人之远，何以及此。然衰病之余，岂任此责，愧悚之极。比日起居佳胜。惠示狨皮等物，皆所不敢当，礼曹之传，盖妄也。信篚元不发，却付来人。盖近日亲知所寄惠，一切辞之，非独于左右也。千万恕察。知非久入京，见访，幸甚。"②"近日亲知所寄示，一切辞之"，可以想象，当日渴望接近苏轼的人何其多，而苏轼律己又是何其严！

李廌来京，有机会直接向苏轼请益，如《爱日斋丛谈》载："东坡作《艾子》中有一条，以彭祖八百岁，其妇哭之，以九百者尚在。李方叔问东坡曰：'俗语以憨痴骀骍为九百，岂可笔之文字间乎？'坡曰：'子未知所据耳，张平子《西京赋》云：乃有秘书，小说九百。盖稗官小说，凡九百四十三篇，皆巫医厌祝及里巷之所传言，集为是书，西汉虞初，洛阳人，以其书事汉武帝，出入骑从，衣黄衣，号黄衣使者，其说亦号九百，吾言岂无据也？'方叔后读《文选》，见其事具《文选》注，始叹曰：'坡翁于世间书，何往不精通耶？'"③

此间，师友相处甚欢，如李廌《师友谈记》载："东坡先生近令门人辈作《人不易物赋》，（物为一人重轻也。）或戏作一联曰：'伏其几而袭其裳，岂为孔子；学其书而戴其帽，未是苏公。'（士大夫

---

① 《苏轼文集》，第 1420 页。
② 《苏轼文集》，第 1578 页。
③ （宋）叶寘撰，孔凡礼点校：《爱日斋丛钞》，第 114 页。

近年效东坡桶高檐短,名帽曰子瞻样。)廌因言之。公笑曰：近
扈从燕醴泉观,优人以相与自夸文章为戏者。一优(丁仙现者。)
曰：'吾之文章,汝辈不可及也。'众优曰：'何也?'曰：'汝不见吾
头上子瞻乎?'上为解颜,顾公久之。"①

　　苏轼更以文坛重任相委,勉励李廌等为异日文坛盟主,亦见
《师友谈记》："东坡尝言：文章之任,亦在名世之士,相与主盟,
则其道不坠。方今太平之盛,文士辈出,要使一时之文有所宗
主。昔欧阳文忠常以是任付与某,故不敢不勉。异时文章盟主,
责在诸君,亦如文忠之付授也。"②坡公对李廌的期待不可谓
不高!

　　苏轼与李廌一生交游中最为重要、也成为后世一直争讼不
已的事情就是元祐三年(1088)苏轼知贡举,而李廌礼部考试却
落第一事。《宋史·李廌传》载："乡举试礼部,轼典贡举,遗之,
赋诗以自责。吕大防叹曰：'有司试艺,乃失此奇才耶!'"苏轼所
赋、并以自责之作,今见诗集：

　　　　与君相从非一日,笔势翩翩疑可识。平生谩说古战场,过眼
　　终迷日五色。我惭不出君大笑,行止皆天子何责。青袍白纻五
　　千人,知子无怨亦无德。买羊沽酒谢玉川,为我醉倒春风前。归
　　家但草凌云赋,我相夫子非癯仙。③

　　二人相知既久,又逢苏轼知贡举,而李廌却不得第,苏轼遂

① (宋)李廌撰,孔凡礼点校：《师友谈记》,第 11 页。
② (宋)李廌撰,孔凡礼点校：《师友谈记》,第 44 页。
③ 《余与李廌方叔相知久矣领贡举事而李不得第愧甚作诗送之》,《苏轼诗集》,第 1568 页。

自觉"愧甚"。从私人感情角度，苏轼认为失去了一次帮助李廌的大好机会。也许正是此二字，给后世很多想象空间，以致涌现不同的记载，如《云麓漫钞》载：

> 元祐三年，先生知举时，致平为举子。初，致平之文法荆公，既见先生知举，为文皆法坡，遂为第一，逮揭榜，方知子厚子。①

认为是章惇之子章持（致平）模仿坡文，以致苏轼错当成了李廌之文，遂致李廌落榜。类似记载如《石林诗话》：

> 元祐初知举，廌适就试，意在必得荐以观多士。及考，章援程文，大喜，以为廌无疑，遂以为魁。既拆号，怅然出院，以诗送廌归，其曰："平时谩识古战场，过眼终迷日五色。"盖道其本意。廌自是学亦不进，家贫，不甚自爱，尝以书责子瞻不荐己，子瞻后稍薄之；终不第而死。②

《风月堂诗话》亦载：

> 东坡知贡举，李豸方叔久为东坡所知，其年到省诸路举子人人欲识其面，考试官莫不欲得方叔也，坡亦自言"有司以第一拔方叔耳"，既拆号，十名前不见方叔，众已失色，逮写尽榜，无不骇叹。方叔归阳翟，黄鲁直以诗叙其事送之，东坡和焉。如"平生

---

① （宋）赵彦卫撰，傅根清点校：《云麓漫钞》，第 155 页。
② （宋）叶梦得撰：《石林诗话》，见吴文治主编：《宋诗话全编》，第 2696 页。

漫说古战场，过眼真迷日五色"之句，其用事精切，虽老杜、白乐天集中未尝见也。①

"诸路举子人人欲识其面，考试官莫不欲得方叔"，不无夸大之辞。至《老学庵笔记》则更富戏剧性：

东坡素知李廌方叔。方叔赴省试，东坡知举，得一卷子，大喜，手批数十字，且语黄鲁直曰："是必吾李廌也。"及拆号，则章持致平，而廌乃见黜。故东坡、山谷皆有诗在集中。初，廌试罢归，语人曰："苏公知举，吾之文必不在三名后。"及后黜，廌有乳母年七十，大哭曰："吾儿遇苏内翰知举不及第，它日尚奚望？"遂闭门睡，至夕不出。发壁视之，自缢死矣。廌果终身不第以死，亦可哀也。②

至罗大经《鹤林玉露》更是踵事增华：

元祐中，东坡知贡举，李方叔就试。将锁院，坡缄封一简，令叔党持与方叔，值方叔出，其仆受简置几上。有顷，章子厚二子曰持曰援者来，取简窃观，乃"扬雄优于刘向论"一篇。二章惊喜，携之以去。方叔归，求简不得，知为二章所窃，怅怅不敢言。已而果出此题，二章皆模仿坡作，方叔几于阁笔。及拆号，坡意魁必方叔也，乃章援。第十名文意与魁相似，乃章持。坡失色。

---

①　（宋）朱弁撰：《风月堂诗话》，见吴文治主编：《宋诗话全编》，第 2949 页。
②　（宋）陆游著，李剑雄、刘德权点校：《老学庵笔记》，第 125 页。

二十名间，一卷颇奇，坡谓同列曰："此必李方叔。"视之，乃葛敏修。时山谷亦预校文，曰："可贺内翰得人，此乃仆宰太和时，一学子相从者也。"而方叔竟下第。坡出院，闻其故，大叹恨，作诗送其归，所谓"平生漫说古战场，过眼空迷日五色"者是也。其母叹曰："苏学士知贡举，而汝不成名，复何望哉！"抑郁而卒。余谓坡拳拳于方叔如此，真盛德事。然卒不能增益其命之所无，反使二章得窃之以发身，而子厚小人，将以坡为有私有党，而无以大服其心，岂不重可惜哉！①

　　几乎可以肯定地说，《鹤林玉露》中的记载纯乎小说家语，以宋代的贡举制考察，无论窃题，还是泄题，都不太可能。只是，就李廌的才华而言，科考及第本应该不是难事，如与之有交往的李之仪评其文"伟丽璀璨，无异入秦府库，千奇万骑，目为之眩瞀而不能已。又若泛剡溪，交流竞秀，几应接不暇"。李廌有如此大才，在朋友眼里中举自当如囊中探物。同时，苏轼又一直很爱护李廌，以致大家在心理上觉得，苏轼知贡举，李廌考中才应该是情理中事。从现存记载中看，至少苏门文人如此认为，如《师友谈记》载元祐八年（1093）十月苏轼赴定州前，欧阳棐（叔弼）、张耒（文潜）、李廌（方叔）、王寀（仲弓）及诸馆职饯送轼于惠济寺，曾有对话："东坡帅定武，诸馆职饯于惠济。坡举白浮欧阳叔弼、陈伯修二校理、常希古少尹，曰：'三君但饮此酒，酒醋当言所罚。'三君饮竟。东坡曰：'三君为主司而失去李方叔，兹可罚也。'三君者无以为言，惭谢而已。张文潜舍人在坐，辄举白浮东

① （宋）罗大经撰，王瑞来点校：《鹤林玉露》，第 92 页。

坡先生，曰：'先生亦当饮此。'东坡曰：'何也？'文潜曰：'先生昔
知举而遗之，与三君之罚均也。'举座大笑。"①此外张耒在诗中
也曾为李廌表达惋惜之情："他日东坡誉子文，澜翻健笔欲凌云。
决科正尔真余事，射策如何但报闻。诡御获禽虽可鄙，挽弓射叶
亦徒勤。莫辞更拟相如作，寂寞思玄未放君。"（《题李方叔文
卷末》）②

平情而论，若苏轼知贡举而李廌及第，尤其是如《鹤林玉露》
所言，因故意泄题而中，岂不是更有损苏轼声誉吗？故《鹤山
集・跋苏文忠墨迹》所论算是比较独到："欧阳公之司贡也，疑苏
公为曾南丰，置之第二，然南丰时在得中，公初不知也。及苏公
司贡，则不惟遗其门人，虽故人之子，亦例在所遗。观其与李方
叔诗及今蒲氏所藏之帖，若将愧之者。然终不以一时之愧，易万
世之所愧，此先正行己之大方也。使士大夫常怀欧公之疑，而负
苏公之愧，古道其庶几乎！"③

据《宋史・李廌传》载此次科场失利后，苏轼尝与范祖禹联
合推荐李廌于朝，惜未果："轼与范祖禹谋曰：'廌虽在山林，其文
有锦衣玉食气，弃奇宝于路隅，昔人所叹，我曹得无意哉！'将同
荐诸朝，未几，相继去国，不果。"④

元祐四年（1089）苏轼因受贾易等人攻击，自请外任，将出守
杭州前，曾致简，约李廌夜访话别："连日殿门祗候，不果致问。
辱简，承起居佳胜。来日行香罢，又须一吊康公，晚乃归。方叔

①　（宋）李廌撰，孔凡礼点校：《师友谈记》，第 43 页。
②　（宋）张耒著、李逸安校点：《张耒集》，第 433 页。
③　（宋）魏了翁撰：《鹤山集》，见《文津阁四库全书》，第 1177 册，第 71 页。
④　《宋史》，第 13117 页。

能枉访夜话为别，甚幸。余留面尽。"①《晚香堂苏帖》中载苏轼语曰："丈夫功名在晚节者甚多，如国棋手，不须大段用意，终局便须胜也。东坡。"估计为激励李廌语。

四月十五日临离京前，苏轼将朝廷所赐玉鼻骍名马转赠李廌，苏轼估计李廌为了生计，应该会将此马卖掉，为了助其将来高价卖出，苏轼再写马券赠之，相当于再为此名马开了封介绍信：

> 元祐元年，予初入玉堂，蒙恩赐玉鼻骍。今年出守杭州，复沾此赐。东南例乘肩舆，得一马足矣，而李方叔未有马，故以赠之。又恐方叔别获嘉马，不免卖此，故为出公据。四年四月十五日，轼书。②

为了能增益其价，苏轼还发动了其他人来一起品鉴此马，如苏辙有《次韵李豸秀才来别子瞻仍谢惠马二首》，序云："方叔来别子瞻，馆于东斋。将行，子瞻以赐马赠之，方叔作诗，次韵奉和"。诗云：

> 小床卧客笑元龙，弹铗无舆下舍中。五马不辞分后乘，轻裘初许敝诸公。
> 随人射虎气终在，徒步白头心颇同。遥想据鞍横槊处，新诗一一建安风。③

---

① 《苏轼文集》，第 1581 页。
② 《赠李方叔赐马券》，《苏轼文集》，第 2539 页。
③ （宋）苏辙著，曾枣庄、马德富点校：《栾城集》，第 383 页。

　　黄庭坚有跋云："翰林苏子瞻所得天厩马,其所从来甚宠。加以妙墨作券,此马价应十倍。方叔豆羹常不继,将不能有此马,御以如富贵之家,辄曰:'非良马也。'故不售。夫天厩虽饶马,其知名绝足,亦时有之尔,岂可求赐马尽良也! 或又责方叔受翰林公之惠,当乘之往来田间,安用汲汲索钱? 此又不识蝉痛者,从傍论砭疽尔,甚穷亦难忍哉! 使有义士能捐廿万,并券与马取之,不惟解方叔之倒悬,亦足以豪矣。众不可。盖遇人中磊磊者,试以予书示之。"①

　　李之仪《姑溪居士后集》卷四有《贺李方叔得眉山玉堂赐马公自书券》云:"帝闲万马皆天宠,一一尽是真龙种。欲知志气吞万里,骏意向人耳双竦。翰林下直出玉堂,狨鞍宝辔声琅琅。传呼一声惊里闬,新向庭中赐骅骝。明年乞得东南守,画舸西河卧载酒。免令此马老江山,故用赠君良独厚。怜君从来家苦贫,坐令儒士喜意新。自书券字甚雄伟,作书远报江河人。翰林好士裴丞相,知君亦负玉堂望。"②

　　苏轼为了照顾李廌可谓用尽苦心。苏轼出守杭州,李廌赋组诗送行,即《济南集》卷一《送杭州使君苏内相先生某用先生旧诗方丈仙人出渺茫高情犹爱水云乡为韵作古诗十四首》,诗中有肯定苏轼品行操守者,如其四:"纷纷竞干禄,汩汩第谋身。先生独任重,忧道仍忧民。精诚贯白日,孤忠横北辰。求之千载上,古亦鲜若人。"也有自叹孤苦者,如其十三:"小人虽嗜学,岁月空屡勤。同门尽鸳鸾,登瀛校书芸。嗟余老西河,索居久离群。从

①　(宋)黄庭坚撰:《黄庭坚全集》,成都:四川大学出版社,2001 年 4 月版,第 646 页。
②　(宋)李之仪撰:《姑溪居士后集》,见《文津阁四库全书》,第 1125 册,第 112 页。

龙从上下,愧彼油油云。"①

元祐三年后,李廌至少还参加过一次科考,集中有题为"某顷元祐三年春礼部不第,蒙东坡先生送之以诗,黄鲁直诸公皆有和诗,今年秋复下第,将归耕颍川,辄次前韵,上呈编史内翰先生,及乞诸公一篇,以荣林泉,不胜幸甚"的诗,从其题看,结果仍不理想,连秋试也没过,境遇可悲。

苏轼外任后,李廌与苏轼主要保持书信往还,元祐六年(1091)苏轼结束杭州太守任,回京,五月过南都,李廌自杞放舟相迎,惜未遇;八月苏轼旋即出守颍州,十二月,李廌欲居颍从游,轼止之,故未果:"先生在汝阴,友人陈师道履常为郡吏,廌虽无位于朝廷,欲挈妇携子受廛为氓,往从之游。先生止之曰:'吾将上书乞梓州,欲过家上冢而去,颍虽乐土,非能久留。'廌遂不果行。"(《汝阴唱和集后序》)②

六年后李廌遇见赵令畤,赵谈及颍州与苏轼唱和事,李廌仍艳羡和怅惘不已:"后于中书乔舍人家见汝阴唱和,初见德麟之文章,丰容秀发,想见其风流标裁为神仙中人。其后六年,廌适吴越,将道汉沔浮江而东,遇德麟于襄阳,慨然倾盖,如平生交。德麟出汝阴唱和,多向日所传者三之二,粲然盈目,固足以使汝阴之人与夫他邦之人至汝阴者,自今世至于百世,皆怀慕想望,以为一段佳事,是必与欧阳子《思颍》诸诗俱传于无穷。廌益恨于是时不得操纸执笔,从二三子后以奉觞咏之乐,亦附名于不朽也。"

---

① (宋)李廌撰:《济南集》,见《文津阁四库全书》,第1120册,第11页。
② (宋)李廌撰:《济南集》,见《文津阁四库全书》,第1120册,第98页。

　　绍圣元年(1094)闰四月,苏轼将南迁惠州前夕,李廌曾来定州,不过当时时局甚紧,旋即别去,此为二人最后一次见面。徽宗建中靖国元年(1101)三月,苏轼结束海南贬谪,北归至虔州,曾与李廌(方叔)简:"比年于稠人中,骤得张、秦、黄、晁及方叔、履常辈,意谓天不爱宝,其获盖未艾也。比来经涉世故,间关四方,更欲求其似,邈不可得。以此知人决不徒出,不有益于今,必有觉于后。""如方叔飘然一布衣,亦几不免。纯甫、少游,又安所获罪于天,遂断弃其命,言之何益,付之清议而已。忧患虽已过,更宜掩口以安晚节也。"①以获得李廌为荣,并劝李廌"掩口",这是二人的最晚的书信往还。

　　苏轼卒后,李廌闻讯,悲痛不已,所撰《追荐东坡先生疏》在众多祭文中最为感人,其中"道大不容,才高为累。皇天后土,鉴平生忠义之心;名山大川,还千古英灵之气。识与不识,谁不尽伤?闻所未闻,吾将安放"②成为对苏轼的千古至评。崇宁元年(1102)苏轼将葬于郏城,闰六月,李廌尝来郏城为轼卜葬地,算是对师恩的最后报答。

　　苏轼卒后,李廌绝进取意,遂贫寒至死。观二人的一生往还,苏轼似乎始终认为有义务照顾好李廌,并一直默默肩负起此重任,但终是以鼓励、引导为主,并没有丝毫偏袒和逾越原则的行为,元祐三年李廌科场失利就是明证。反倒是李廌求名过急而显急功近利,以致身后不乏微辞,如朱熹就曾不无反感地说过"李方叔如许,东坡也荐他"的话③。

---

① 《苏轼文集》,第 1581 页。
② 曾枣庄、刘琳主编:《全宋文》,第 132 册,第 195 页。
③ (宋)黎靖德编,王星贤点校:《朱子语类》,第 3116 页。

第六章

风趣幽默：笑歌惟取性情真

苏轼以其才华和个性成为文学史上独具魅力的大家，他的幽默、风趣、戏谑成为后人津津乐道的谈资，构成后世推崇他的重要原因。如宋人王辟之云："子瞻文章议论，独出当世，风格高迈，真谪仙人也；至于书画，亦皆精绝。故其简笔才落手，即为人藏去。有得真迹者，重于珠玉。子瞻虽才行高世而遇人温厚，有片善可取者，辄与之倾尽城府，论辩唱酬，间以谈谑，以是尤为士大夫所爱。"①

一、与士人：抑扬磕然笑

苏轼无论身处何处，顺境，抑或逆境，总是戏谑和笑傲不止，在漫长艰苦的贬谪生涯中仍不改其个性，其坚强与倔强让人折服，如朱彧曾云："余在南海，逢东坡北归，气貌不衰，笑语滑稽无穷。"②

宋代文人待遇相对优厚，又饱读诗书，所以相聚一起，戏谑

---

① （宋）王辟之著，吕友仁点校：《渑水燕谈录》，第42页。
② （宋）朱彧撰，李伟国点校：《萍洲可谈》（与《后山丛谈》合刊），第139页。

幽默成风。宋人相关记载很多,如邵博《邵氏闻见后录》载:

> 经筵官会食资善堂,东坡盛称河豚之美。吕元明问其味。曰:"直那一死。"再会又称猪肉之美。范淳甫曰:"奈发风何?"东坡笑呼曰:"淳甫诬告猪肉。"郭忠恕嘲聂崇义曰:"近贵全为聩,攀龙即作聋,虽然三个耳,其奈不成聪。"崇义曰:"吾不能诗,姑以二言为谢:勿笑有三耳,全胜畜二心。"陈亚蔡襄亦云:"陈亚有心终是恶,蔡襄无口便成衰。"王汾刘攽亦曰:"早朝殿内须呼汝,寒食原头尽拜君。"攽又嘲王觌云:"汝何故见卖?"觌曰:"卖汝直甚分文。"其滑稽皆可书也。①

相互戏谑取笑,自是一时之风气。

苏轼个性开朗,自觉眼前天下无一个不好人,尝自称上可陪皇帝公卿,下可随田院卑儿,所以关于他的幽默故事,戏谑记载最夥。其调侃对象也广,其中尤多同僚。他与宋代戏谑之冠刘攽的交往尤其精彩。刘攽精于史学,才识过人,生性幽默,寓庄于谐,常不分场合嬉笑调侃,《渑水燕谈录》记载他调侃馆阁同仁王汾:"刘攽贡父、王汾彦祖同在馆阁,皆好谈谑。一日,刘谒王曰:'君改赐章服,故致贺尔。'王曰:'未尝受命。''旦早闻阁门传报,君但询之。'王密使人询之阁门,乃是有旨:诸王坟得用红泥涂之尔。"②以王坟之谐音,戏弄王汾,令人忍俊不禁。苏轼与刘攽两位幽默大师相聚,碰撞出的火花自是大放异彩:

①　(宋)邵博撰,刘德权、李剑雄点校:《邵氏闻见后录》,第238页。
②　(宋)王辟之著,吕友仁点校:《渑水燕谈录》,第125页。

　　刘贡父舍人，滑稽辨捷，为近世之冠。晚年虽得大风恶疾，而乘机决发，亦不能忍也。一日与先生拥炉于慧林僧寮，谓坡曰："吾之邻人，有一子稍长，因使之代掌小解。不逾岁，偶误质盗物，资本耗折殆尽，其子愧之，乃引罪而请其父曰：'某拙于运财，以败成业，今请从师读书，勉赴科举，庶几可成，以雪前耻也。'其父大喜，即择日具酒肴以遣之。既别且嘱之曰：'吾老矣，所恃以为穷年之养者子也。今子去我而游学，傥或侥幸改门换户，吾之大幸也。然切有一事，不可不记，或有交友与汝唱和，须子细看，莫更和却贼诗，狼狈而归也。'"盖讥先生，前逮诏狱，如王晋卿周开祖之徒，皆以和诗为累也。贡父语始绝口，先生即谓之曰："某闻昔夫子自卫反鲁，会有召夫子食者，既出，而群弟子相与语曰：'鲁，吾父母之邦也。我曹久从夫子辙环四方，今幸俱还乡里，能乘夫子之出，相从寻访亲旧，因之阅市否。'众忻然许之，始过阛阓，未及纵观，而稠人中望见夫子，巍然而来，于是惶惧相告，由夏之徒奔踔越逸，无一留者。独颜子拘谨，不能遽为阔步，顾市中石塔似可隐蔽，即屏伏其旁，以俟夫子之过。已而群弟子因目之为避夫子塔。"盖讥贡父风疾之剧，以报之也。①

　　贡父晚苦风疾，鬓眉皆落，鼻梁且断。一日，与子瞻数人小酌，各引古人语相戏。子瞻戏贡父云："大风起兮眉飞扬，安得壮士兮守鼻梁。"座中大噱，贡父恨怅不已。贡父晚年鼻既断烂，日忧死亡，客戏之云："颜渊、子路微服同出，市中逢孔子，惶怖求避，忽见一塔，相与匿于塔后。孔子既过，颜子曰：'此何塔也？'

①　（宋）何薳撰，张明华点校：《春渚纪闻》，第95页。

由曰:'所谓避孔子塔也。'"①

　　刘攽晚年患病,鼻梁塌陷,苏轼即兴以孔门弟子故事调笑之,"避夫子塔",即"避孔子塔",意即鼻孔塌。苏轼身陷乌台诗案,并因此牵连一大批师友,是其一生之痛,故刘攽笑其所作诗为贼诗,被牵连者"和却贼诗,狼狈而归也",皆是拿朋友的苦处来玩笑。

　　苏轼年轻时赴考,家境不够宽裕,寄居京师只能日食三白,"一撮盐,一碟生萝卜,一碗饭",遭刘攽嘲笑,苏轼遂约刘攽食三毛饭,让他体验生活:

　　东坡尝与刘贡父言:"某与舍弟习制科时,日享三白,食之甚美,不复信世间有八珍也。"贡父问三白? 答曰:"一撮盐,一碟生萝卜,一碗饭,乃三白也。"贡父大笑。久之,以简招坡过其家吃皛饭。坡不省忆尝对贡父三白之说也。谓人云:"贡父读书多,必有出处。"比至赴食,见案上所设,唯盐、萝卜、饭而已,乃始悟贡父以三白相戏,笑投匕箸,食之几尽。将上马,云:"明日可见过,当具毳饭奉待。"贡父虽恐其为戏,但不知毳饭所设何物,如期而往。谈论过食时,贡父饥甚索食。东坡云:"少待。"如此者再三,坡答如初。贡父曰:"饥不可忍矣。"东坡徐曰:"盐也毛,萝卜也毛,饭也毛,非毳而何。"贡父捧腹,曰:"固知君必报东门之役,然虑不及此也。"坡乃命进食。抵暮而去。世俗呼"无"为"模",又语讹"模"为"毛",尝同音。故坡以此报之,宜乎贡父思

────────────

① (宋)王辟之著,吕友仁点校:《渑水燕谈录》,第125页。

虑不到也。①

二人皆是以其人之道还治其身,苏轼似乎略胜一筹。

　　苏轼与刘攽之间的对话总是妙趣横生。据说有次刘贡父请客,苏轼有事先行告辞,刘攽挽留,说:"幸早里,且从容。"苏轼立刻回答道:"奈这事,须当归。"②各以三果一药为对:杏、枣、李,苁蓉;奈、蔗、柿,当归。

　　除了调侃僚属外,苏轼也常拿政敌、对手开玩笑。章惇曾是苏轼的好友,后来因政见相异而变为对手,甚至不择手段迫害过苏轼。北宋政治翻云覆雨,章惇与苏轼在政争中总是此起彼伏,苏轼晚年从海南北归,而章惇则罢相南迁,升沉异势,其中两人的心绪相信都很复杂。当有人问起这么严肃的问题时,没想到苏轼则以玩笑应之:

　　（苏轼）寻又迁儋耳。久之,天下传闻子瞻已仙去矣。后七年北归时,章丞相方贬雷州。东坡至南昌府,太守叶公祖洽问曰:"世传端明已归道山,今尚尔游戏人间耶!"坡曰:"途中见章子厚,乃回反耳。"③

　　一句脱口而出的玩笑话化解和消除了一切恩怨,可见苏轼个性的宽容与达观。

　　乌台诗案对于苏轼来说,并不算飞来横祸,一则因为苏轼对

①　（宋）朱弁撰,孔凡礼点校:《曲洧旧闻》,第172页。
②　（清）潘永因辑:《宋稗类钞》,1911年上海藜光社刊行,第547页。
③　（宋）彭乘撰,孔凡礼点校:《墨客挥犀》,第365—366页。

时局确有讽谕，一则因为新法派早有预谋，但新法派为了打击苏轼而动了杀心，不能不说过于狠毒。断狱过程中，为了让苏轼尽快招供，使用了一些逼供手段，后来苏轼巧遇当年折磨过他的狱卒，苏轼没有动以其人之道还治其人之身的恶念，但生性幽默的他忍不住调侃了一番：

　　东坡元丰间系狱，元祐初，起知登州。未几，以礼部员外郎召还。道遇当时狱吏，甚有愧色。东坡戏之曰："有蛇螫杀人，为冥官所追，议法当死。蛇前诉曰：'诚有罪，然亦有功，可以自赎。'冥官曰：'何功也？'蛇曰：'某有黄可治病，所活已数人。'吏验不诬，遂免。良久，牵一牛至。吏曰：'此触杀人，亦当死。'牛曰：'我亦有黄可治病，亦活数人矣。'亦得免。久之，狱吏引一人至曰：'此人杀人，今当还命。'其人仓黄妄言亦有黄。冥官大怒，诘之曰：'蛇黄、牛黄皆入药，天下所共知。汝为人，何黄之有？'其人窘甚曰：'某别无黄，但有些惭惶。'"①

　　当然，与其说是苏轼在揶揄狱卒，倒不如说是苏轼替狱卒开解，劝其事已过去，"惭惶"一下即可。

　　元祐中苏轼备受台谏纠缠，不得已，被迫外任，其中攻击最凶的是贾易。当时的监察官员，权限较大，宰相及其之下的朝官皆在其劾奏范围内，苏轼面对贾易的恶意交章论奏，有口难辩，苦不堪言。一次，并不深知二人私情的晁端彦请客，刚好只请了

---

① （宋）孙宗鉴撰：《东皋杂录》，见丁传靖辑《宋人轶事汇编》，北京：中华书局，2012年版，第 610 页。

苏、贾二人，场面自然有些尴尬，当然更尴尬的是，性不忍事的苏轼在酒桌上谈及朝政，挖苦起贾易来，让主人难以下台：

> 晁端彦美叔一日会贾易及东坡。贾时台谏，盖尝劾东坡于朝。晁亦忘其事，遂同会。酒酣，坡言曰："某昨日造朝，有一人乘酒卧东衢，略不相避，某颇怒之，因命左右曰：'擒而绷之。'酒者曰：'尔又□不是台谏，只有胡绷乱绷。'"易应声曰："谁教尔辨！"坡公终席不乐。美叔终身自悔拙于会客。①

贾易严肃有余、幽默不足，在性情方面与苏轼方凿圆枘，所以苏轼此时的调侃，只能让主客皆尴尬。

北宋朝政此起彼伏，政策执行者经常被置于尴尬境地，而一些巧于应对者，虽借其机巧应付一时，终留下笑柄，遂被苏轼嘲笑：

> 邹浩志完，以言事得罪贬新州，媒孽者久犹不已。元符二年冬，有旨付广东提刑钟正甫就新州鞫问志完事，不下司。是时钟挈家在广州观上元灯，得旨即行。漕帅方宴集，怪其不至，而已乘传出关矣，众愕然。钟驰至新，召志完，拘之浴室。适泰陵遗诏至，钟号泣启封；志完居暗室，不自意得全，又闻使者哭泣，罔测其事，意甚陨获。良久，钟遣介传语，止言为国恤不及献茶，且请归宅。志完亦泣而出。其后东坡闻之，戏云："此茶不烦

---

①　（宋）范公偁撰，孔凡礼点校：《过庭录》，北京：中华书局，2002年8月版，第368页。

见示。"①

　　苏轼融汇儒释道，一生跟方外之士的交流很多，所以也留下很多与僧人相关的趣事。元净（辩才）是位诗僧，跟苏轼唱和很多，苏轼的这些作品中常常交织着戏谑、诗意、禅趣，读来别有韵味，比如《闻辩才法师复归上天竺以诗戏问》：

　　道人出山去，山色如死灰。白云不解笑，青松有余哀。忽闻道人归，鸟语山容开。神光出宝髻，法雨洗浮埃。想见南北山，花发前后台。寄声问道人："借禅以为诙，何所闻而去，何所见而回？"道人笑不答，此意安在哉。昔年本不住，今者亦无来。此语竟非是，且食白杨梅。②

　　据苏辙《龙井辩才法师塔碑》载辩才本居上天竺十七年，后有"僧文捷者，利其富，倚权贵人以动转运使，夺而有之，迁师于下天竺。师恬不为忤，捷犹不厌，使者复为逐师於潜。逾年而捷败，事闻朝廷，复以上天竺畀师"③。苏诗即涉及元丰间辩才再回上天竺事，苏轼写来极见情致。"道人出山去"四句，写辩才离开上天竺后山为失色，云为失笑；"忽闻道人归"以下六句，写辩才归来，鸟为之乐，山为之易容，极尽夸张之能事；"寄声问道人"以下设问设答，幽默诙谐，充满机锋禅趣，值得玩味。

　　杭州僧人很多，其中大通禅师是一位得道高僧，修炼极高，

①　（宋）朱彧撰，李伟国点校：《萍洲可谈》，第138页。
②　《苏轼诗集》，第824页。
③　（宋）苏辙著，曾枣庄、马德富点校：《栾城集》，第1441页。

与苏轼交往亦深，然有一次却闹了点小误会，苏轼及时以歌词化解。佛家戒淫，不近女色，苏轼在杭州徜徉山水，常携妓出游，虽然苏轼并没有淫乱行为，但仍让以修行著称的大通禅师极为不快：

> 东坡镇钱塘，无日不在西湖。尝携妓谒大通禅师，愠形于色，东坡作长短句，令妓歌之，曰："师唱谁家曲，宗风嗣阿谁。借君拍板与门槌，我也逢场作戏莫相疑。　　溪女方偷眼，山僧莫皱眉，却嫌弥勒下生迟，不见阿婆三五少年时。"①

苏轼以禅语"逢场作戏"为自己开脱，既体现出诚意，又机警有趣，相信大通禅师一定解颐一笑，能谅解苏轼。

苏轼与佛印（了元）的往还，也总是充满机锋禅趣：

> 东坡元丰末年，得请归耕阳羡，舟次瓜步，以书抵金山了元禅师曰："不必出山，当学赵州上等接人。"元得书径来，东坡迎笑问之，元以偈为献曰："赵州当日少谦光，不出三门见赵王，争似金山无量相，大千都是一禅床。"东坡拊掌称善。②

苏轼与佛印堪称禅中同道。

苏轼还经常拿朋友的生理问题开玩笑。顾临（子敦）与苏轼为同榜进士，后又为同僚，关系稔熟，苏轼与其戏谑不断，如《墨庄

---

① （宋）胡仔纂辑，廖德明校点：《苕溪渔隐丛话前集》，第 393 页。
② （宋）胡仔纂辑，廖德明校点：《苕溪渔隐丛话前集》，第 390 页。

漫录》载："顾临子敦为翰苑，每言赵广汉尹京有治声，使我为之不难，当出其上。子瞻戏曰：'君作尹，须改姓。'顾曰：'何姓?'曰：'姓茅，唤作茅广汉。'"①顾临身材肥硕，为此经常被苏轼取笑：

> 东坡多雅谑，尝与许冲元、顾子敦、钱穆父同舍。一日，冲元自窗外往来，东坡问何为，冲元曰："绥来。"东坡曰："可谓奉大福以来绥。"盖冲元登科时赋句也。冲元曰："敲门瓦砾，公尚记忆耶?"子敦肥硕，当暑袒裼，据案而寐，东坡书四大字于其侧曰"顾屠肉案"。穆父眉目秀雅，而时有九子，东坡曰："穆父可谓之九子母丈人。"同舍皆大笑。②

元祐二年（1087）四月顾临（子敦）赴河北，苏轼有诗送行，再次拿顾临的肥胖说事：

> 我友顾子敦，躯胆两俊伟。便便十围腹，不但贮书史。容君数百人，一笑万事已。十年卧江海，了不见愠喜。磨刀向猪羊，酾酒会邻里。归来如一梦，丰颊愈茂美。平生批敕手，浓墨写黄纸。会当勒燕然，廊庙登剑履。翻然向河朔，坐念东郡水。河来屹不去，如尊乃勇耳。③

不过这次戏谑过头了，顾临接到诗后很不高兴："顾临子敦内翰，姿状雄伟，少未显时，人以'顾屠'嘲之。元祐中，自给事中

① （宋）张邦基撰，孔凡礼点校：《墨庄漫录》，第 67 页。
② （宋）曾行敏撰：《独醒杂志》，第 39 页。
③ 《送顾子敦奉使河朔》，《苏轼诗集》，第 1494 页。

为河北都运使，苏子瞻作诗送之云：'我友顾子敦，躯胆两雄伟……如尊乃勇耳。'顾得之不乐。"①顾临出发前，众宾友为之饯行，苏轼亦自感前诗戏谑过头，不好意思参加老友聚会，于是作诗解释一番：

> 君为江南英，面作河朔伟。人间一好汉，谁似张长史。上书苦留君，言拙辄报已。置之勿复道，出处俱可喜。攀舆共六尺，食肉飞万里。谁言远近殊，等是朝廷美。遥知送别处，醉墨争淋纸。我以病杜门，商颂空振履。后会知何日，一欢如覆水。善保千金躯，前言戏之耳。②

同样是关于顾临，前诗完全就体态而论，本诗则由表入里，论及朋友之英伟和与自己之感情，情态迥异。宋代戏谑之冠的刘攽，也是苏、顾二人共同的朋友，也感觉到苏轼的玩笑令老朋友不悦，故在酒筵上即席和诗一首，替苏轼开脱：

> 顾侯磊落人，称是腰腹伟。不甘封侯相，蔡父夸小吏。功名保唾掌，怀宝岂能已。鞅掌人所难，见之心独喜。邺中贵史公，秦谚推樗里。一贾障九州，亦自其名美。金城上方略，万里可寸纸。顶踵禹墨间，挂冠复遗履。苏公相知心，乃在汤汤水。抑扬礚然笑，吾心嘲里耳。（刘攽《彭城集·次韵苏子瞻》）③

---

① （宋）庄绰撰，萧鲁阳点校：《鸡肋编》，北京：中华书局，1983 年 3 月版，第 70 页。
② 《诸公饯子敦轼以病不往复次前韵》，《苏轼诗集》，第 1497 页。
③ 北京大学古文献研究所：《全宋诗》，北京：北京大学出版社，1998 年 12 月版，第 7107 页。

因为体态丰硕,而被苏轼玩笑的非止顾临而已,连宰相吕大防(微仲)也曾遭遇过:

　　吕丞相微仲,性沈厚刚果,遇事无所回屈;身干长大而方,望之伟然。初相,苏子瞻草麻云:"果毅而达,兼孔门三子之风;直大以方,得《坤》爻六二之动。"盖以戏之。微仲终身以为恨,言固不可不慎也。①

吕大防身为百官之首,苏轼竟敢在正式的公文中对其体态问题加以调侃,只能说苏轼太爱开玩笑了。

当然苏轼的玩笑让人"终身以为恨"的并不多见,相反他的幽默为他省却不少麻烦:

　　苏子由在政府,子瞻为翰苑。有一故人与子由兄弟有旧者,来干子由求差遣,久而未遂。一日,来见子瞻,且云:"某有望内翰以一言为助。"公徐曰:"旧闻有人贫甚,无以为生,乃谋伐冢,遂破一墓。见一人裸而坐,曰:'尔不闻汉世杨王孙乎?裸葬以矫世。无物以济汝也。'复凿一冢,用力弥艰。既入,见一王者,曰:'我汉文帝也。遗制,圹中无纳金玉器,皆陶瓦,何以济汝?'复见有二冢相连,乃穿其在左者,久之方透。见一人,曰:'我伯夷也'赢瘠,面有饥色,饿于首阳之下'无以应汝之求。'其人叹曰:'用力之勤,无所获,不若更穿西冢,或冀有得也。'赢瘠者谓曰:'劝汝别谋于他所,汝视我形骸如此,舍弟叔齐岂能为人

①　(宋)叶梦得撰,侯忠义点校:《石林燕语》,第149页。

也！'"故人大笑而去。①

这样不费吹灰之力便回绝了故人的无理请求，不伤面子，还维护应有的公平正义，值得历朝为官者学习，今天更有借鉴意义。

苏轼书法当世即享盛誉，每每落笔即被人取藏，有时也被人纠缠着索要，我们看看苏轼怎么回绝：

> 鲁直戏东坡曰："昔王右军字为换鹅书，韩宗儒性饕餮，每得公一帖，于殿帅姚麟许，换羊肉十数斤，可名二丈书为换羊书矣。"坡大笑。一日，公在翰苑，以圣节制撰纷冗，宗儒日作数简，以图报书，使人立庭下，督索甚急，公笑谓曰："传语本官，今日断屠。"②

同样的，苏轼诗名在当时也是享誉天下，很多人皆渴望得到苏轼的品题和褒奖，借此而扬名，然有的诗确实乏善可陈，苏轼的幽默便排上了用场：

> 昔有以诗投东坡者，朗诵之而请曰："此诗有分数否？"坡曰："十分。"其人大喜。坡徐曰："三分诗，七分读耳。"此虽一时戏语，然涪翁所谓"南窗读书吾伊声"，盖善读书者，其声正自可听耳。③

---

① （宋）张邦基撰，孔凡礼点校：《墨庄漫录》，第155页。
② （宋）赵令畤撰，孔凡礼点校：《侯鲭录》，第51页。
③ （宋）周密撰，张茂鹏点校：《齐东野语》，第369页。

东坡有言,世间事忍笑为易,惟读王祈大夫诗,不笑为难。祈尝谓东坡云:"有《竹诗》两句,最为得意,因诵曰:叶垂千口剑,干耸万条枪。"坡曰:"好则极好,则是十条竹竿,一个叶儿也。"①

很多人慕苏轼大名,喜欢与之讨论诗歌,遇到门外汉时苏轼也是以玩笑待之:

田承君云:东人王居卿在扬州,孙巨源、苏子瞻适相会。居卿置酒曰:"'疏影横斜水清浅,暗香浮动月黄昏',此和靖《梅花》诗,然而为咏杏花与桃、李,皆可用也。"东坡曰:"可则可,恐杏花与桃花不敢承当。"一坐为之大笑。②

苏轼也经常指点别人怎么作诗,不过遇到没有长进而又不便明言不满的情况,他常会以玩笑的口吻来表达:

王禹锡行第十六,与东坡有姻连,尝作《贺知县喜雨诗》云:"打叶雨拳随手重,吹凉风口逐人来。"自以为得意,东坡见之曰:"十六郎作诗,怎得如此不入规矩?"禹锡云:"盖是醉中所作。"异日又持一大轴呈坡,坡读之云:"尔复醉邪?"③

遇到争论或者质问,苏轼不想正面回答的时候,幽默也成了

① （宋）胡仔纂辑,廖德明校点:《苕溪渔隐丛话前集》,第 376 页。
② （宋）赵令畤撰,孔凡礼点校:《侯鲭录》,第 202 页。
③ （宋）胡仔纂辑,廖德明校点:《苕溪渔隐丛话前集》,第 378 页。

他的挡箭牌：

> 李太白集有《姑熟十咏》，予族伯父（陆）彦远尝言：东坡自黄州还，过当涂，读之抚手大笑曰："赝物败矣，岂有李白作此语者！"郭功父争以为不然，东坡又笑曰："但恐是太白后身所作耳！"功父甚愠。盖功父少时，诗句俊逸，前辈或许之，以为太白后身，功父亦遂以自负，故东坡因是戏之。①
>
> 东坡在维扬设，客十余人皆一时名士，米元章在焉。酒半，元章忽起立，云："少事白吾丈，世人皆以芾为颠，愿质之。"坡云："吾从众。"坐客皆笑。②

苏轼的幽默就是这样任真、任情、任性而动，不拘细节，不循格套，故而和礼法之士可谓格格不入，他和程颐之间的矛盾即由个性之异所致。司马光去世后，朝廷命程颐主持葬礼，程颐事事必遵古礼，没有一点马虎，这让率性而为的苏轼看着十分别扭，于是在葬、祭过程中，二人龃龉不断。先是敛尸，程颐用锦囊裹之，然后折角封上，行状怪异，引起苏轼不满，并遭其嘲讽：

> 司马温公薨时，程颐以臆说敛如封角状。东坡嫉其怪妄，因怒诟曰："此岂信物。一角附上，阎罗大王者耶？"人以东坡为戏，不知《妖乱志》所载吴尧卿事已有此语。东坡以比程之陋耳。坡

---

①　（宋）陆游撰：《入蜀记》，见《文津阁四库全书》，第459册，第618页。
②　（宋）赵令畤撰，孔凡礼点校：《侯鲭录》，第181页。

每不假借程氏,诚不堪其迂僻也。(《寓简》卷十)①

接下来在吊唁时候也出现矛盾。苏轼与兄弟苏辙参加明堂大礼后,前往吊问,程颐以为按古礼庆吊不同日,二苏不悦而返:

> 温公薨,朝廷命伊川先生主其丧事。是日也,祀明堂礼成,而二苏往哭温公,道遇朱公掞,问之。公掞曰:"往哭温公,而程先生以为庆吊不同日。"二苏怅然而反,曰:"鏖糟陂里叔孙通也。"自是时时谑伊川。他日国忌,祷于相国寺,伊川令供素馔。子瞻诘之曰:"正叔不好佛,胡为食素?"正叔曰:"礼,居丧不饮酒食肉。忌日,丧之余也。"子瞻令具肉食,曰:"为刘氏者左袒。"于是范淳夫辈食素,秦、黄辈食肉。②

除了跟顾临、吕大防、程颐等少数人的戏谑外,应该大多时候苏轼的幽默都做到了戏而不谑,带给了大家快乐。

---

① (宋)沈作喆撰:《寓简》,《全宋笔记》,郑州:大象出版社,2019年版,第102册,第91页。又(宋)张端义《贵耳集》卷上亦云:"元祐初,司马公薨,东坡欲主丧,遂为伊川所先,东坡不满意。伊川以古礼敛,用锦囊囊其尸,东坡见而指之曰:'欠一件物事,当写作信物一角,送上阎罗大王。'东坡由是与伊川失欢。"《贵耳集》,(《文津阁四库全书》,第867册,第410页。)

② (宋)朱熹编:《二程外书》,见《文津阁四库全书》,第698册,第482页。另《伊川先生年谱》引侍御史吕陶言:"明堂降赦,臣僚称贺讫,而两省官欲往奠司马光。是时,程颐言曰:'子于是日哭则不歌,岂可贺赦才了,却往吊丧?'坐客有难之曰:'子于是日哭则不歌,即不言歌则不哭。今已贺赦了,却往吊丧,于礼无害。'苏轼遂以鄙语戏程颐,众皆大笑。结怨之端,盖自此始。"见(宋)朱熹编:《二程遗书》,《文津阁四库全书》,第698册,第428页。

二、与歌妓：逢场作戏莫相疑

宋代妓女是一个特殊群体，她们是宋代文化、文学，尤其是歌词的重要传播者和创作参与者。苏轼与妓女的接触很多，他总是以欣赏、赞美的眼光来打量这些青春女性，这些女性的活力也激发了苏轼的才情和雅趣。

官妓与市井妓女不同之处在于官妓身份有一定的限制，无论入籍和脱籍都需要行政审批，《渑水燕谈录》中有一则关于苏轼审批官妓脱籍的趣闻：

> 子瞻通判钱塘，尝权领州事，新太守将至，营妓陈状，以年老乞出籍从良，公即判曰："五日京兆，判状不难；九尾野狐，从良任便。"有周生者，色艺为一州之最，闻之，亦陈状乞嫁。惜其去，判云："慕《周南》之化，此意虽可嘉；空冀北之群，所请宜不允。"其敏捷善谑如此。①

关于苏轼允许妓女脱籍的故事还见于胡仔的记载中：

> 东坡自钱塘被召，过京口，林子中作守，郡有会，坐中营妓出牒，郑容求落籍，高莹求从良，子中命呈东坡，坡索笔为《减字木兰花》书牒后云："郑庄好客，容我楼前先堕帻。落笔生风，籍籍声名不负公。高山白早，莹骨球肌那解老。从此南徐，良夜清风

① （宋）王辟之著，吕友仁点校：《渑水燕谈录》，第126页。又见于赵令畤《侯鲭录》卷第八（第199页）。

月满湖。"暗用此八字于句端也。①

　　苏词《减字木兰花》,暗含"郑容落籍、高莹从良"八字,相当于藏头诗。

　　宋代文人中以柳永与妓女厮混最为频繁,然柳词"词语尘下",多为"闺门淫媟之语",苏轼与妓女交往留下的文字却充满温情隽语:

　　先生在黄日,每有燕集,醉墨淋漓,不惜与人。至于营妓供侍,扇书带画,亦时有之。有李琪者,小慧而颇知书札,坡亦每顾之喜,终未尝获公之赐。至公移汝郡,将祖行,酒酣奉觞再拜,取领巾乞书。公顾视久之,令琪磨砚,墨浓取笔大书云:"东坡七岁黄州住,何事无言及李琪。"即掷笔袖手,与客笑谈,坐客相谓:"语似凡易,又不终篇,何也?"至将撤具,琪复拜请。坡大笑曰:"几忘出场。"继书云:"恰似西川杜工部,海棠虽好不留诗。"一坐击节,尽醉而散。②

　　柳永笔下的女子因为柳词之淫媟而显得满是风尘气息,苏诗中营妓,恰如杜诗中黄四娘一样虽然平凡,却了无俗气。
　　苏轼跟有些妓女的戏语,不仅无俗气,还极富情韵:

　　杭之西湖,有一倅闲唱(秦)少游《满庭芳》,偶然误举一韵

---

① （宋）胡仔纂辑,廖德明点校:《苕溪渔隐丛话后集》,第 336 页。
② （宋）何薳撰,张明华点校:《春渚纪闻》,第 90 页。

云："画角声断斜阳。"妓琴操在侧云："画角声断谯门，非斜阳也。"倅因戏之曰："尔可改韵否？"琴（操）即改作阳字韵云："山抹微云，天连衰草，画角声断斜阳。暂停征辔，聊共饮离觞。多少蓬莱旧侣，频回首烟霭茫茫。孤村里，寒鸦万点，流水绕低墙。魂伤当此际，轻分罗带，暗解香囊。漫赢得青楼薄幸名狂。此去何时见也，襟袖上空有余香。伤心处，长城望断，灯火已昏黄。"东坡闻而称赏之。后因东坡在西湖，戏琴（操）曰："我作长老，尔试来问。"琴（操）云："何谓湖中景？"东坡答云："秋水共长天一色，落霞与孤鹜齐飞。"琴（操）又云："何谓景中人？"东坡云："裙拖六幅潇湘水，鬓軃巫山一段云。"又云："何谓人中意？"东坡云："惜他杨学士，憋杀鲍参军。"琴（操）又云："如此究竟如何？"东坡云："门前冷落车马稀，老大嫁作商人妇。"①

苏轼与妓女的交往中，给人的印象总是非常的纯粹，他放下文人的架子与她们真诚的交流，留给后世的是文人的风流雅趣：

东坡谈笑善谑，过润州，太守高会以飨之。饮散，诸妓歌鲁直《茶》词云："惟有一杯春草，解留连佳客。"坡正色曰："却留我吃草。"诸妓立东坡后凭东坡胡床者，大笑绝倒，胡床遂折，东坡堕地。宾客一笑而散。②

韩康公绛子华谢事后，自颍入京看上元。至十六日，私第会从官九人，皆门生故吏，尽一时名德，如傅钦之、胡完夫、钱穆父、

---

① （宋）吴曾撰：《能改斋漫录》，第 483 页。
② （宋）杨万里撰：《诚斋诗话》，见吴文治主编：《宋诗话全编》，第 5944 页。

东坡、刘贡父、顾子敦皆在坐。钱穆父知府至晚,子华不悦。坡云:"今日为本殿烧香,人多留住。"坐客大笑。方坐,出家妓十余人,中燕后,子华新宠鲁生舞罢,为游蜂所螫,子华意不甚怪。久之,呼出,持白圆扇从东坡乞诗。坡书云:"窗摇细浪鱼吹日,舞罢花枝蜂绕衣。不觉南风吹酒醒,空教明月照人归。"上句记姓,下句书蜂事。康公大喜。坡云:"惟恐他姬厮赖,故云耳。"客皆大笑。①

徐州有营妓马盼者,甚慧丽。东坡守徐日甚喜之。盼能学公书,得其仿佛。公尝书《黄楼赋》,未毕,盼窃效公书"山川开合"四字。公见之大笑,略为润色,不复易之。今碑中四字,盼之书也。②

苏轼的幽默无往不在、无施不可,大到朝政,小到私人生活,可谓触处成趣。陈慥(季常)是苏轼非常要好的朋友,少年放荡不羁,中年隐居黄州,苏轼谪黄期间,二人往还甚密。陈慥在黄时,致力于养生,常以此相夸耀,自以为有得,然身体却不好,遂被苏轼嘲笑:

东坡在黄州,陈慥季常在岐亭,时相往来。季常喜谈养生,自谓吐纳有所得。后,季常因病,公以书戏之云:公养生之效,有成绩。今又示病弥月,虽使皋陶听之,未易平反。公之养生,正如小子之圆觉,可谓"害脚法师鹦鹉禅,五通气球黄门妾"也。

①　(宋)赵令畤撰,孔凡礼点校:《侯鲭录》,第100页。
②　(宋)张邦基撰,孔凡礼点校:《墨庄漫录》,第92页。

前辈相与，可谓善谑也。①

　　害脚法师即跛脚法师，鹦鹉禅即参禅如鹦鹉学舌，仅仅学语而已，五通气球，即有孔的气球，黄门妾即太监之妾，皆讽陈慥学养生而未见实效。

　　苏轼调侃陈慥最出名的大概算"河东狮吼"一事，让陈慥的妻子柳氏这一霸悍女子因此而闻名千古，《寄吴德仁兼简陈季常》云：

　　东坡先生无一钱，十年家火烧凡铅。黄金可成河可塞，只有霜鬓无由玄。龙丘居士亦可怜，谈空说有夜不眠。忽闻河东狮子吼，拄杖落手心茫然。谁似濮阳公子贤，饮酒食肉自得仙。平生寓物不留物，在家学得忘家禅。②

　　苏轼这么形象、夸张的塑造，后经苏门弟子黄庭坚进一步坐实，"河东狮吼"遂成悍妻的代称：

　　陈慥字季常，公弼之子，居于黄州之岐亭，自称龙丘先生，又曰方山子。好宾客，喜畜声妓，然其妻柳氏，绝凶妒，故东坡有诗云："龙丘居士亦可怜，谈空说有夜不眠。忽闻河东师子吼，拄杖落手心茫然。"河东师子，指柳氏也。坡又尝醉中与季常书云："一绝乞秀英君。"想是其妾小字。黄鲁直元祐中有与季常简曰：

---

① （宋）张邦基撰，孔凡礼点校：《墨庄漫录》，第 201 页。
② 《苏轼诗集》，第 1340 页。

"审柳夫人时须医药,今已安平否? 公暮年来想渐求清净之乐,姬媵无新进矣,柳夫人比何所念以致疾邪?"又一帖云:"承谕老境情味,法当如此,所苦既不妨游观山川,自可损药石,调护起居饮食而已。河东夫人亦能哀怜老大,一任放不解事邪?"则柳氏之妒名固彰著于外,是以二公皆言之云。①

悍妻在当时似乎并不少见,所以苏轼作品中调侃朋友惧内的文字亦非孤例,比如他赠给孙贲(公素)的诗,即与河东狮吼为同类:

孙公素畏内,众所共知。尝求坡公书扇,坡题云:"披扇当年笑温峤,握刀晚岁战刘郎。不须戚戚如冯衍,但与时时说李阳。"公素昔为程宣徽门宾,后娶程公之女,性极妒悍,故云。②

句句用典,而且每个典故皆与惧内有关,足见幽默也是需要才学做支撑的。

与悍妻相对的是娇妾,宋人纳妾成风,这里面也有很多风流故事,也是苏轼幽默打趣的材料。黄庭坚的舅舅李常(公择),乃苏轼挚友,蓄妾甚多,苏轼屡劝其以身体为重,应果断休妾,然李常欲罢不能,故苏轼尝以玩笑方式微讽之:

---

① (宋)洪迈撰,孔凡礼点校:《容斋随笔》,第457页。
② (宋)赵令畤撰,孔凡礼点校:《侯鲭录》,第49页。关于苏轼调侃孙贲惧内的事又见《鸡肋编》卷下(第98页):"苏公尝会孙贲公素,孙畏内殊甚,有官妓善商谜,苏即云:'蒯通劝韩信反,韩信不肯反。'其人思久之,曰:'未知中否? 然不敢道。'孙迫之使言,乃曰:'此怕负汉也。'苏大喜,厚赏之。"

草书妙绝吾所兄，真书小低犹抗行。论文作诗俱不敌，看君谈笑收降旌。去年逾月方出昼，为君剧饮几濡首。今年过我虽少留，寂寞陶潜方止酒。别时流涕揽君须，悬知此欢坠空虚。松下纵横余屐齿，门前轣辘想君车。怪君一身都是德，近之清润沦肌骨。细思还有可恨时，不许蓝桥见倾国。（自注：公择有婢名云英，屡欲出，不果。）①

全诗自篇首至"门前轣辘想君车"均是在赞扬李常，诗文奇绝，书法高妙，自愧弗如，与自己关系甚密。自"怪君一身都是德"始，话锋一转，便步入正题：这样朋友本来非常完美，然后却有一可恨之处，即贪恋床榻，割舍不了爱妾，虽多次答应休妾，却总未见行动。读至此，方知前面皆是在铺垫，在蓄势，欲擒故纵，将自己的善意寓于玩笑之中，既让朋友有台阶可下，又让朋友愿意采纳，可谓高明之至。

苏轼倅杭时结识的湖州老友贾收（芸老）高龄纳妾，体力不支，写信向苏轼诉苦，并归咎于作诗之故，苏轼回信，以微言相感："贫固诗人之常，齿落目昏，当是为两荷叶（即两妾）所困，未可专咎诗也。"②读之令人喷饭。此外，还特作词《双荷叶》一首继续调侃：

　　双溪月，清光偏照双荷叶。双荷叶，红心未偶，绿衣偷结。　　　　背风迎雨泪珠滑，轻舟短棹先秋折。先秋折，烟鬟未

---

① 《次韵舒教授寄李公择》，《苏轼诗集》，第832页。
② 《苏轼文集》，第1725页。

上,玉杯微缺。①

　　无独有偶,苏轼的另一位忘年交张先也高龄纳妾,苏轼闻之亦曾作诗嘲之:

　　锦里先生自笑狂,莫欺九尺鬓眉苍。诗人老去莺莺在,公子归来燕燕忙。柱下相君犹有齿,江南刺史已无肠。平生谬作安昌客,略遣彭宣到后堂。②

　　苏诗全用张氏故事调侃张先,张并不以忤,并和诗回应苏轼:

　　张先郎中字子野,能为诗及乐府,至老不衰。居钱塘,苏子瞻作倅时,先年已八十余,视听尚精强,家犹畜声妓,子瞻尝赠以诗云:"诗人老去莺莺在,公子归来燕燕忙。"盖全用张氏故事戏之。先和云:"愁似鳏鱼知夜永,懒同蝴蝶为春忙。"极为子瞻所赏。③

　　苏轼的风趣幽默体现出两个特点,第一,才思敏捷,机灵过人,我们可以看到,他的每次反应,即如禅宗问答一样,应对如流,如《鸡肋编》载:"黄鲁直在众会作一酒令云:'虱去乀为虫,添几却是风,风暖鸟声碎,日高花影重。'坐客莫能答。他日,人以

<hr>

① 《苏轼词编年校注》,第 18 页。
② 《张子野年八十五尚闻买妾述古令作诗》,《苏轼诗集》,第 524 页。
③ (宋)叶梦得撰:《石林诗话》,见吴文治主编:《宋诗话全编》,第 2707 页。

告东坡，坡应声曰：'江去水为工，添系即是红，红旗开向日，白马骤迎风。'虽创意为妙，而敏捷过之。"①其反应速度确实惊人。第二，他的幽默不是一味、纯粹的搞笑，而是有深厚的学养基础，所以如余音绕梁，耐人寻味。比如他跟门生秦观的一番调侃："秦少游在东坡坐中，或调其多髯者。少游曰：'君子多乎哉？'东坡笑曰：'小人樊须也。'"②这里引用了《论语》中孔子与樊迟之间的一番对话："樊迟请学稼。子曰：'吾不如老农。'请学为圃。曰：'吾不如老圃。'樊迟出。子曰：'小人哉，樊须也！'"③然后用繁须与樊须之谐音，简单的调侃中充满了学问。他如《桯史》中关于苏轼与辽使的对联也是如此：

　　承平时，国家与辽欢盟，文禁甚宽，铬客者往来，率以谈谑诗文相娱乐。元祐间，东坡寔膺是选。辽使素闻其名，思以奇困之。其国旧有一对曰"三光日月星"，凡以数言者，必犯其上一字，于是遍国中无能属者。首以请于坡，坡唯唯谓其介曰："我能而君不能，亦非所以全大国之体。'四诗风雅颂'，天生对也，盍先以此复之。"介如言，方共叹愕。坡徐曰："某亦有一对，曰'四德元亨利'。"使睢盰，欲起辨，坡曰："而谓我忘其一耶？谨冈而舌，两朝兄弟邦，卿为外臣，此固仁祖之庙讳也。"使出不意，大骇服。既又有所谈，辄为坡逆夺，使自愧弗及，迄白沟，往反龂舌，不敢复言他。④

① （宋）庄绰撰，萧鲁阳点校：《鸡肋编》，第 98 页。
② （宋）邵博撰，刘德权、李剑雄点校：《邵氏闻见后录》，第 237 页。
③　杨树达著：《论语疏证》，南昌：江西人民出版社，2007 年 2 月版，第 200 页。
④　（宋）岳珂撰，吴企明点校：《桯史》，第 16 页。

　　当然要理解苏轼的幽默也需要有一定的学养基础，否则不仅感受不到苏轼的诙谐，甚至还可能产生误解，张世南《游宦纪闻》中即有这样的记载："东坡谒吕微仲，值其昼寝，久之方出。见便坐有昌阳盆，絭绿毛龟。坡指曰：'此易得耳！唐庄宗时，有进六目龟者。敬新磨献口号云：不要闹，不要闹，听取龟儿口号。六只眼耳睡一觉，抵别人三觉。'世南尝疑坡寓言以讽吕，未暇寻阅质究。偶因见《岭海杂记》，有载六目龟出钦州，只两眼，余四目乃斑纹。金黄色，圆长中黑。与真目排比，端正不偏。子细辨认，方知为非真目也。"①

---

① （宋）张世南撰，张茂鹏点校：《游宦纪闻》，第18页。